1回 20回 40回 60回 80回 100回 120回 GOAL

学習日〔　　月　　日〕

| 時間 | 得点 |
|---|---|
| 20分 | |
| 合格 40点 | 50点 |

# 標準レベル 1 大きな数

算数①

## 1 次の数を数字で書きなさい。（2点×2）

(1) 三兆《ちょう》九百億《おく》　(2) 千二百五億七百万

（　　　　）　（　　　　）

## 2 次の数を答えなさい。（2点×4）

(1) 750億の100倍の数　(2) 20億より25万小さい数

（　　　　）　（　　　　）

(3) 1000万を250こ集めた数　(4) 1兆より5000万小さい数

（　　　　）　（　　　　）

## 3 次の□にあてはまる数を答えなさい。

(1) 20056334800850は、1兆を ① □ こと、1億を ② □ こと、1万を ③ □ こと、あと ④ □ を合わせた数です。（1点×4）

(2) 1兆を10こと、1億を250こと、1万を3650こと、1を256こを合わせた数は□です。（4点）

（　　　　）

## 4 次の計算をしなさい。（3点×6）

(1) 5800億＋4500億　(2) 37億6000万[illegible]8000万

（　　　　）　（　　　　）

(3) 57兆－39兆8000億　(4) 12兆400[illegible]00億

（　　　　）　（　　　　）

(5) 120億×100　(6) 56億÷10

（　　　　）　（　　　　）

## 5 1、2、3、4、5、6、7、8、9の9この数字をどれも1回だけ使ってできる整数について、次の問いに答えなさい。（4点×3）

(1) いちばん大きな数はいくつですか。

（　　　　）

(2) いちばん小さな数はいくつですか。

（　　　　）

(3) 6億にいちばん近い数はいくつですか。

（　　　　）

1回 20回 40回 60回 80回 100回 120回 GOAL

学習日〔　　月　　日〕

| 時間 20分 | 得点 |
| --- | --- |
| 合格 35点 | 50点 |

# 上級レベル 2 大きな数

算数②

## 1 次の数を数字で答えなさい。（3点×2）

(1) 10億《おく》を20こ、100万を5こ、1万を25こ、1を36こ合わせた数

(　　　　　　　　)

(2) 10兆《ちょう》を56こ、10億を7080こ、100万を250こ合わせた数

(　　　　　　　　)

## 2 次の計算をしなさい。（3点×6）

(1) 9800億＋1兆8000億

(　　　　　　　　)

(2) 10兆－9兆450億

(　　　　　　　　)

(3) 506億×100

(　　　　　　　　)

(4) 7000億÷10000

(　　　　　　　　)

(5) 7億5000万×10

(　　　　　　　　)

(6) 10兆10億÷100

(　　　　　　　　)

## 3 次の数を数字で答えなさい。（3点×2）

(1) 1兆より10小さい数と、1兆より1000大きい数の和

(　　　　　　　　)

(2) 10億より1000小さい数と、100億の差《さ》

(　　　　　　　　)

## 4 0、1、2、3、4、5、6、7、8、9の10この数字をどれも1回だけ使ってできる整数について、次の問いに答えなさい。

（5点×4）

(1) いちばん大きな数はいくつですか。

(　　　　　　　　)

(2) いちばん小さな数はいくつですか。

(　　　　　　　　)

(3) いちばん大きな数といちばん小さな数の差はいくつですか。

(　　　　　　　　)

(4) 30億にいちばん近い数はいくつですか。

(　　　　　　　　)

学習日〔　　月　　日〕

標準レベル **3** 算数③

# がい数

| 時間 | 得点 |
|---|---|
| 20分 | |
| 合格 40点 | 50点 |

**1** 次の数を四捨五入《ししゃごにゅう》して、(　)の中の位《くらい》までのがい数にしなさい。（2点×6）

(1) 378(十)　(2) 7549(百)　(3) 449565(千)

(　　　)　(　　　)　(　　　)

(4) 230545(一万)　(5) 199987(百)　(6) 45003(十)

(　　　)　(　　　)　(　　　)

**2** 次の数を四捨五入して、(1)上から2けたのがい数、(2)千の位までのがい数で表に書きなさい。（2点×6）

| | 2356 | 60897 | 899406 |
|---|---|---|---|
| (1)上から２けた | | | |
| (2)千の位 | | | |

**3** 次の数を、切り捨《す》てのしかたで、百の位までのがい数にしなさい。（2点×3）

(1) 856　(2) 2923　(3) 479580

(　　　)　(　　　)　(　　　)

**4** 次の数を、切り上げのしかたで、上から2けたのがい数にしなさい。（2点×3）

(1) 743　(2) 9925　(3) 11245

(　　　)　(　　　)　(　　　)

**5** 一の位を四捨五入すると270になる整数のうちで、いちばん小さい数といちばん大きい数を答えなさい。（5点）

(いちばん小さい数　　　　、いちばん大きい数　　　　)

**6** 3つの都道府県《とどうふけん》の人口を調べたところ、東京都《とうきょうと》は14040732人、大阪府《おおさかふ》は8787414人、京都府《きょうとふ》は2550404人でした。これについて、次の問いに答えなさい。（3点×3）

(1) 東京都の人口はおよそ何万人ですか。

(　　　)

(2) 東京都と大阪府の人口の差《さ》はおよそ何万人ですか。

(　　　)

(3) この３つの都市の人口の合計はおよそ何万人ですか。

(　　　)

算数

# 上級レベル 4 がい数

算数④

| 時間 | 得点 |
|---|---|
| 20分 | |
| 合格 35点 | 50点 |

**1** 次の□にあてはまる数を答えなさい。（4点×3）

(1) 四捨五入《ししゃごにゅう》して、千の位《くらい》までのがい数に表したとき、5000になる整数のはんいは①□から②□までです。

(2) 十の位を四捨五入すると800になる数のはんいは①□以上《いじょう》②□未満《みまん》です。

(3) 四捨五入して上から2けたの数で表したとき、3900になる数のはんいは①□以上②□未満です。

**2** けんじさんの書いた整数は、十の位を四捨五入すると1200、ちあきさんの書いた整数は、百の位を四捨五入すると2000です。**この2人が書いた整数の差《さ》は最《もっと》も大きいときでいくらですか。また、最も小さいときでいくらですか。**（4点×2）

最も大きいとき（　　　　）最も小さいとき（　　　　）

**3** 右の表は、4つの有名な山の高さを表したものです。**これについて、次の問いに答えなさい。**（3点×8）

| 山の名前 | 高さ（m） |
|---|---|
| エベレスト | 8848 |
| キリマンジャロ | 5895 |
| マッターホルン | 4478 |
| 富士山《ふじさん》 | 3776 |

(1) それぞれの山の高さを、百の位までのがい数で表しなさい。

エベレスト（　　　　）キリマンジャロ（　　　　）

マッターホルン（　　　　）富士山（　　　　）

(2) 100mを1cmの長さにしてぼうグラフをかきます。それぞれの山の高さは、何cmになりますか。

エベレスト（　　　　）キリマンジャロ（　　　　）

マッターホルン（　　　　）富士山（　　　　）

**4** **100mを1cmの長さにしてぼうグラフをかくとき、12cmで表される山の高さは、最も低いときで何mですか。また、最も高いときで何mですか。**ただし、山の高さは整数であるとします。（3点×2）

最も低いとき（　　　　）最も高いとき（　　　　）

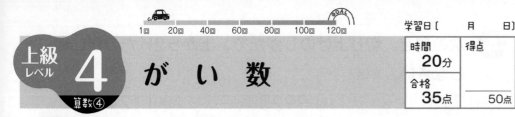

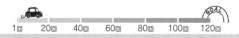

学習日〔　　月　　日〕

| 時間 | 得点 |
| --- | --- |
| 25分 | |
| 合格 40点 | /50点 |

標準レベル 5 算数⑤

# わり算の筆算（1）

**1** 次のわり算をしなさい。わり切れないものはあまりも答えなさい。（2点×11）

(1) 6)24　(2) 3)54　(3) 7)320　(4) 14)70

(5) 15)270　(6) 23)85　(7) 28)868　(8) 180)720

(9) 67)540　(10) 34)789　(11) 45)908

**2** 次のわり算は、あまりのないわり算です。□にあてはまる数を答えなさい。（4点×3）

(1)
```
   1 4
6)8 □
```

(2)
```
   1 1 8
7)8 2 □
```

(3)
```
         4 5
56)2 5 2 □
```

**3** 長さが120cmのテープから1本の長さが9cmのテープを切り取っていきます。9cmのテープは全部で何本できて、何cmあまりますか。（4点）

（　　　　　　　　　　　　）

**4** 重さが200gの箱の中に、1この重さが27gのボールがいくつか入っています。箱とボール全体の重さが821gのとき、この箱の中にボールは何こ入っていますか。（4点）

（　　　　　）

**5** 1こ360円のケーキがあります。このケーキを12こまとめて買うと4080円にしてくれました。ケーキ1こについて何円安くなりましたか。（4点）

（　　　　　）

**6** 4年生の480人が35人乗りのバスで遠足に行くことになりました。バスは何台必要《ひつよう》ですか。（4点）

（　　　　　）

算数

| 時間 25分 | 得点 |
| --- | --- |
| 合格 35点 | 50点 |

上級レベル 6 算数⑥

# わり算の筆算 (1)

**1** 次のわり算をしなさい。わり切れないものはあまりも答えなさい。（3点×6）

(1) $7\overline{)29771}$　(2) $57\overline{)3263}$　(3) $29\overline{)2800}$

(4) $42\overline{)4284}$　(5) $48\overline{)45600}$　(6) $94\overline{)77761}$

**2** 次のわり算はわり切れます。□にあてはまる数をすべて答えなさい。（3点×3）

(1) $6\overline{)7\square}$　(2) $9\overline{)24\square}$　(3) $5\overline{)52\square}$

(　　　　)　(　　　　)　(　　　　)

**3** 次の□にあてはまる数を答えなさい。（3点×2）

(1) 5117 ÷ 84 = 60 あまり □

(2) 13624 ÷ □ = 67 あまり 23

**4** 次の□にあてはまる数を書きなさい。（3点×2）

(1)
```
      □□
  7)□□2
    56
     □□
     □□
      0
```

(2)
```
          □□5
  19)□□□□□
     152
       □□□
       114
         □□
         □□
          0
```

**5** 8759時間は何日と何時間ですか。（3点）

(　　　　　　　　)

**6** ある数を48でわると、商が29であまりが35になりました。この数を56でわったときの商とあまりを求《もと》めなさい。（4点）

(商　　　　　、あまり　　　　　)

**7** ある学校の15人が遊園地に行くことになりました。入園《にゅうえん》料《りょう》は15人全員分で48500円でした。その入園料は15人で100円単位《たんい》まで同じようにお金を出し合うことにして、たりない分は学校の費用《ひよう》から出しました。入園料は1人分何円で、学校からは何円出ましたか。（4点）

(1人分　　　　　、学校　　　　　)

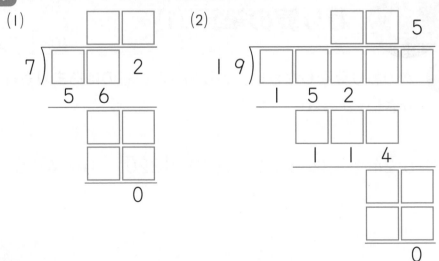

学習日〔　月　日〕

標準レベル 7

# 計算のきまり

算数⑦

| 時間 25分 | 得点 |
| --- | --- |
| 合格 40点 | 50点 |

## 1 次の計算をしなさい。（2点×9）

(1) 20 −(15 − 8)　(2) 18 + 2 × 3　(3) 40 − 24 ÷ 4

(4) (36 − 17)× 3　(5) 72 ÷(20 − 11)　(6) 28 ÷(7 × 2)

(7) 6 × 8 − 12 × 3　(8) 5 × 12 ÷ 6　(9) 5 ÷ 6 × 12

## 2 次のことを1つの式で表して、答えを求《もと》めなさい。（4点×3）

(1) 27と96の和を3でわる。

(式)(　　　)　(答え)(　　　)

(2) 127と67の差《さ》に5をかける。

(式)(　　　)　(答え)(　　　)

(3) 12と3の和と27と15の差をかける。

(式)(　　　)　(答え)(　　　)

## 3 次のことを1つの式で表して、答えを求めなさい。（5点×4）

(1) あさみさんは、240円のケーキを5こ買いました。箱代が50円のとき、全部で何円ですか。

(式)(　　　)　(答え)(　　　)

(2) 1パック12こ入りのたまごを30パック買いました。このたまごを1人に9こずつ配りました。何人に配れますか。

(式)(　　　)　(答え)(　　　)

(3) 6人分のべん当を買いに行きました。120円のお茶を1本ずつと、べん当を6つ買ったら、全部で3960円でした。べん当1つは何円ですか。

(式)(　　　)　(答え)(　　　)

(4) おはじきが500こあります。このおはじきを子ども12人とおとな8人に分けます。分けるおはじきは子ども1人に15こ、おとな1人に25こです。おはじきは何こ残《のこ》りますか。

(式)(　　　)　(答え)(　　　)

算数

| 時間 | 得点 |
|---|---|
| 25分 | |
| 合格 35点 | 50点 |

# 上級レベル 8 計算のきまり

算数⑧

## 1 次の計算をしなさい。（5点×4）

(1) $36\times(17-90\div18)$

(2) $54\div9\times3-(72\div8+4)$

(3) $\{324\div(18\div2)\}\times3-\{42\div7+(35-42\div2)\}$

(4) $\{(23-17)\times4-3\times(5+13)\div3\}\div2+4$

## 2 次のことを1つの式で表して、答えを求《もと》めなさい。（5点×2）

(1) 875から25と18の積《せき》をひいて、25でわる。

(式)（　　　　）(答え)（　　　　）

(2) 18を3でわった商に6をかけた答えを48からひく。

(式)（　　　　）(答え)（　　　　）

## 3 次のことを1つの式で表して、答えを求めなさい。（5点×4）

(1) 2000円持って買い物に行きました。120円のえん筆5本と、150円のノート6さつ買ったときのおつりは何円ですか。

(式)（　　　　）(答え)（　　　　）

(2) 300Lの水を5L入るバケツと4L入るバケツに分けます。5Lのバケツを24こ用意しました。4L入るバケツは何こ用意したらいいですか。

(式)（　　　　）(答え)（　　　　）

(3) けいたさんは毎月同じ金がくだけちょ金をして、1年間でたまったお金の中から3500円のゲームを買いました。残《のこ》ったお金が100円のとき、毎月、何円ずつちょ金をしましたか。

(式)（　　　　）(答え)（　　　　）

(4) 4年生120人と先生8人が植物園に行きました。入園料《にゅうえんりょう》はおとな1人が300円、子ども1人が150円でしたが、だん体で入園したので入園料が安くなり、全部で13600円でした。おとなが1人100円安くなったとすると、子どもは1人何円安くなりましたか。

(式)（　　　　）(答え)（　　　　）

# 標準レベル 9 わり算の筆算 (2)

算数⑨

| 時間 | 得点 |
|---|---|
| 30分 | |
| 合格 40点 | 50点 |

**1** 次の計算をしなさい。わり切れないものはあまりも答えなさい。（2点×12）

(1) 9261 ÷ 343　　(2) 5668 ÷ 109

(3) 35532 ÷ 329　　(4) 140112 ÷ 278

(5) 30731 ÷ 365　　(6) 4810 ÷ 370

(7) 15710 ÷ 360　　(8) 90940 ÷ 290

(9) 4127200 ÷ 13400　　(10) 854700 ÷ 42 ÷ 5

(11) (320 × 40) ÷ (125 × 2)　　(12) 4000 − 4280 ÷ 107 × 76

**2** 次の□にあてはまる数を書きなさい。（4点×2）

(1)

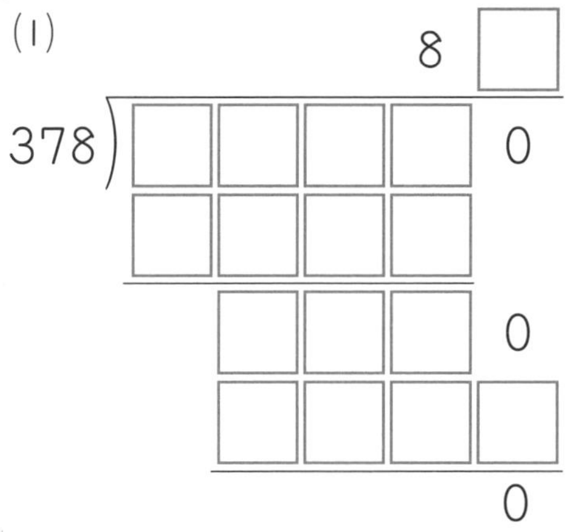

(2)

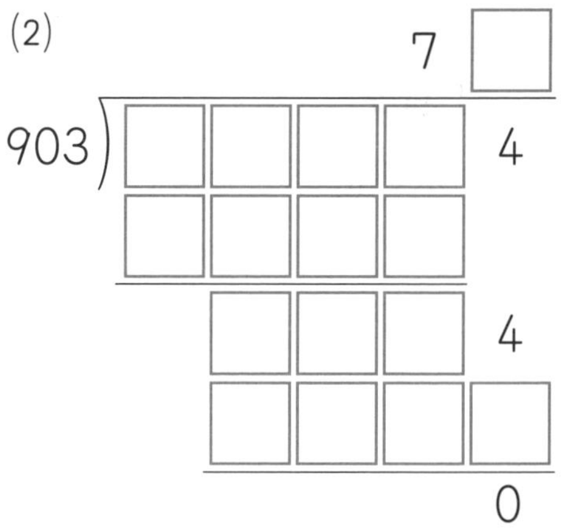

**3** 富士山《ふじさん》の高さは3776mで、スカイツリーの高さは634mです。また、東京から大阪《おおさか》までのきょりは556kmです。**これについて、次の問いに答えなさい。**（6点×2）

(1) 富士山の高さはスカイツリーの高さの何倍と何mですか。

（　　　　　　）

(2) 東京から大阪までのきょりはスカイツリーの高さの何倍と何mですか。

（　　　　　　）

**4** 道路に歩道をつくるのに、1この重さが1260gのブロックを使います。**使用したブロックの重さの合計が636kg300gのとき、ブロックは何こ使用しましたか。**（6点）

（　　　　　　）

算数

学習日〔　　月　　日〕

| 時間 | 得点 |
|---|---|
| 25分 | |
| 合格 35点 | 50点 |

# 上級レベル 10 わり算の筆算 (2)

算数⑩

**1** 次の計算をしなさい。わり切れないものはあまりも答えなさい。（3点×3）

(1) 10322 ÷ 794　(2) 95445 ÷ 135　(3) 25068 ÷ 397

**2** 次の□にあてはまる数を答えなさい。（4点×3）

(1) □ × 123 + 58 = 3010

(2) (□ + 8) × 879 − 1489 = 11696

(3) 2400 ÷ (□ − 17) + 97 = 577

**3** ある数を488でわると、商は27で、あまりが18でした。**この数を597でわったときの商とあまりを求《もと》めなさい。**（5点）

（　　　　）

**4** ある数に15をたした数で24400をわってから、123をひくと277になりました。**ある数を求めなさい。**（5点）

（　　　　）

**5** お昼のべん当をつくっています。つくったべん当は、まず箱に12こずつつめられ、その箱は9箱ずつプラスチックの入れものに入れられます。6048このべん当を用意するには、**このプラスチックの入れものは何こ必要《ひつよう》ですか。**（4点）

（　　　　）

**6** おとなが230人で、子どもが何人かのグループが動物園に行きました。入園料《にゅうえんりょう》はおとなが全部で124200円で、子どもは102960円でした。**これについて、次の問いに答えなさい。**（5点×3）

(1) おとな1人の入園料は何円ですか。

（　　　　）

(2) 子ども1人の入園料が260円のとき、子どもは何人入園しましたか。

（　　　　）

(3) おやつに1こ220円のハンバーガーを、子ども全員とおとなの何人かが食べました。ハンバーガー代が全部で119020円のとき、ハンバーガーを食べなかったおとなは何人でしたか。

（　　　　）

# 標準レベル 11 小数のたし算とひき算

算数⑪

| 時間 | 得点 |
|---|---|
| 20分 | |
| 合格 40点 | 50点 |

**1** 次の計算をしなさい。（2点×6）

(1) 7.3 + 0.6　(2) 5 + 12.6　(3) 4.8 + 6.8

(4) 25.6 + 19.9　(5) 3.5 + 12.56　(6) 28.09 + 72.58

**2** 次の計算をしなさい。（2点×6）

(1) 7.4 − 3.2　(2) 4 − 3.8　(3) 48.5 − 28.9

(4) 8.98 − 6.22　(5) 31.87 − 22　(6) 10.18 − 9.89

**3** 次の計算をしなさい。（2点×3）

(1)
```
  3.676
+ 7.798
```

(2)
```
  54.068
− 28.598
```

(3)
```
  7.3
− 5.984
```

**4** 2Lの水が入ったペットボトルを2本買ってきました。この水をひろしさんの水とうに1.6L、みきさんの水とうに1.5L入れました。**残《のこ》った水の量《りょう》は何Lですか。**（4点）

（　　　　　）

**5** マラソンで走る道のりは42.195kmです。まさきさんはこの道のりがどれぐらいあるのか調べることにしました。そこで、まず、お父さんの自動車で39.2km走ってもらい、残りの道のりを自分で走ることにしました。**まさきさんは何km走ったことになりますか。**（4点）

（　　　　　）

**6** けいたさんの家から学校に行くには、病院の前を通って行く方法《ほうほう》と、お寺の前を通って行く方法の2通りあります。けいたさんの家から病院までは1.24km、病院から学校までは0.87kmです。また、けいたさんの家からお寺までは0.56km、お寺から学校までは1.4kmです。**けいたさんは学校に行くとき、病院の前を通って行くのと、お寺の前を通って行くのでは、どちらが何km近いですか。また、それは何mですか。**（6点×2）

（　　　　　　　　　　）（　　　　　）

算数

上級レベル 12 算数⑫

# 小数のたし算とひき算

| 時間 20分 | 得点 |
|---|---|
| 合格 35点 | 50点 |

## 1 次の計算をしなさい。（3点×6）

(1) $4.7 + 3.58 + 15.6$　　(2) $0.058 + 18 + 3.442$

(3) $34.2 - 15.63 - 7.09$　　(4) $27 - 21.8 + 3.25$

(5) $0.376 + 1.887 - 1.99$　　(6) $1.11 - 0.999 + 0.3$

## 2 次の数量《すうりょう》を(　)の中の単位《たんい》で表しなさい。（3点×6）

(1) 1.2m (cm)　　(2) 0.5kg (g)　　(3) 3km5m (m)

(　　　)　(　　　)　(　　　)

(4) 3150g(kg)　　(5) 480m (km)　　(6) 780kg (t)

(　　　)　(　　　)　(　　　)

## 3 次の□にあてはまる数を答えなさい。（2点×4）

(1) $2.6\text{km} + 780\text{m} - 1.5\text{km} = \square\ \text{km}$

(2) $10\text{cm} + 2.5\text{m} - 8\text{mm} = \square\ \text{m}$

(3) $0.58\text{L} - 1.5\text{dL} + 684\text{mL} = \square\ \text{L}$

(4) $1.44\text{kg} - 8\text{g} \times 100 + 1\text{mg} \times 2000 = \square\ \text{g}$

## 4 次の□にあてはまる数を答えなさい。（2点×3）

(1) $\square + 5.08 - 10.587 = 3.001$

(2) $7 - 4.88 - \square = 1.976$

(3) $10 \times \square - 3.6 - 12.78 = 5.87$

1回 20回 40回 60回 80回 100回 120回 GOAL

学習日〔　　月　　日〕

標準レベル 13

# 小数のかけ算

算数⑬

| 時間 | 得点 |
|---|---|
| 20分 | |
| 合格 40点 | 50点 |

**1** 次の計算をしなさい。（2点×12）

(1) 0.2 × 4　　(2) 0.6 × 3　　(3) 0.4 × 5

(4) 3.7 × 6　　(5) 0.04 × 6　　(6) 0.06 × 5

(7) 1.23 × 4　　(8) 0.008 × 7　　(9) 0.008 × 5

(10) 3.15 × 3　　(11) 1.24 × 5　　(12) 0.305 × 7

**2** 374×68＝25432です。これを使って、次の計算をしなさい。（1点×3）

(1) 37.4 × 68　　(2) 3.74 × 68　　(3) 0.374 × 68

**3** 次の計算をしなさい。（2点×9）

(1) 2.4 × 4　　(2) 5.8 × 5　　(3) 6.7 × 8

(4) 7.8 × 13　　(5) 6.4 × 57　　(6) 5.3 × 68

(7) 0.6 × 35　　(8) 0.2 × 89　　(9) 0.8 × 55

**4** 4年生のあるクラス28人で、テープを使ってリボンをつくります。1人分に必要《ひつよう》なテープの長さが0.85mのとき、テープは何m必要ですか。（2点）

（　　　　　）

**5** たて12.8m、横7mの長方形の形をした花だんがあります。この花だんの面積《めんせき》は何$m^2$ですか。（3点）

（　　　　　）

算数

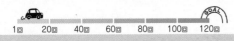

学習日［　月　日］

| 時間 20分 | 得点 |
| --- | --- |
| 合格 35点 | 50点 |

# 上級レベル 14 小数のかけ算

算数⑭

**1** 次の計算をしなさい。（2点×6）

(1) $\begin{array}{r} 4.13 \\ \times\quad 2 \\ \hline \end{array}$　(2) $\begin{array}{r} 6.24 \\ \times\quad 8 \\ \hline \end{array}$　(3) $\begin{array}{r} 8.98 \\ \times\quad 5 \\ \hline \end{array}$

(4) $\begin{array}{r} 5.08 \\ \times\ \ 47 \\ \hline \end{array}$　(5) $\begin{array}{r} 9.56 \\ \times\ \ 85 \\ \hline \end{array}$　(6) $\begin{array}{r} 8.25 \\ \times\ \ 66 \\ \hline \end{array}$

**2** 次の計算をくふうしてしなさい。（3点×2）

(1) $7.6 \times 28 - 7.6 \times 13$　(2) $12.56 \times 32 + 12.56 \times 68$

**3** 次の計算をしなさい。（3点×4）

(1) $4.75 \times 4 \times 7$　(2) $0.782 \times 13 \times 15$

(3) $5.7 \times 48 - 198.56$　(4) $20.56 + 9.44 \times 7$

**4** 次の計算をしなさい。（3点×4）

(1) $(1.8 + 8.6) \times 25$　(2) $7.35 \times 1.25 \times 8 - 42.3$

(3) $70.5 \times (3.76 + 18.24)$　(4) $(1.2 - 0.8957) \times 42$

**5** 3.6Lのジュースが入ったようきが23こ、1.8Lのジュースが入ったペットボトルが48本あります。ジュースは全部で何Lありますか。（4点）

（　　　　）

**6** 面積《めんせき》が$2m^2$の長方形のかべがあります。このかべにたて4.6cm、横7cmの長方形のシールを重なることがないようにはります。シールを450まいはったとき、シールのはられていないかべの面積は何$cm^2$ですか。（4点）

（　　　　）

学習日〔　月　日〕

| 時間 | 得点 |
| --- | --- |
| 25分 | |
| 合格 40点 | 50点 |

# 標準レベル 15 小数のわり算

算数⑮

## 1 次のわり算を、わり切れるまでしなさい。（2点×9）

(1) 1.6 ÷ 2　(2) 4.2 ÷ 6　(3) 8.1 ÷ 3

(4) 69.3 ÷ 9　(5) 5.6 ÷ 35　(6) 6.96 ÷ 48

(7) 90 ÷ 24　(8) 42 ÷ 56　(9) 8 ÷ 64

## 2 次の商を小数第一位《い》まで求《もと》め、あまりも出しなさい。

（2点×6）

(1) 27 ÷ 7　(2) 2.5 ÷ 6　(3) 12.5 ÷ 9

(4) 31.5 ÷ 19　(5) 47.4 ÷ 23　(6) 38.6 ÷ 32

## 3 次の商を四《し》捨《しゃ》五《ご》入《にゅう》して、小数第一位まで求めなさい。

（3点×3）

(1) 97 ÷ 21　(2) 80.7 ÷ 37　(3) 376.1 ÷ 53

## 4 オレンジジュースが3Lとりんごジュースが2.4Lあります。りんごジュースはオレンジジュースの何倍か求めなさい。

（3点）

（　　　　　）

## 5 12.8kgの塩《しお》があります。これを3kgずつふくろに分けると、ふくろは何ふくろできて、塩は何kgあまりますか。（4点）

（　　　　　　　　　　）

## 6 Aのようきには牛にゅうが15.48L、Bのようきには牛にゅうが28.66L入っています。この2つのようきの牛にゅうを合わせて、3L入るペットボトルに分けていくと、ペットボトルは何本できて、牛にゅうは何Lあまりますか。

（4点）

（　　　　　　　　　　）

算数

学習日〔　　月　　日〕

| 時間 25分 | 得点 |
| --- | --- |
| 合格 35点 | 50点 |

# 上級レベル 16 小数のわり算

算数⑯

## 1 次のわり算を、わり切れるまでしなさい。（2点×6）

(1) 0.23 ÷ 5　　(2) 61.74 ÷ 42　　(3) 237.96 ÷ 75

(4) 65.94 ÷ 84　　(5) 1.125 ÷ 45　　(6) 46.08 ÷ 96

## 2 次の商を小数第二位《い》まで求《もと》め、あまりも出しなさい。（2点×9）

(1) 1.35 ÷ 7　　(2) 8.15 ÷ 9　　(3) 3.07 ÷ 12

(4) 21.89 ÷ 36　　(5) 9.47 ÷ 75　　(6) 72.1 ÷ 27

(7) 231.6 ÷ 123　　(8) 694.46 ÷ 257　　(9) 102.09 ÷ 398

## 3 次の計算をしなさい。（4点×2）

(1) (23.58 + 19.44) ÷ (0.4 × 3 + 0.6 × 4 + 0.2 × 7)

(2) (12.3 × 8 + 1.08 ÷ 6) ÷ (1.25 × 4 + 1)

## 4 あるようきに18.6kgのお米が入っています。ここから計《けい》量《りょう》カップに同じ分量ずつのお米を入れて別《べつ》のようきにうつしたところ、合計23ばいありました。もとのようきに残《のこ》ったお米の重さは2.96kgでした。計量カップ1ぱい分のお米の重さは何kgですか。（4点）

（　　　　　）

## 5 ある数を57でわるところを、57をかけてしまったので、答えが15270.3になりました。ある数を求めなさい。また、正しい答えを求めなさい。（4点×2）

ある数（　　　　　）

正しい答え（　　　　　）

学習日〔　　月　　日〕

| 時間 20分 | 得点 |
| --- | --- |
| 合格 40点 | 50点 |

標準レベル 17 算数⑰

# 角の大きさ

**1** 次の□にあてはまる数を答えなさい。（1点×2）

(1) 2直角＝□°　　(2) $\frac{1}{2}$直角＝□°

**2** 次の図のア、イの角度を求《もと》めなさい。（3点×2）

(1)

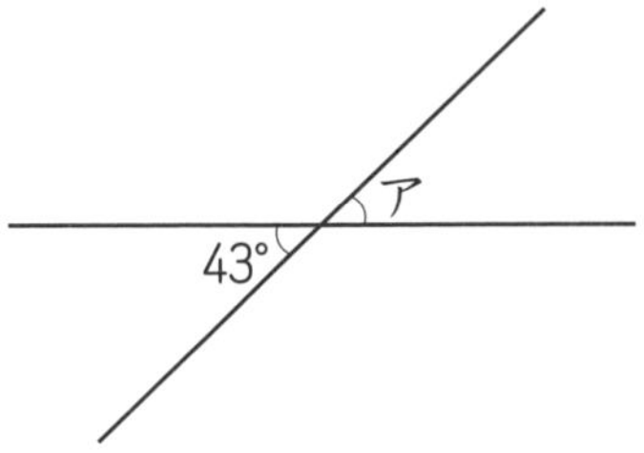


(2)

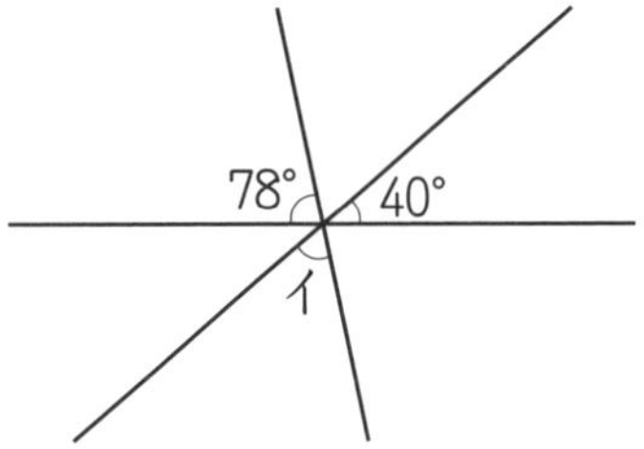


(　　　)　(　　　)

**3** 次の図のように、(1)は円を6等分し、(2)は円を10等分しました。ア～エの角度を求めなさい。（3点×4）

(1)

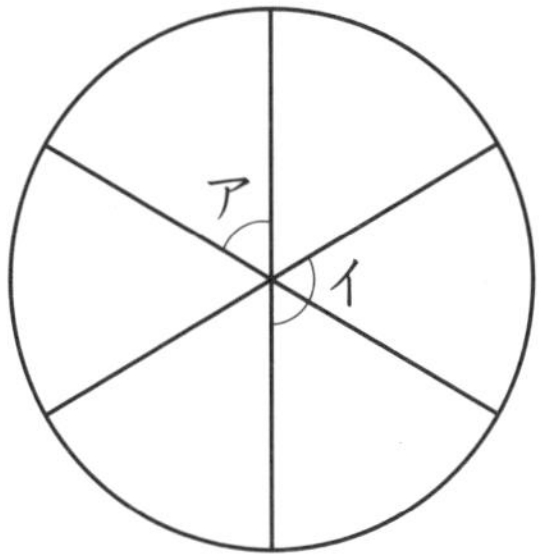


(2)

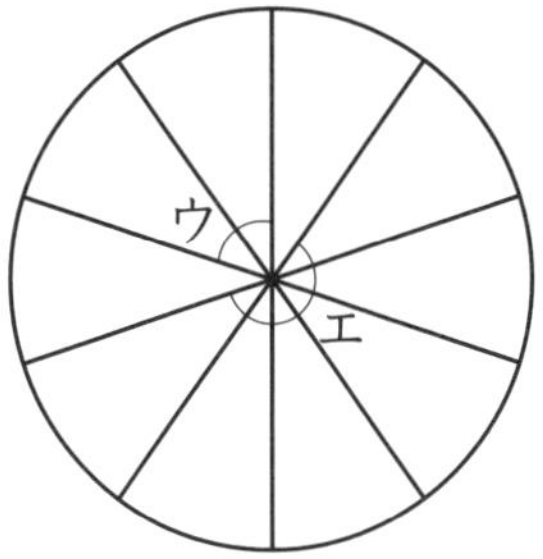


ア(　　　)　イ(　　　)　ウ(　　　)　エ(　　　)

**4** 次の図は1組の三角じょうぎを組み合わせたものです。ア～エの角度を求めなさい。（3点×4）

(1)

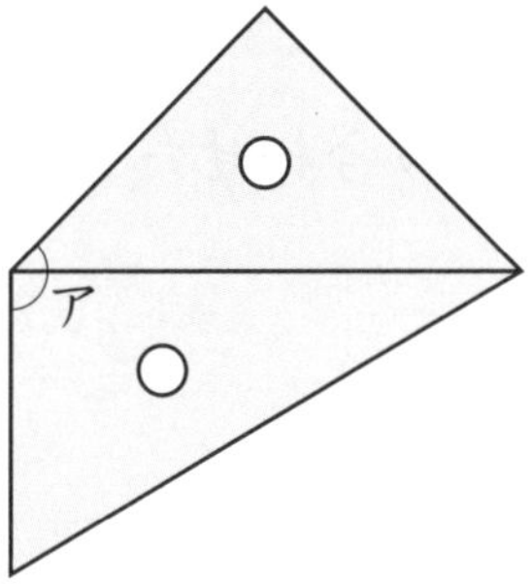


(2)

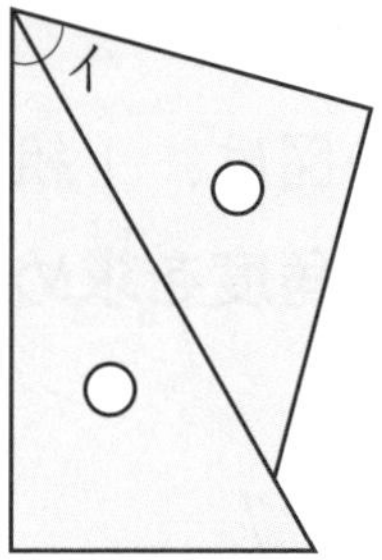


(　　　)　(　　　)

(3)

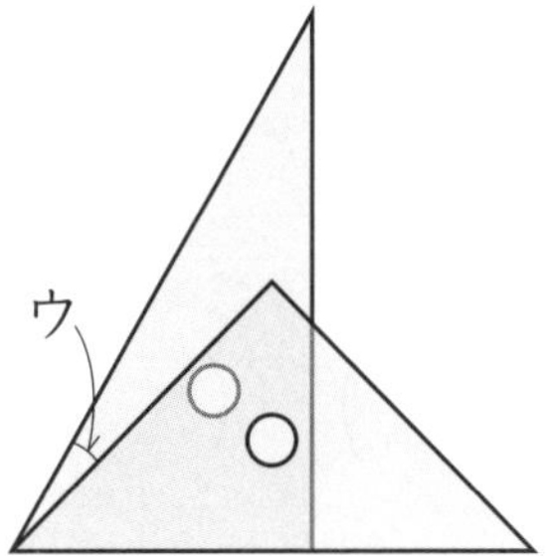


(4)

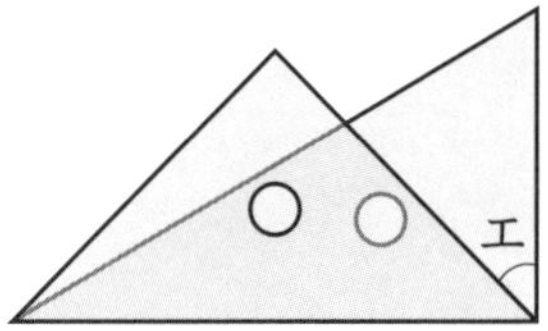


(　　　)　(　　　)

**5** 時計の長いはりと短いはりは次の時間でそれぞれ何度まわりますか。（3点×6）

(1) 1分　長いはり(　　　)　短いはり(　　　)

(2) 10分　長いはり(　　　)　短いはり(　　　)

(3) 40分　長いはり(　　　)　短いはり(　　　)

算数

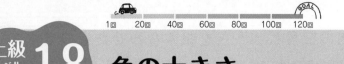

学習日〔　　月　　日〕

| 時間 20分 | 得点 |
| --- | --- |
| 合格 35点 | 50点 |

# 上級レベル 18 角の大きさ

算数⑱

**1** 次の図は、１組の三角じょうぎを組み合わせたものです。アの角度を求《もと》めなさい。（４点×３）

(1)

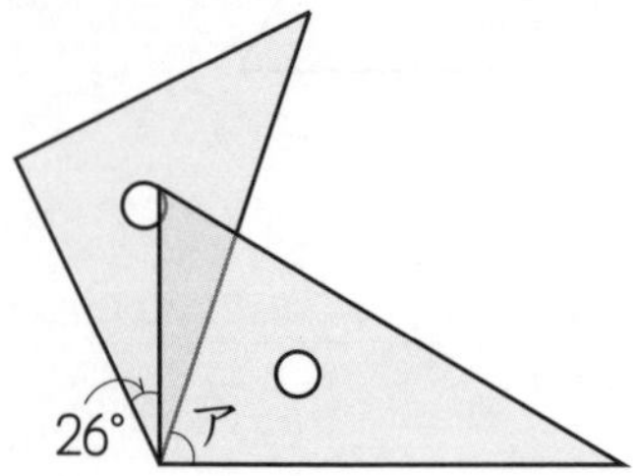


(2)

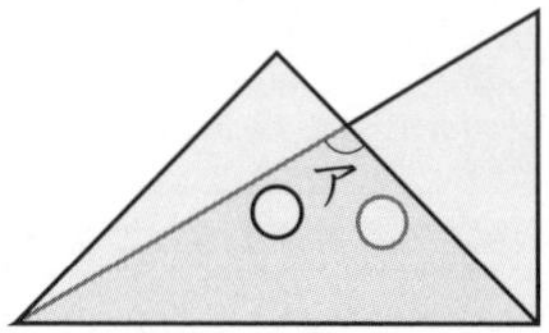


(3)

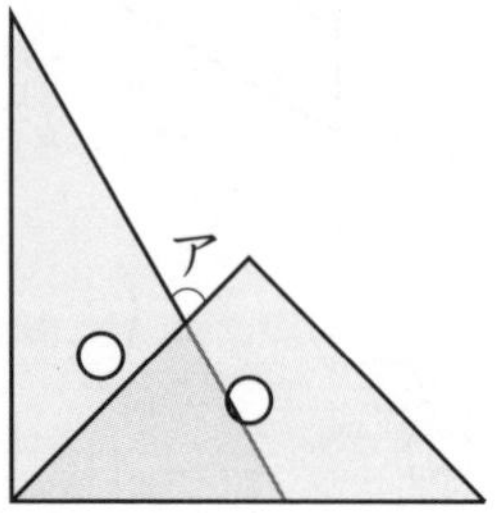


(　　　　)　(　　　　)　(　　　　)

**2** 次の図で、アの角度を求めなさい。ただし、● 印《じるし》は等しい大きさの角を表しています。（４点×２）

(1)

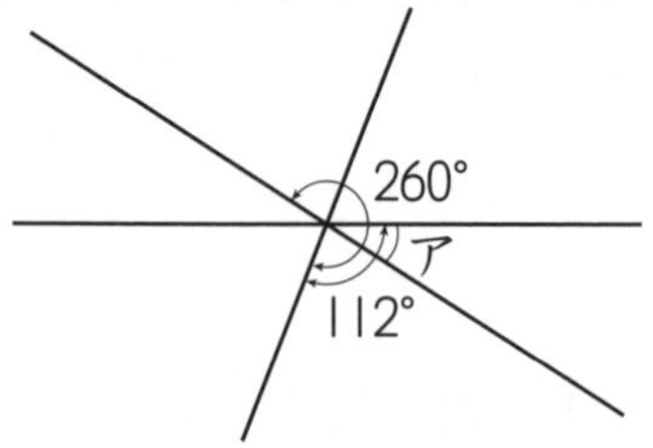


(2)

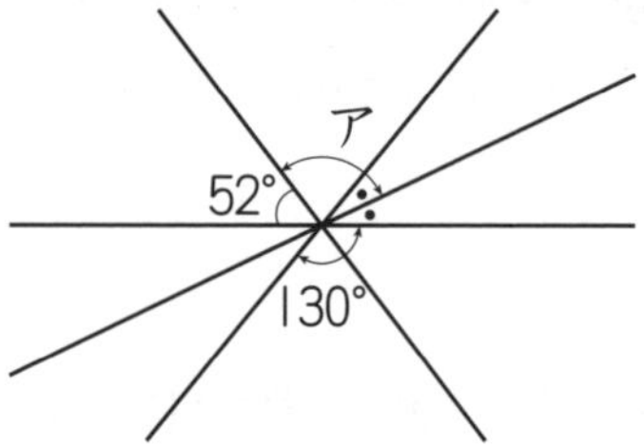


(　　　　)　(　　　　)

**3** 次の時計の長いはりと短いはりのつくる角度を求めなさい。（４点×３）

(1)

(2)

(3)

(　　　　)　(　　　　)　(　　　　)

**4** 次の図で、アの角度を求めなさい。（４点×３）

(1)

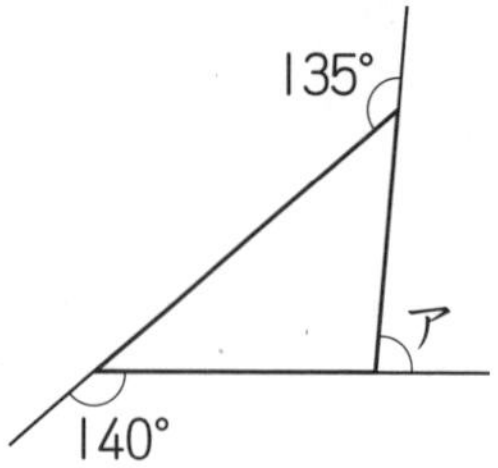


(2)

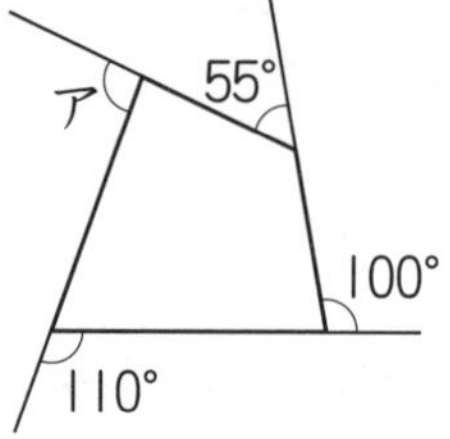


(3)

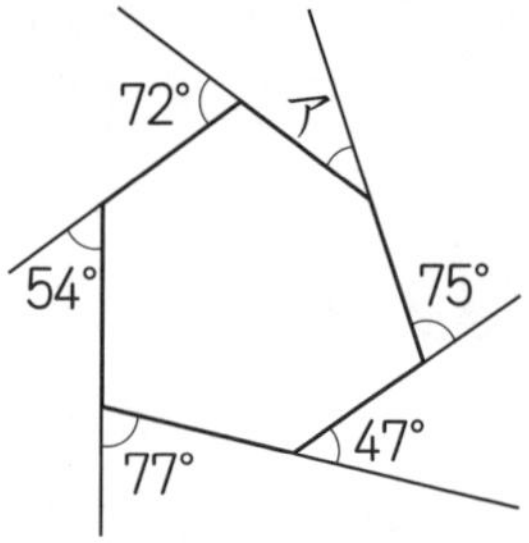


(　　　　)　(　　　　)　(　　　　)

**5** 右の図で、印《しるし》のついた角の大きさが等しいとき、アの角度を求めなさい。（６点）

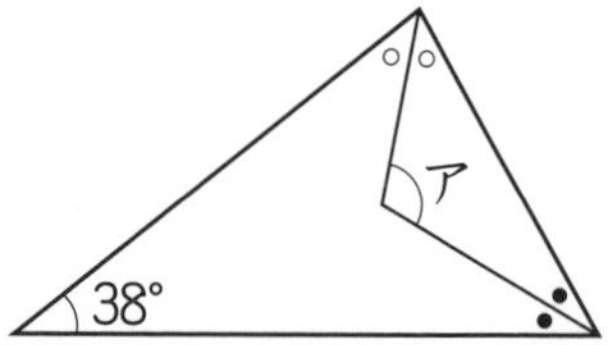


(　　　　)

# 垂直・平行と四角形★

学習日〔　月　日〕

| 時間 | 得点 |
| --- | --- |
| 20分 | |
| 合格 40点 | 50点 |

★印は発展的な問題が入っていることを示しています。

**1** 次の図の直線アに、三角じょうぎを使って、①点Aを通って垂直《すいちょく》な直線、②点Aを通って平行な直線をそれぞれかきなさい。（4点×2）

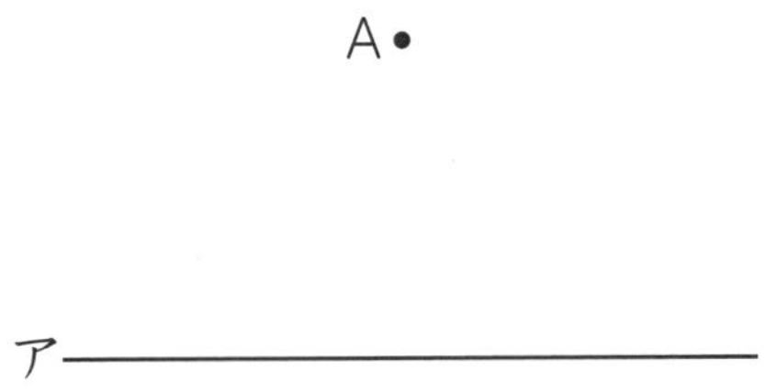


**2** 次の図で直線AとBは平行です。アの角度を求《もと》めなさい。（4点×2）

(1)

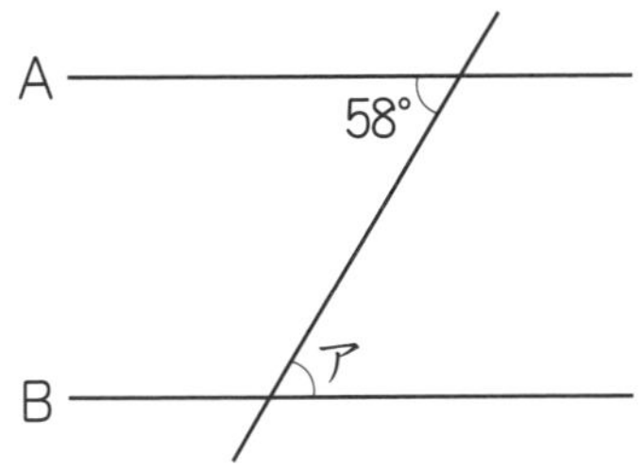


(2)

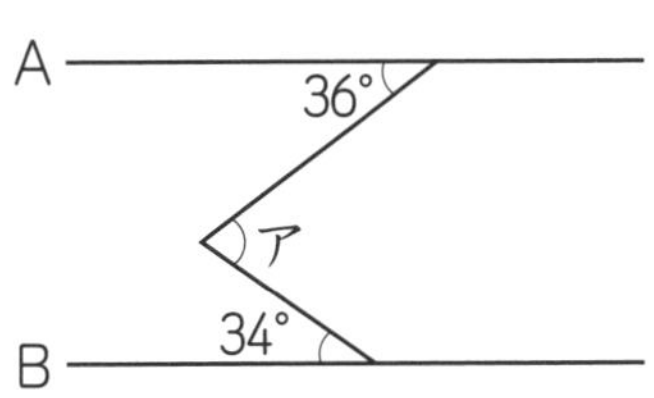


(　　　　)　(　　　　)

**3** 右の図のア、イ、ウの角度を求めなさい。（4点×3）

ア（　　　　）

イ（　　　　）

ウ（　　　　）

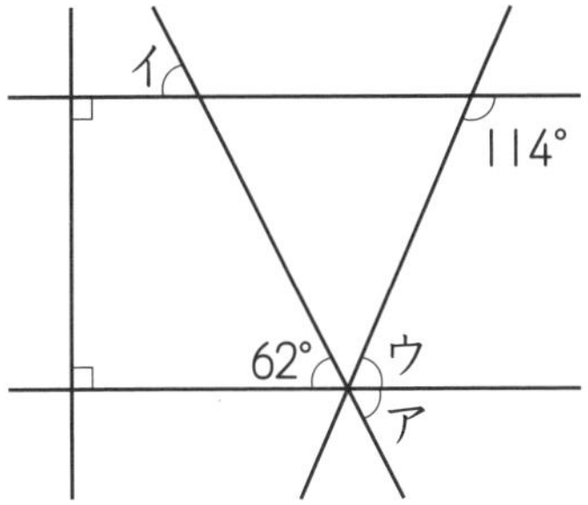


**4** 右の図のように、長方形の紙を折《お》り曲げました。アとイの角度を求めなさい。（5点×2）

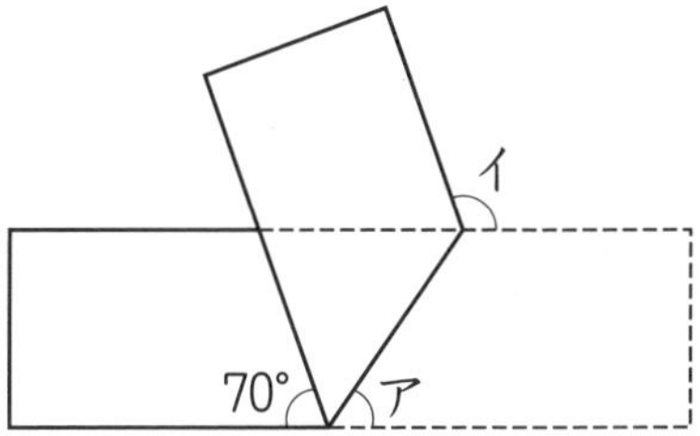


ア（　　　　）

イ（　　　　）

**5** 次の(1)～(3)の特ちょうをもっている四角形の名前をすべて答えなさい。（4点×3）

(1) 2本の対角線は垂直である。

（　　　　）

(2) 2本の対角線はそれぞれの真ん中の点で交わる。

（　　　　）

(3) 2本の対角線は長さが等しい。

（　　　　）

算数

学習日〔　　月　　日〕

| 時間 20分 | 得点 |
| --- | --- |
| 合格 35点 | 50点 |

# 上級レベル 20 垂直・平行と四角形★

算数⑳

★印は発展的な問題が入っていることを示しています。

**1** 次の図で直線AとBは平行です。**アの角度を求《もと》めなさい。**（6点×4）

(1)

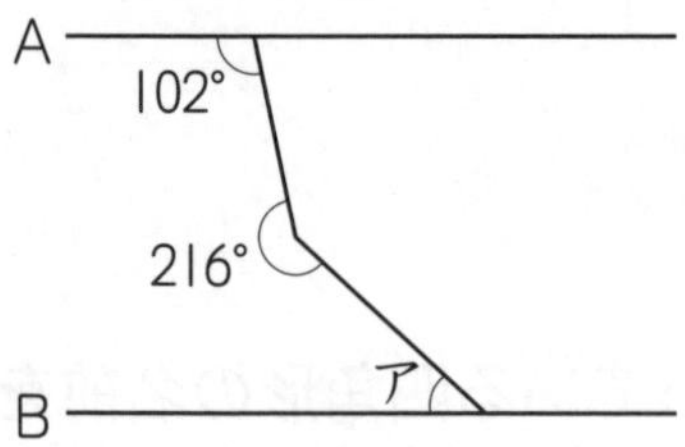


（　　　　）

(2)

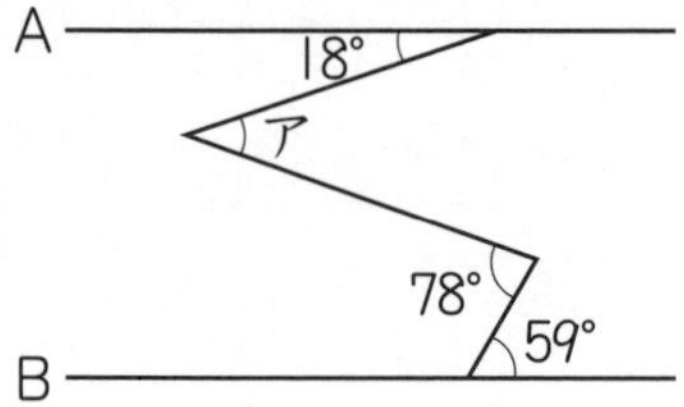


（　　　　）

(3)

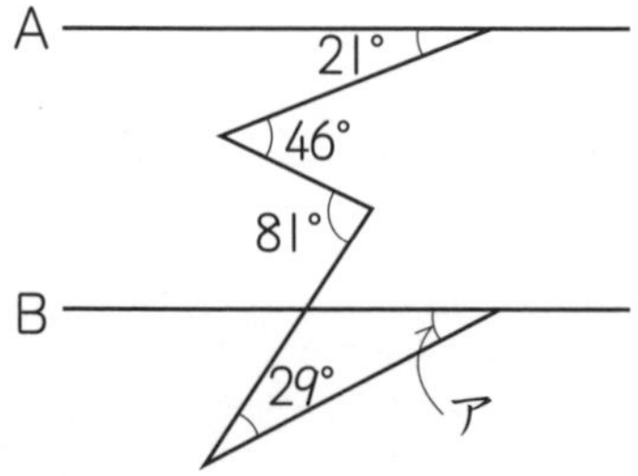


（　　　　）

(4) 1組の三角じょうぎ

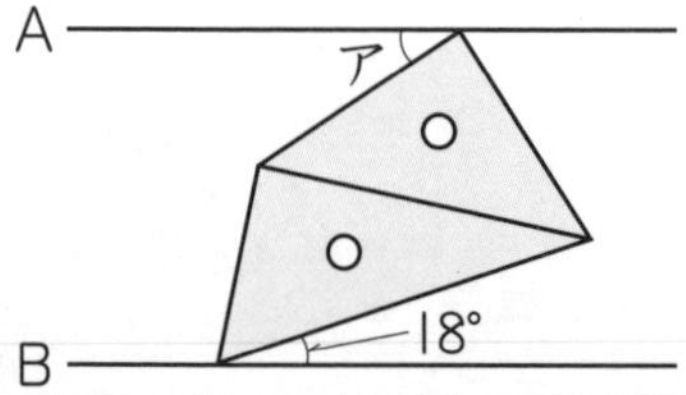


（　　　　）

**2** 右の図は、1まいの長方形の紙をACで折《お》り曲げて、さらにBCで折り曲げてできた図形です。**アの角度を求めなさい。**（7点）

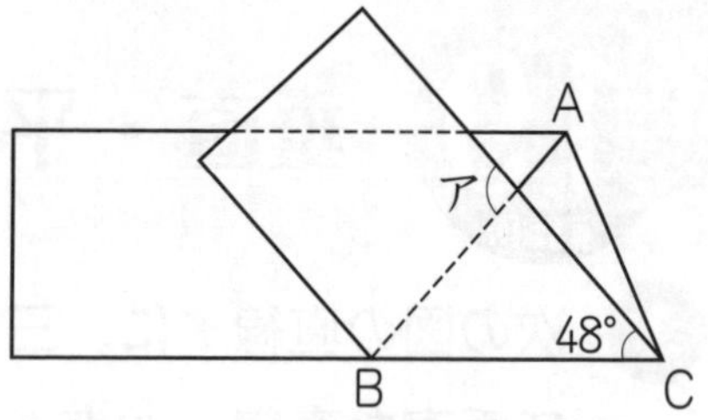


（　　　　）

**3** 右の図は、正方形ABCDをEFを折り目として点BがDC上にくるように折り返した図形です。**アの角度を求めなさい。**（7点）

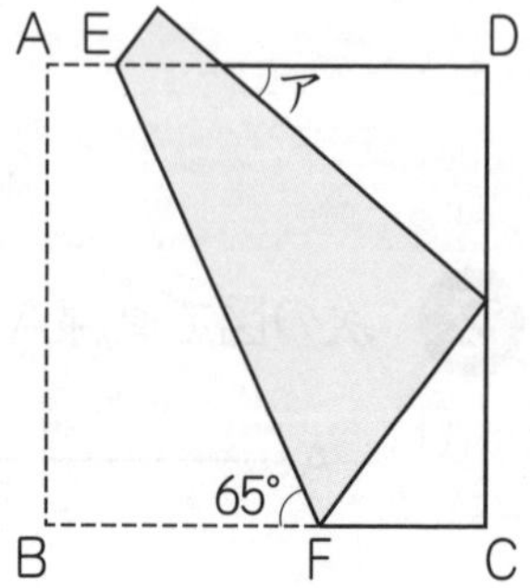


（　　　　）

**4** 下の図は、四角形の対角線をかいたものです。**あてはまる四角形の名前を答えなさい。**（6点×2）

(1)

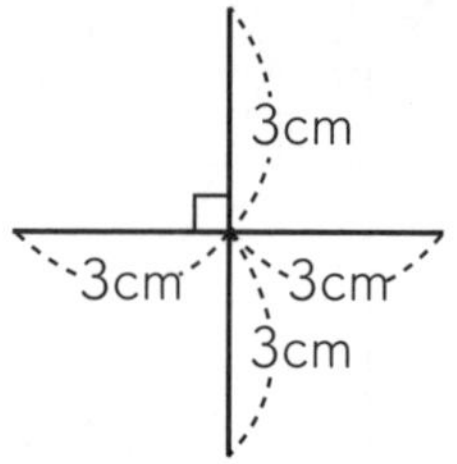


（　　　　）

(2)

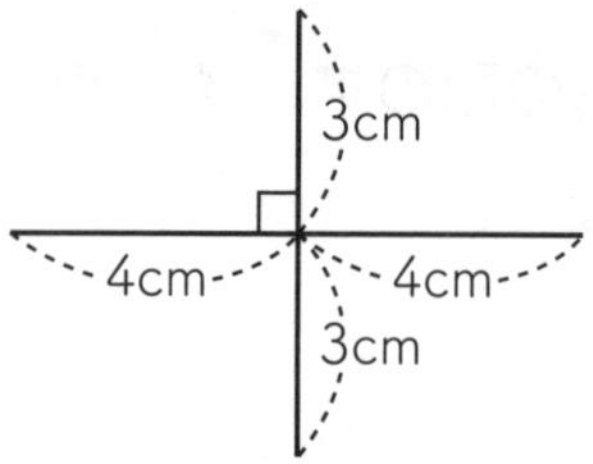


（　　　　）

学習日〔　　月　　日〕

| 時間 | 得点 |
| --- | --- |
| 20分 | |
| 合格 40点 | 50点 |

# 標準レベル 21 面　　積

算数㉑

## 1 次の図の面積《めんせき》を求《もと》めなさい。（4点×6）

(1)

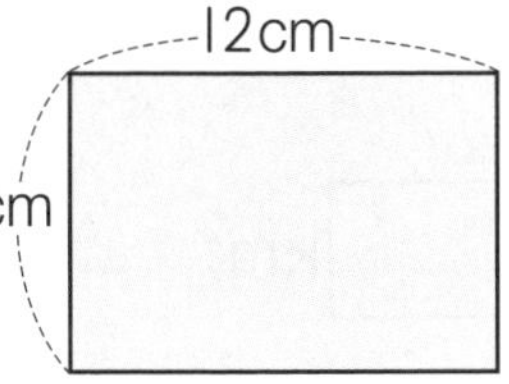


（　　　　　　）

(2)

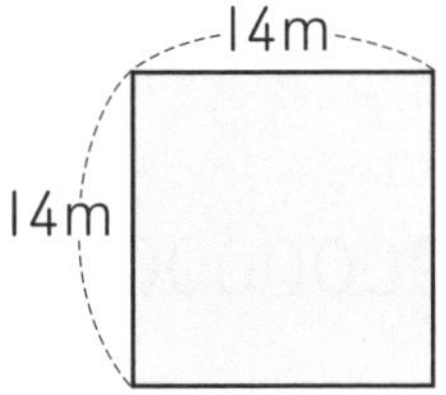


（　　　　　　）

(3)

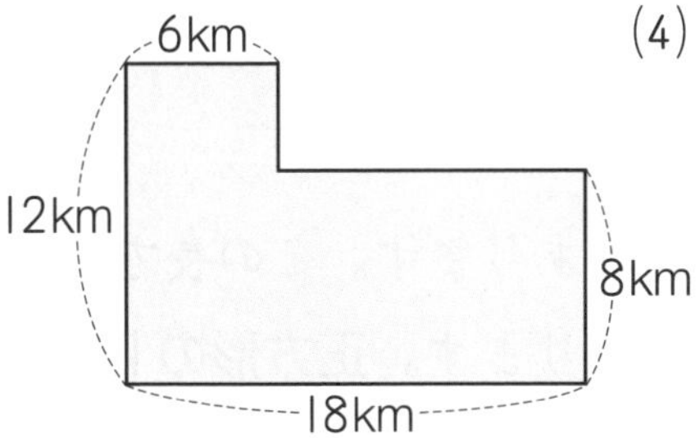


（　　　　　　）

(4)

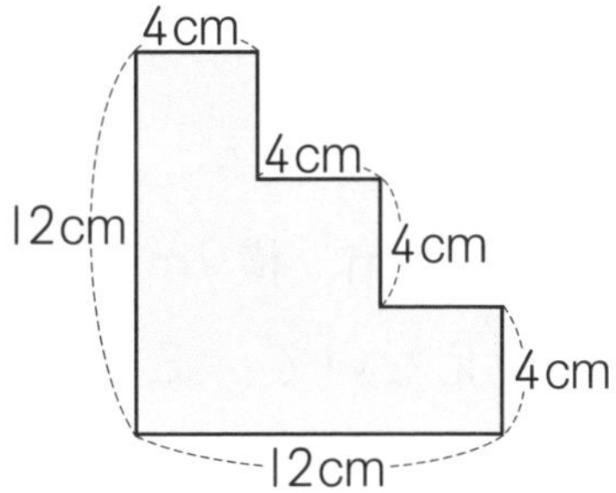


（　　　　　　）

(5)

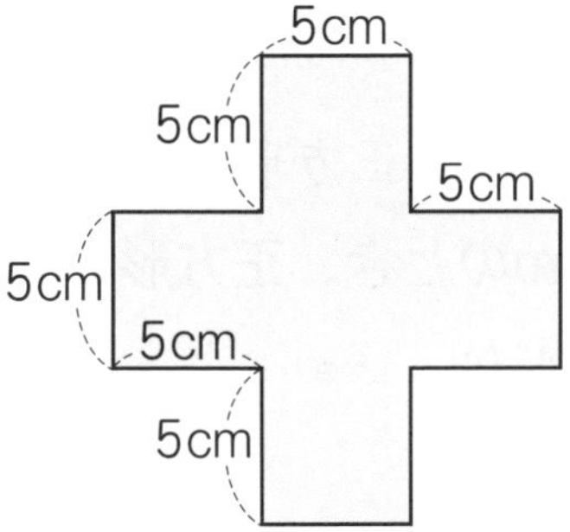


（　　　　　　）

(6)

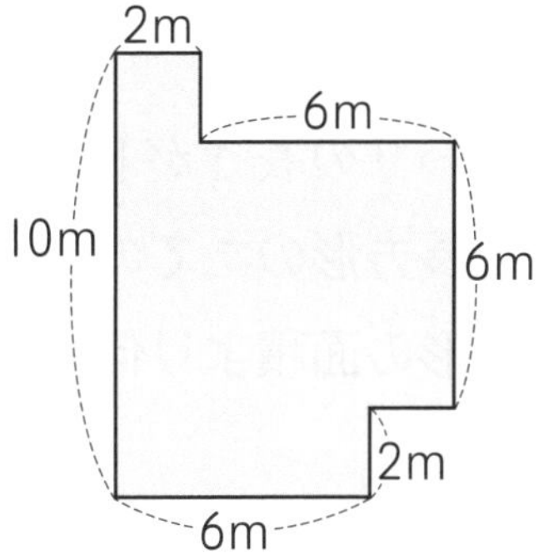


（　　　　　　）

## 2 次の□にあてはまる数を答えなさい。（3点×6）

(1) 1 $m^2$ ＝ □ $cm^2$　(2) 1 $km^2$ ＝ □ $m^2$

(3) 1a ＝ □ $m^2$　(4) 1ha ＝ □ a ＝ □ $m^2$

(5) 5 $km^2$ ＝ □ $m^2$　(6) 84a ＝ □ $m^2$

## 3 たて2400m、横600mの長方形の土地の面積を$m^2$、a、ha、$km^2$の単位《たんい》で答えなさい。（4点）

（　　　　、　　　　、　　　　、　　　　）

## 4 たて18cm、横35cmの長方形の面積を変《か》えないで、たてを4cm短くすると、横の長さを何cm長くすればいいですか。（4点）

（　　　　　　）

算数

# 上級レベル 22 面　積

算数㉒

| 時間 20分 | 得点 |
| --- | --- |
| 合格 35点 | 50点 |

**1** 次の図のように、正方形の土地と、長方形の土地のまわりに、それぞれはばが2mの道路をつけました。**それぞれの土地につけた道路の面積《めんせき》を求《もと》めなさい。**（5点×2）

(1)

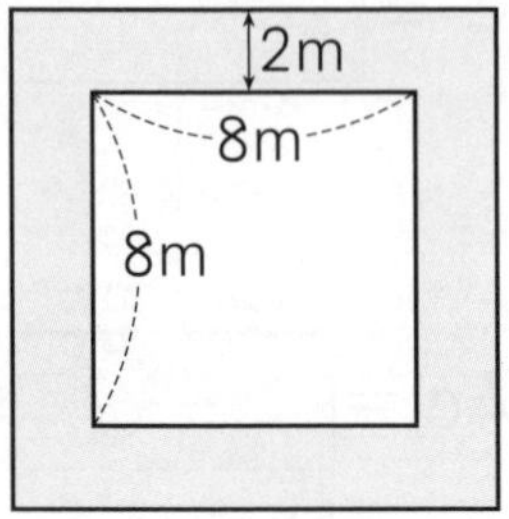


(2)

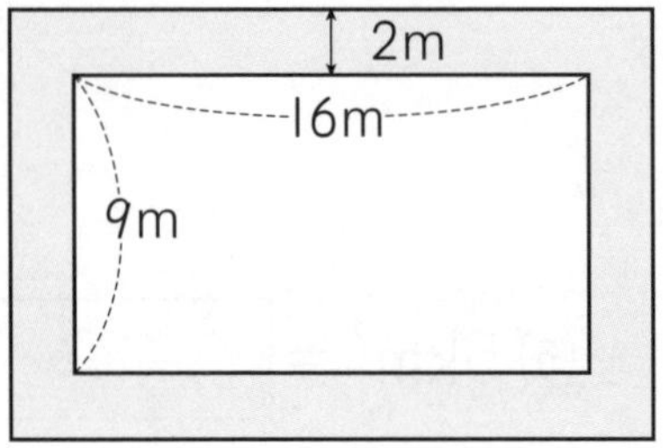


(　　　　)　(　　　　)

**2** 次の図のように、たて20m、横30mの土地の中に、はば4mの道をつくりました。**残《のこ》った土地の面積はそれぞれ何$m^2$ですか。**（5点×2）

(1)

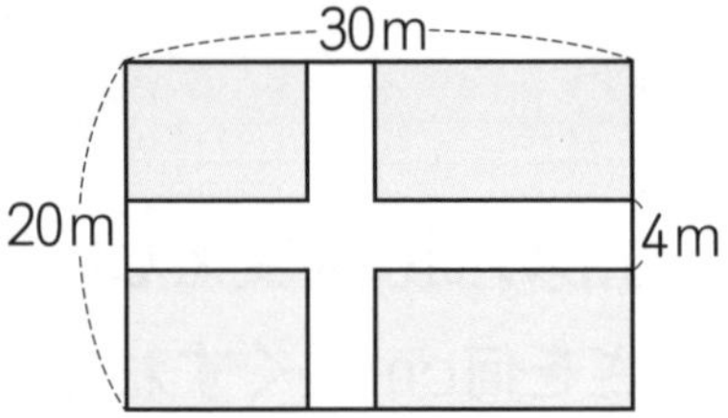


(2)

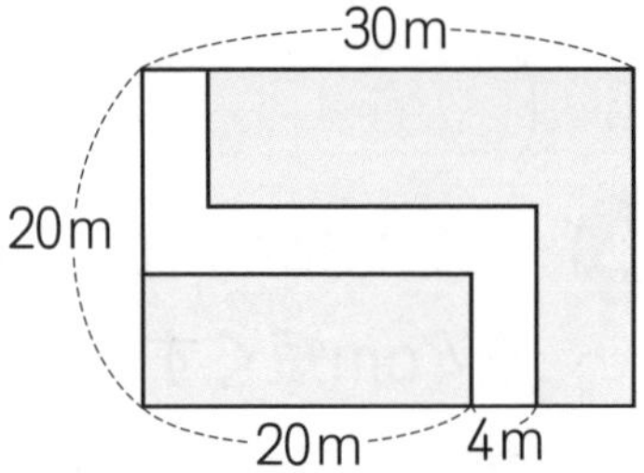


(　　　　)　(　　　　)

**3** 次の□にあてはまる数を答えなさい。（5点×4）

(1) $3.5km^2 =$ □ $m^2$

(2) $48000m^2 =$ □ ha

(3) $7500000000cm^2 =$ □ $km^2$

(4) $8.4km^2 =$ □ ha

**4** たて4m、横9mの長方形があります。この長方形の面積を変《か》えないで、正方形をつくります。**正方形の1辺《ぺん》の長さを何mにすればいいですか。**（5点）

(　　　　)

**5** まわりの長さが120cmの長方形と正方形があります。**この長方形のたての長さが18cmのとき、正方形の面積は長方形の面積より何$cm^2$広いですか。**（5点）

(　　　　)

学習日〔　　月　　日〕

標準レベル **23** 算数㉓

# 直方体と立方体

| 時間 25分 | 得点 |
| --- | --- |
| 合格 40点 | 50点 |

**1** 右の図は、直方体ＡＢＣＤ－ＥＦＧＨを表しています。**このとき、次の問いに答えなさい。**（３点×７）

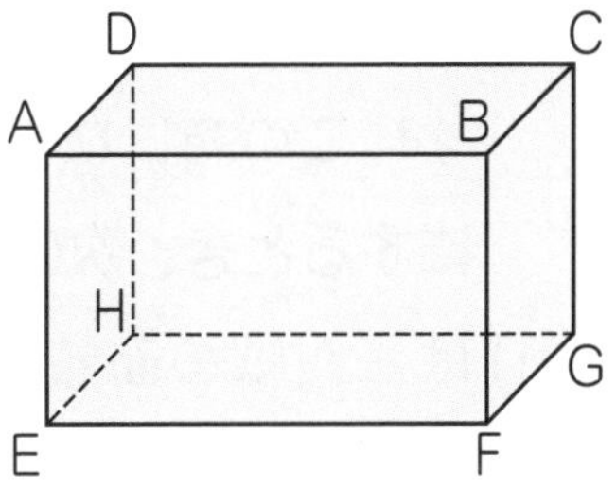


(1) 辺《へん》ＡＤに平行な辺をすべて答えなさい。

（　　　　　　　）

(2) 辺ＥＦに垂直《すいちょく》な辺をすべて答えなさい。

（　　　　　　　）

(3) 面ＡＢＣＤに平行な辺をすべて答えなさい。

（　　　　　　　）

(4) 面ＡＢＦＥに垂直な辺をすべて答えなさい。

（　　　　　　　）

(5) 面ＡＥＨＤに平行な面を答えなさい。

（　　　　　　　）

(6) 面ＡＥＨＤに垂直な面をすべて答えなさい。

（　　　　　　　）

(7) 辺ＡＢと平行でも垂直でもない辺をすべて答えなさい。

（　　　　　　　）

**2** 右の図は、立方体のてん開図です。このてん開図を組み立てて、立方体をつくります。**このとき、次の問いに答えなさい。**

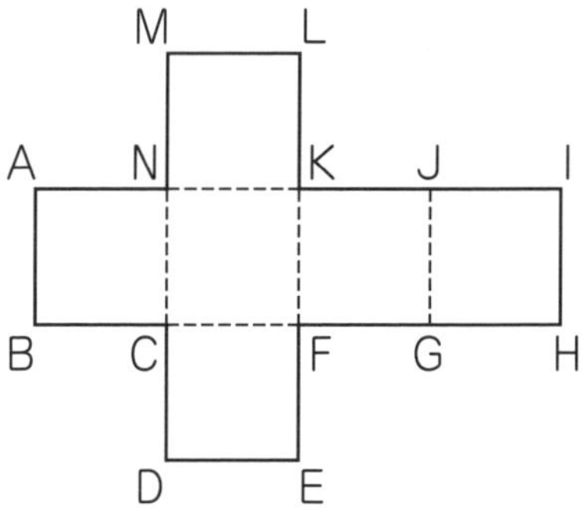


(1) 面ＡＢＣＮと平行な面を答えなさい。（３点）

（　　　　　　　）

(2) 面ＣＦＫＮと垂直になる面をすべて答えなさい。（３点）

（　　　　　　　）

(3) 点Ｌと重なる点を答えなさい。（３点）

（　　　　　　　）

(4) 点Ｂと重なる点をすべて答えなさい。（４点）

（　　　　　　　）

(5) 辺ＬＭと重なる辺を答えなさい。（４点）

（　　　　　　　）

(6) 辺ＡＮと垂直な辺をすべて答えなさい。（４点）

（　　　　　　　）

(7) 辺ＡＮと垂直な面をすべて答えなさい。（４点）

（　　　　　　　）

(8) 辺ＬＭに平行な面をすべて答えなさい。（４点）

（　　　　　　　）

算数

| 時間 25分 | 得点 |
| --- | --- |
| 合格 35点 | /50点 |

# 上級レベル 24 直方体と立方体

算数㉔

**1** 次のてん開図を組み立てるとき、立方体にならないものをア～オからすべて選《えら》び、記号で答えなさい。（4点）

ア　イ　ウ　エ　オ

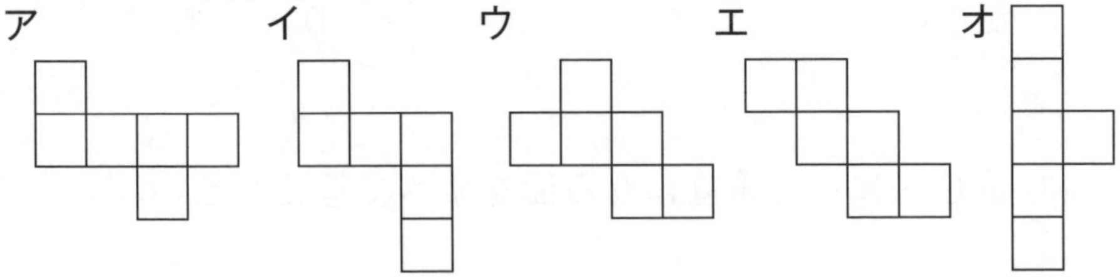

（　　　　　）

**2** さいころは、向かい合う面の目の数の和は7になるようにつくられています。**下のさいころのてん開図で、目のかかれていない面に、目の数を数字でかきなさい。**（5点×4）

(1)

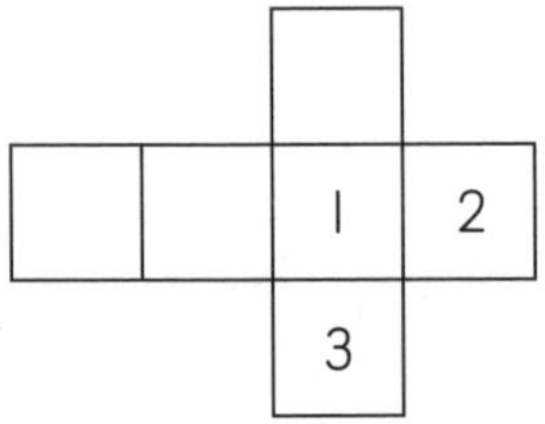


(2)

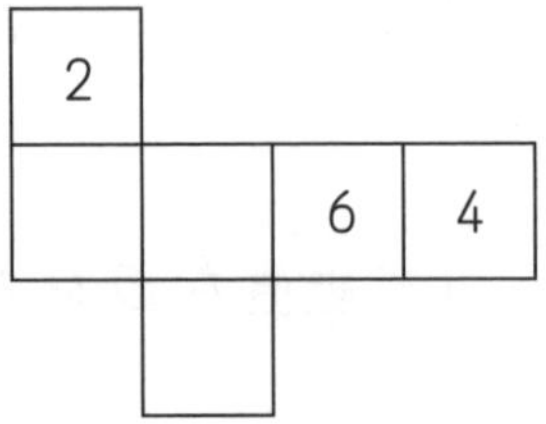


(3)

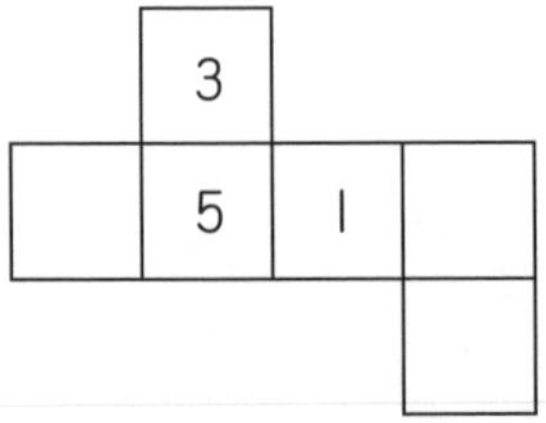


(4)

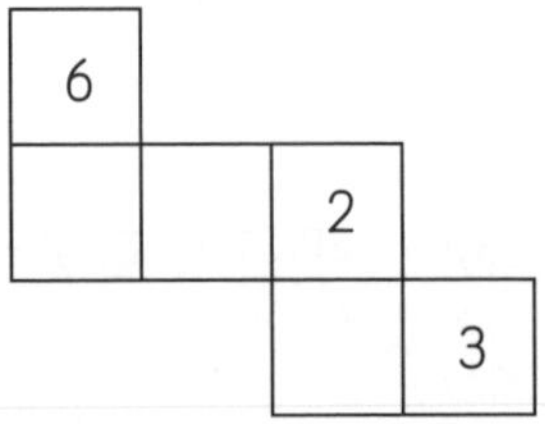


**3** 右の図のような直方体の箱があります。この箱のすべての面に、その面の大きさの長方形の紙をはります。そのあとで、図のようにこの箱にひもをかけました。**むすび目に25cm使うことにするとき、次の問いに答えなさい。**（6点×2）

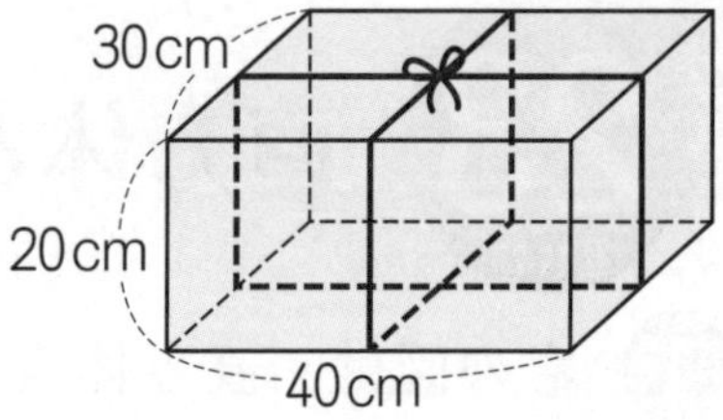


(1) はった紙の面積《めんせき》は、合計何 $cm^2$ ですか。

（　　　　　）

(2) ひもは全部で何 cm 必要《ひつよう》ですか。

（　　　　　）

**4** 右の図のように1辺《へん》の長さが1cmの立方体を27こ組み合わせて、1辺の長さが3cmの立方体をつくりました。このできあがった立方体の6つの表面のみに赤いペンキをぬりました。**これについて、次の問いに答えなさい。**（7点×2）

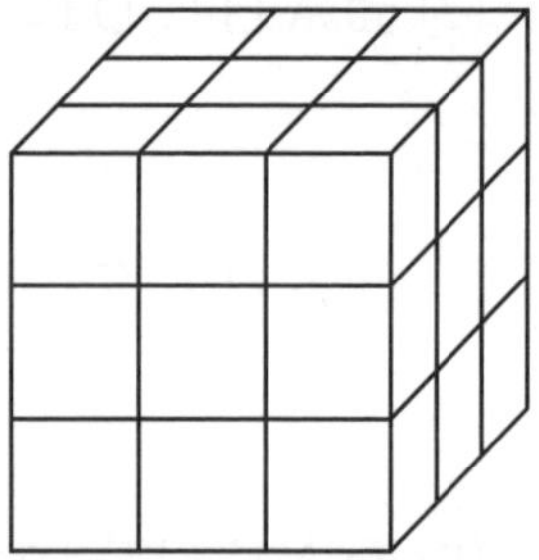

(1) 2つの面が赤い立方体はいくつできますか。

（　　　　　）

(2) 1つの面が赤い立方体はいくつできますか。

（　　　　　）

学習日〔　　月　　日〕

| 時間 20分 | 得点 |
| --- | --- |
| 合格 40点 | 50点 |

# 標準レベル 25 位置の表し方

算数㉕

**1** 右の図で、点Oをもとにすると、点Aの位《い》置《ち》は(横3、たて2)と表せます。**図の点B～Eは、それぞれどのように表されますか。**（2点×4）

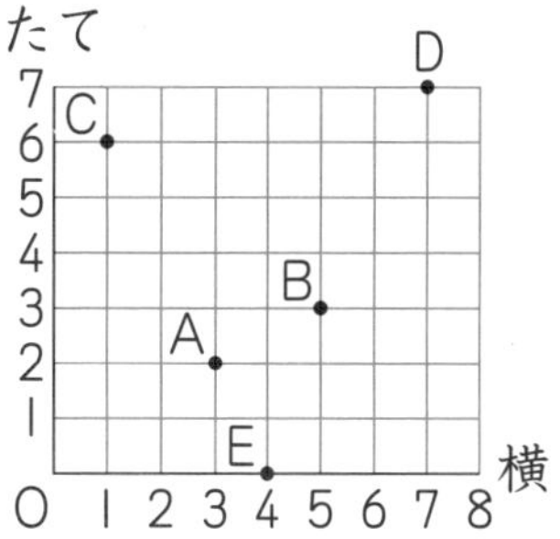


B(横　　、たて　　)　C(横　　、たて　　)

D(横　　、たて　　)　E(横　　、たて　　)

**2** 右の図は、直方体と1辺《へん》が2cmの立方体が組み合わさったものです。点Fの位置は点Oをもとにすると、(横5cm、たて8cm、高さ6cm)と表すことができます。**図のB、E、G、H、I、J、N、Mの位置を表しなさい。**（3点×8）

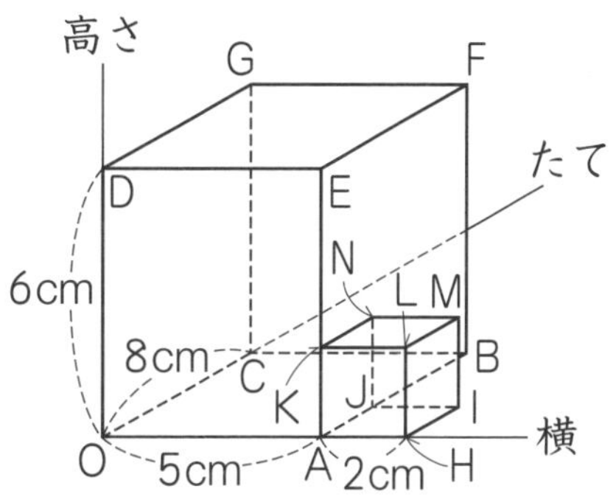


B(横　　、たて　　、高さ　　)　E(横　　、たて　　、高さ　　)

G(横　　、たて　　、高さ　　)　H(横　　、たて　　、高さ　　)

I(横　　、たて　　、高さ　　)　J(横　　、たて　　、高さ　　)

N(横　　、たて　　、高さ　　)　M(横　　、たて　　、高さ　　)

**3** 右の図のように、Oをスタート地点としてXをめざします。**スタート地点Oを(横0、たて0)とするとき、次の(1)、(2)の道順《みちじゅん》を例《れい》を参考《さんこう》にして、Xまで表しなさい。**（3点×2）

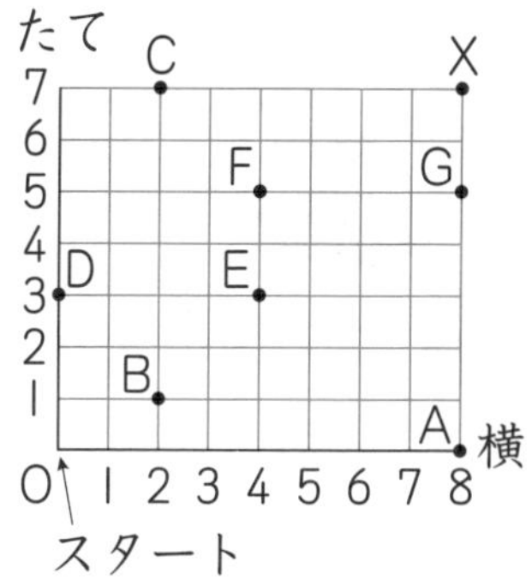


例　O→A→Xのとき

O→A(横8、たて0)→X(横0、たて7)

(1) O→B→C→Xのとき

O→B(横　　、たて　　)→C(横　　、たて　　)→X(横　　、たて　　)

(2) O→D→E→F→G→Xのとき

O→D(横　　、たて　　)→E(横　　、たて　　)→F(横　　、たて　　)

→G(横　　、たて　　)→X(横　　、たて　　)

**4** 右の図のように、1辺が1cmの立方体を積《つ》んであります。**点Aの位置を、点Oをもとにして(横2、たて0、高さ1)のように表すとき、B～Eの点の位置を表しなさい。**（3点×4）

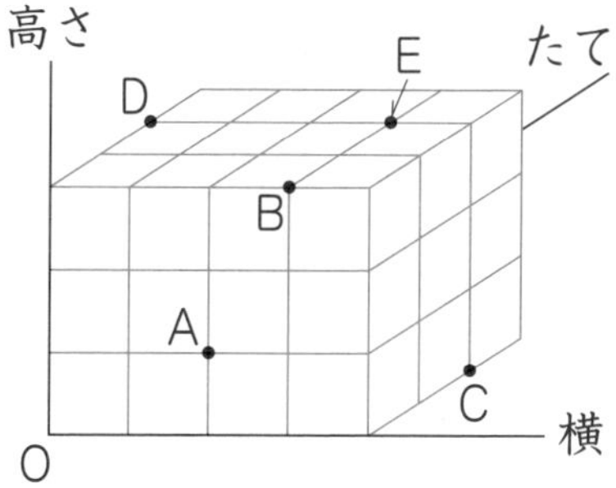


B(横　　、たて　　、高さ　　)　C(横　　、たて　　、高さ　　)

D(横　　、たて　　、高さ　　)　E(横　　、たて　　、高さ　　)

学習日〔　月　日〕

| 時間 20分 | 得点 |
| --- | --- |
| 合格 35点 | 50点 |

上級レベル 26 算数㉖

# 位置の表し方

**1** 右の図は長方形ＡＢＣＤ、平行四辺形ＥＦＧＨ、ひし形ＩＪＫＬの一部をかいたものです。それぞれの図形であと1点を決めれば図形が完成《かんせい》します。**それぞれの図形で、あと1点の位置《いち》を答えなさい。**ただし、点Ｄの位置は(4、3)とします。（5点×3）

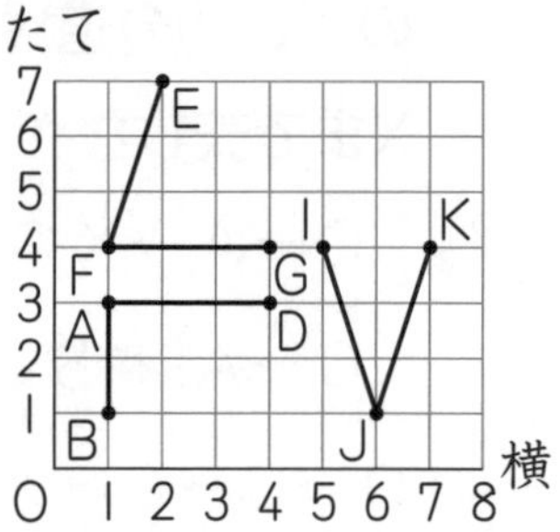


C(　　　　) H(　　　　) L(　　　　)

**2** 右の直方体で、Ｆのちょう点の位置は、Ｏのちょう点をもとにすると、(横10cm、たて8cm、高さ8cm)と表すことができます。**これについて、次の問いに答えなさい。**（5点×3）

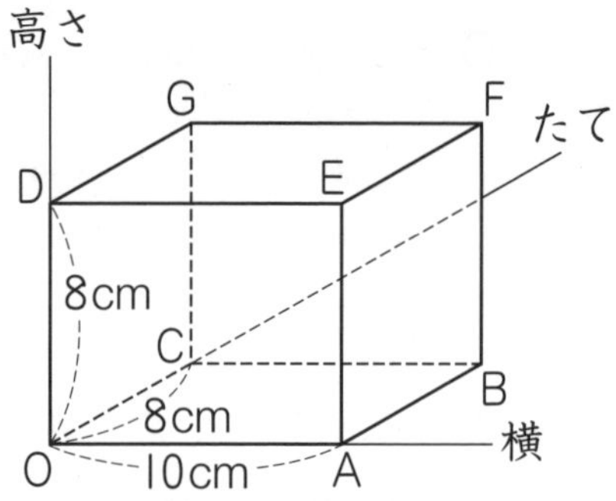


(1) 点Ｏと点Ａのまん中の点の位置を答えなさい。

(横　　、たて　　、高さ　　)

(2) 点Ｏと点Ｇのまん中の点と、点Ｅと点Ｂのまん中の点とのきょりは何cmですか。

(　　　　)

(3) 点Ｏと点Ｆのまん中の点の位置を答えなさい。

(横　　、たて　　、高さ　　)

**3** 右の図のように、点Ｐは点Ｏ(横0、たて0)を出発して1秒ごとに、右に3、上に4、左に1、下に3の順《じゅん》で動きます。よって、点ＰはＯを出発してから1秒後には(横3、たて0)、2秒後には(横3、たて4)、3秒後には(横2、たて4)、4秒後には(横2、たて1)の位置に動きます。そしてこのあとも、図の点線のようにこの動きを続《つづ》けます。**このとき、次の問いに答えなさい。**（4点×5）

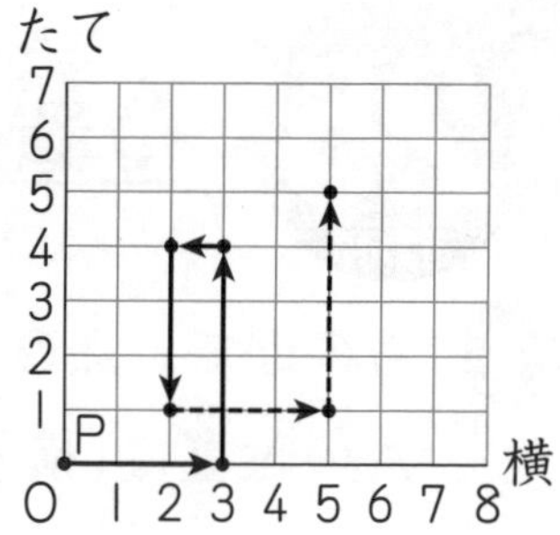


(1) 点Ｐは出発してから7秒後には、どの位置にいますか。

(横　　、たて　　)

(2) 点Ｐは出発してから40秒後には、どの位置にいますか。

(横　　、たて　　)

(3) 点Ｐは出発してから103秒後には、どの位置にいますか。

(横　　、たて　　)

(4) 点Ｐの1秒ごとの動きを右に3cm、上に4cm、左に1cm、下に3cmとするとき、次の①、②に答えなさい。

① 点Ｐは出発してから20秒で何cm動きましたか。

(　　　　)

② 点Ｐが出発してから124cm動いたときの位置を答えなさい。

(横　　、たて　　)

学習日〔　　月　　日〕

| 時間 | 得点 |
|---|---|
| 20分 | |
| 合格 40点 | 50点 |

# 標準レベル 27 折れ線グラフ

算数㉗

**1** 右の折《お》れ線グラフは、けいた君が6回ゲームをした得点結果《とくてんけっか》です。**これについて、次の問いに答えなさい。**（5点×3）

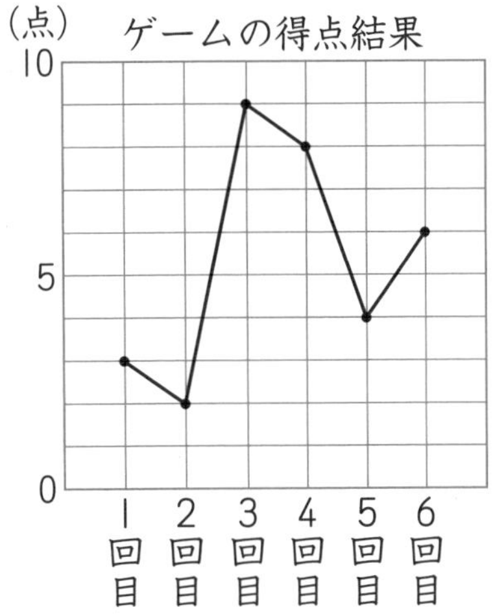


(1) 4回目の得点は何点ですか。

（　　　　）

(2) いちばん得点が高かったのは何回目ですか。

（　　　　）

(3) 何回目から何回目が最《もっと》も得点が上がりましたか。そのとき、何点上がりましたか。

（　　　　）

**2** **下の表をもとにして、右に折れ線グラフをかきなさい。**ただし、人口は十の位《くらい》を四捨五入《ししゃごにゅう》して百の位までにします。（10点）

| 年 | 2019 | 2020 | 2021 | 2022 |
|---|---|---|---|---|
| 人口（人） | 16645 | 16850 | 16932 | 17083 |

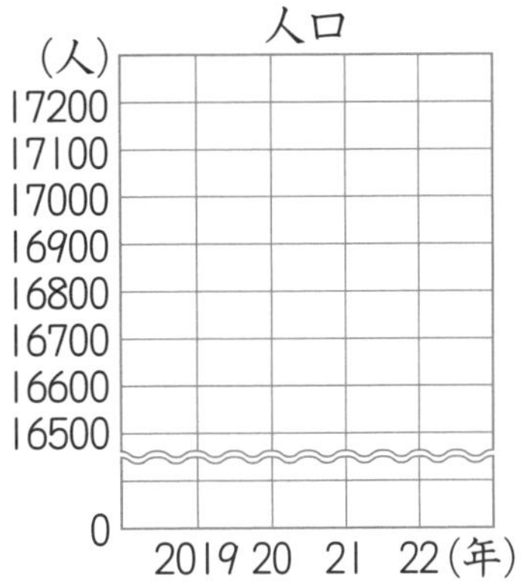


**3** 右のグラフは、ひろこさんがかぜをひいたときの1週間の体温の変化《へんか》をグラフに表したものです。**これについて、次の問いに答えなさい。**（5点×3）

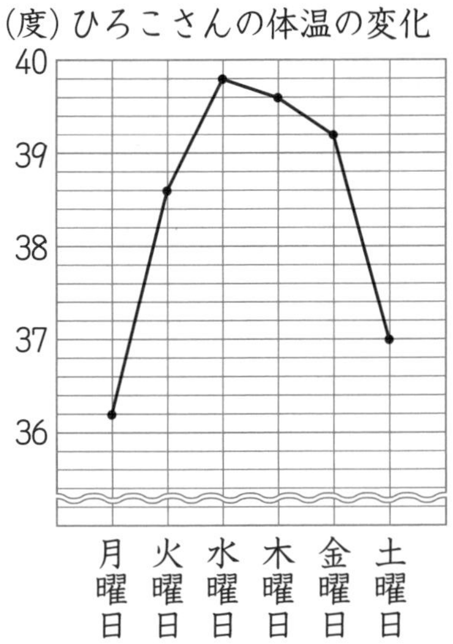


(1) たてじくの1目もりは、何度を表していますか。

（　　　　）

(2) 体温がいちばん高くなったのは、何曜日で何度ですか。

（　　　　）

(3) 体温の下がり方がいちばん大きかったのは、何曜日から何曜日で、それは何度下がりましたか。

（　　　　）

**4** **次のア～エは、ぼうグラフと折れ線グラフのどちらで表すとよいですか。記号で答えなさい。**（10点）

ア 日本のこの10年間の人口のうつり変《か》わりを表す。

イ 5人の体重の重さを表す。

ウ 火事の原いんを原いん別《べつ》に表す。

エ 各国《かっこく》の人口を表す。

（ぼうグラフ　　　　、折れ線グラフ　　　　）

# 上級レベル 28 折れ線グラフ

算数㉘

| 時間 | 得点 |
|---|---|
| 20分 | |
| 合格 35点 | 50点 |

**1** 右の表は、A～Dの4つのコンビニで月曜日から土曜日までに売れたべん当のこ数を表にしたものです。**この結《けっ》果《か》を、折《お》れ線グラフに表しなさい。**（5点×4）

べん当の売り上げこ数　（こ）

| | 月 | 火 | 水 | 木 | 金 | 土 |
|---|---|---|---|---|---|---|
| A店 | 70 | 60 | 80 | 90 | 80 | 30 |
| B店 | 60 | 40 | 50 | 40 | 60 | 20 |
| C店 | 30 | 20 | 40 | 30 | 20 | 10 |
| D店 | 40 | 50 | 60 | 60 | 70 | 80 |

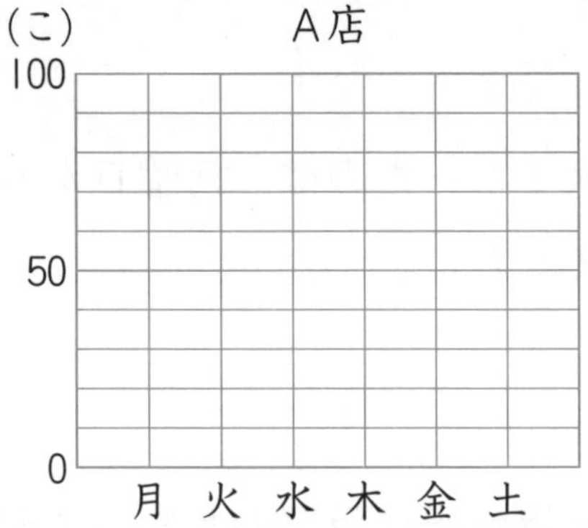


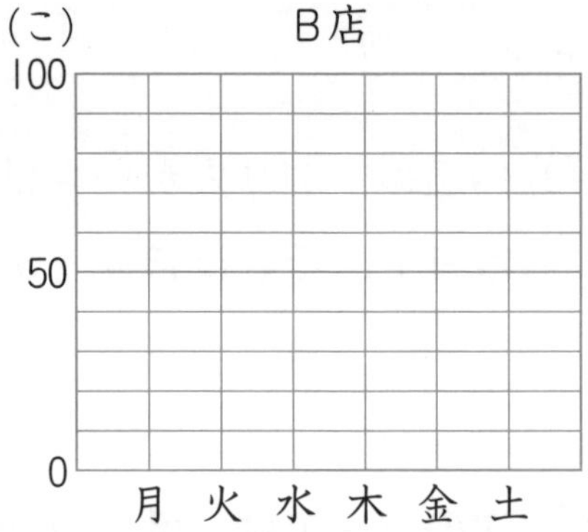


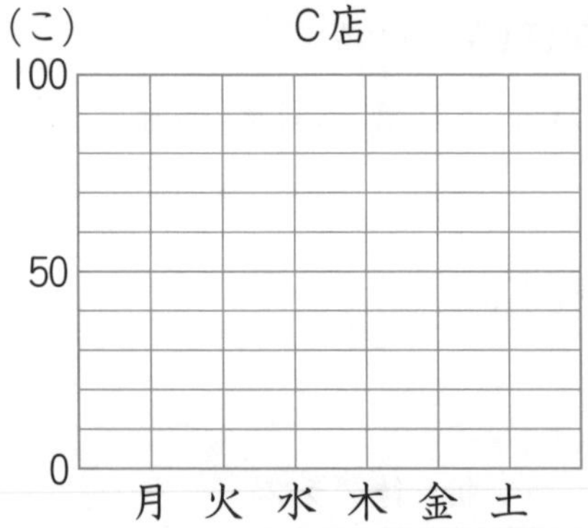


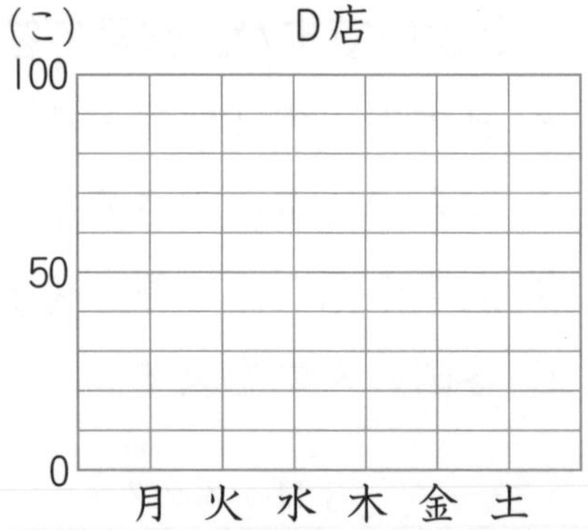


**2** 右のグラフは**1**の結果を1つのグラフにまとめたものです。**これについて、次の問いに答えなさい。**（6点×5）

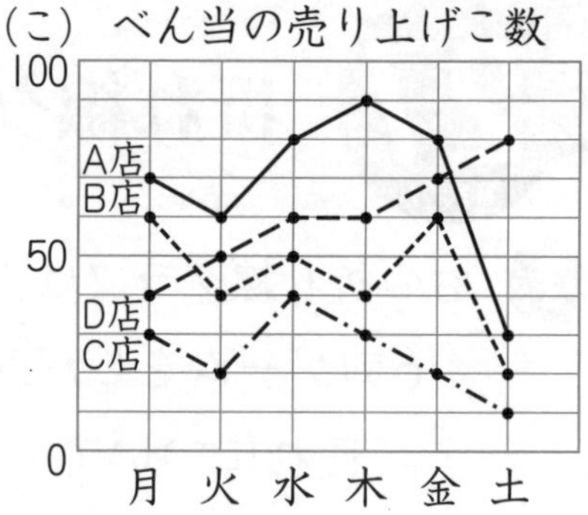


(1) 4つのコンビニの中で、売り上げこ数の変化《へんか》のようすが、他の3つのコンビニとちがう店はどれですか。

（　　　　）

(2) B店、C店に共通《きょうつう》で、A店にあてはまらない変化のようすを1つ答えなさい。

（　　　　）

(3) 売り上げこ数の変化がいちばん少なかったコンビニはどれですか。

（　　　　）

(4) 売り上げこ数の変化がいちばん大きかったコンビニはどれですか。

（　　　　）

(5) この4つのコンビニの、売り上げこ数の差《さ》が最《もっと》も大きかったのは、何曜日ですか。また、その差は何こですか。

（　　　　）

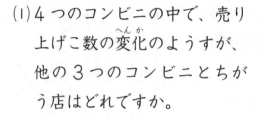

| 時間 20分 | 得点 |
| --- | --- |
| 合格 40点 | 50点 |

# 標準レベル 29 整理のしかた

算数㉙

**1** あるクラスで問題数が2問の算数のテストをしました。その結果《けっか》は下の表のようになりました。**これについて、次の問いに答えなさい。**○は正かい、×はまちがいとします。

| 出席《しゅっせき》番号 | 1 | 2 | 3 | 4 | 5 | 6 | 7 | 8 | 9 | 10 | 11 | 12 | 13 |
| --- | --- | --- | --- | --- | --- | --- | --- | --- | --- | --- | --- | --- | --- |
| 第1問 | ○ | × | ○ | ○ | × | ○ | ○ | ○ | × | ○ | ○ | × | × |
| 第2問 | ○ | ○ | × | ○ | × | ○ | × | ○ | ○ | ○ | × | ○ | × |

| 14 | 15 | 16 | 17 | 18 | 19 | 20 | 21 | 22 | 23 | 24 | 25 | 26 | 27 | 28 |
| --- | --- | --- | --- | --- | --- | --- | --- | --- | --- | --- | --- | --- | --- | --- |
| ○ | ○ | × | × | × | ○ | × | ○ | ○ | ○ | ○ | × | ○ | × | ○ |
| × | ○ | ○ | ○ | × | ○ | ○ | × | ○ | × | ○ | ○ | ○ | × | × |

(1) 上の表を参考《さんこう》に、右の表のア～クにあてはまる数を書きなさい。（2点×8）

算数のテストの結果　（人）

| | | 第1問 | | 計 |
| --- | --- | --- | --- | --- |
| | | ○ | × | |
| 第2問 | ○ | ア | イ | ウ |
| | × | エ | オ | カ |
| 計 | | キ | ク | 28 |

(2) ア、イにあてはまる人は、どのような人ですか。（3点×2）

ア（　　　　）

イ（　　　　）

**2** ある日のえい画館の入場者数を調べてみると、次のようになりました。おとな75人、子ども133人、男123人、女85人で、男の子どもは82人でした。**これを右の表にまとめなさい。**（10点）

えい画館の入場者数　（人）

| | 男 | 女 | 計 |
| --- | --- | --- | --- |
| おとな | | | |
| 子ども | | | |
| 計 | | | |

**3** あるクラスで旅行に行くなら、海外か国内のどちらがよいかというアンケートを男女別《べつ》でしました。右の表はその結果です。**表の空らんをうめなさい。**（10点）

旅行アンケートの結果（人）

| | 男 | 女 | 計 |
| --- | --- | --- | --- |
| 海外 | 10 | | 25 |
| 国内 | | | |
| 計 | | 20 | 42 |

**4** ある駅で、朝8時から9時までの時間帯《じかんたい》に改札《かいさつ》を通る人が、マスクをしているかどうかを調べました。その結果、改札を通った男の人は365人、女の人は289人、マスクをしていた人は132人、マスクをしていた男の人は53人でした。**これについて、次の問いに答えなさい。**（4点×2）

(1) マスクをしていた女の人は何人ですか。

（　　　　）

(2) マスクをしないで改札を通った人は何人ですか。

（　　　　）

算数

# 上級レベル 30 整理のしかた

算数㉚

| 時間 | 得点 |
|---|---|
| 20分 | |
| 合格 35点 | 50点 |

**1** ある会社で男女別《べつ》に、お肉と魚の好《す》ききらい調べをしました。右の表はその結果《けっか》です。**表の空らんをうめなさい**。ただし、魚の好きな人は、きらいな人の2倍です。（10点）

お肉と魚の好ききらい調べ（人）

| | 好き | きらい | 計 |
|---|---|---|---|
| お肉 | 121 | | 186 |
| 魚 | | | |
| 計 | | | 387 |

**2** ある山に住むサルの調さをしました。調さしたのは親、子ども、おす、めすの4つです。調さ結果では、子どものおすは、子どものめすより23びき多かったそうです。**表の空らんをうめなさい**。（10点）

サルの生息数　（ひき）

| | 親 | 子ども | 計 |
|---|---|---|---|
| おす | 23 | | |
| めす | | | |
| 計 | 61 | 111 | |

**3** **100から200までの整数について答えなさい。**（3点×3）

(1) 5でわり切れる数、8でわり切れる数は、それぞれ何こありますか。

5でわり切れる数（　　　）　8でわり切れる数（　　　）

(2) 5でも8でもわり切れない数は何こありますか。

（　　　）

**4** 右の表は20人の生徒《せいと》の算数と国語のテストの結果を1つの表にまとめたものです。**これについて、次の問いに答えなさい。**（3点×2）

算数と国語のテストの結果（人）

| 国語の点数＼算数の点数 | 10 | 20 | 30 | 計 |
|---|---|---|---|---|
| 10 | | 2 | | 2 |
| 20 | 1 | 2 | 5 | 8 |
| 30 | | 4 | 6 | 10 |
| 計 | 1 | 8 | 11 | 20 |

(1) 算数も国語も20点以上《いじょう》の人は何人いますか。

（　　　）

(2) 国語の点が算数より高い点の人は何人いますか。

（　　　）

**5** あるクラスで、1番は2点、2番は3点、3番は5点の10点満点《まんてん》の算数のテストを行いました。下の表はその結果を表したものです。**これについて、次の問いに答えなさい。**（3点×5）

| 得点《とくてん》(点) | 0 | 2 | 3 | 5 | 7 | 8 | 10 |
|---|---|---|---|---|---|---|---|
| 人数(人) | 1 | 3 | 4 | 15 | 10 | 5 | 2 |

(1) このクラスの生徒の人数は何人ですか。

（　　　）

(2) このテストで得点が5点になるのは2通りあります。その2通りを答えなさい。

（　　　）　（　　　）

(3) このテストで3番ができた生徒は27人いました。3番だけができた人は何人ですか。また、2番ができた人は何人ですか。

3番だけができた人（　　　）　2番ができた人（　　　）

# 標準レベル 31 変わり方

算数㉛

| 時間 | 得点 |
| --- | --- |
| 25分 | |
| 合格 40点 | 50点 |

**1** 正方形の1辺《へん》の長さを□cm、まわりの長さを○cmとします。**これについて、次の問いに答えなさい。** (4点×3)

(1) □と○の関係《かんけい》を、式に表しなさい。

(　　　　　　　　)

(2) □が1ずつふえると、○はどのように変《か》わりますか。

(　　　　　　　　)

(3) まわりの長さが100cmのとき、その正方形の面積《めんせき》は何$cm^2$ですか。

(　　　　　　　　)

**2** まわりの長さが24cmの長方形のたての長さを□cm、横の長さを○cmとします。**これについて、次の問いに答えなさい。** (3点×4)

(1) □と○の関係を、式に表しなさい。

(　　　　　　　　)

(2) □が2のときの○はいくつになりますか。また、□が8のときの○はいくつになりますか。

□が2のとき(　　　　)　□が8のとき(　　　　)

(3) □が1ずつふえるとき、○はどのように変わりますか。

(　　　　　　　　)

**3** 1まい20円の画用紙を買います。買ったまい数を□まい、500円出したときのおつりを○円とします。**これについて、次の問いに答えなさい。**

(1) 下の表は、買ったまい数とおつりの関係を表したものです。①～⑤にあてはまる数を答えなさい。(2点×5)

| □(まい) | 1 | 2 | 3 | 4 | 5 | 6 |
| --- | --- | --- | --- | --- | --- | --- |
| ○(円) | 480 | ① | ② | ③ | ④ | ⑤ |

①(　　　)②(　　　)③(　　　)④(　　　)⑤(　　　)

(2) □と○の関係を、式に表しなさい。(4点)

(　　　　　　　　)

(3) おつりが120円になるとき、画用紙は何まい買いましたか。(4点)

(　　　　　　　　)

**4** 右の図のように、たて1cm、横4cmの長方形の紙を、のりしろを1cmにして、□まいつないだときの全体の長さを○cmとします。**これについて、次の問いに答えなさい。** (4点×2)

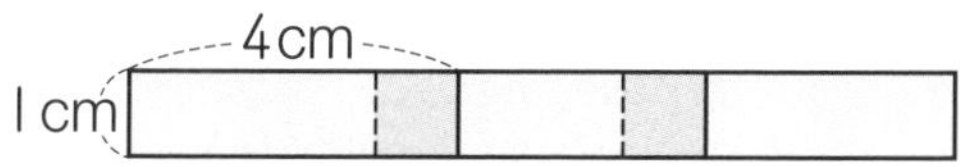


(1) □と○の関係を、式に表しなさい。

(　　　　　　　　)

(2) 全体の長さが58cmになるのは、長方形の紙を何まいつないだときですか。

(　　　　　　　　)

算数

| 時間 | 得点 |
|---|---|
| 25分 | |
| 合格 35点 | 50点 |

# 上級レベル 32 変わり方

算数32

**1** 右の図のように、2つのじゃ口ア、イを同時に使って、水そうに水を入れます。アのじゃ口からは1分間に4L、イのじゃ口からは1分間に6Lの水が出ます。はじめ水そうはからで、水そうには120Lの水が入るものとします。**これについて、次の問いに答えなさい。**

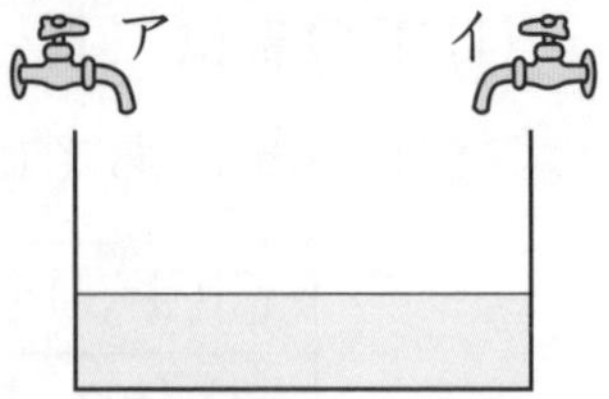


(1) 下の表は水を入れ始めてから1分、2分、3分、…とたつにつれて、水そうにたまる水の量《りょう》のようすを表したものの一部です。表の①～⑤にあてはまる数を答えなさい。（3点×5）

| 時間(分) | 0 | 1 | 2 | 3 | 4 |
|---|---|---|---|---|---|
| アから出た水(L) | 0 | 4 | 8 | ② | 16 |
| イから出た水(L) | 0 | 6 | 12 | 18 | ④ |
| たまった水(L) | 0 | 10 | ① | ③ | ⑤ |

①(　　　)②(　　　)③(　　　)④(　　　)⑤(　　　)

(2) 何分で水そうがいっぱいになりますか。（4点）

(　　　　)

(3) 水そうがいっぱいになる2分前にイのじゃ口をしめて、アのじゃ口だけで水を入れるとすると、最初《さいしょ》に水を入れ始めてから、何分後に水そうはいっぱいになりますか。（5点）

(　　　　)

**2** 右の図のように、黒いご石と白いご石をならべて、1番目、2番目、3番目、…のように図形をつくります。

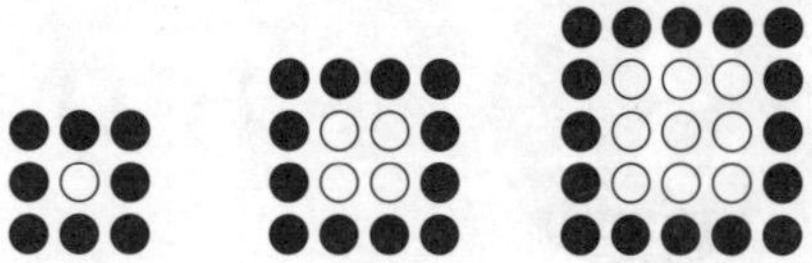

1番目　2番目　3番目

□番目の白いご石の数を○こ、黒いご石の数を△ことします。**これについて、次の問いに答えなさい。**（4点×4）

(1) 4番目の図形では、白いご石と黒いご石は、それぞれ何こずつ使いますか。

白いご石(　　　　)　黒いご石(　　　　)

(2) □と○の関係《かんけい》を、式に表しなさい。

(　　　　)

(3) □と△の関係を、式に表しなさい。

(　　　　)

**3** 次のように、あるきまりで数字がならんでいます。**これについて、次の問いに答えなさい。**（5点×2）

5、6、7、8、5、6、7、8、5、6、7、8、5、……

(1) 99番目の数は何ですか。

(　　　　)

(2) 1番目から99番目までの数の和を求《もと》めなさい。

(　　　　)

学習日〔　　月　　日〕

標準レベル 33 算数33

# 分数のたし算とひき算

| 時間 | 得点 |
|---|---|
| 20分 | |
| 合格 40点 | 50点 |

**1** 次の計算をしなさい。（2点×6）

(1) $\frac{2}{7}+\frac{3}{7}$　(2) $\frac{1}{4}+\frac{3}{4}$　(3) $\frac{4}{5}+\frac{3}{5}$

(4) $\frac{7}{9}+1\frac{1}{9}$　(5) $2\frac{5}{7}+\frac{6}{7}$　(6) $1\frac{2}{5}+3\frac{4}{5}$

**2** 次の計算をしなさい。（2点×9）

(1) $\frac{5}{9}-\frac{4}{9}$　(2) $3\frac{5}{7}-\frac{2}{7}$　(3) $4\frac{5}{8}-3\frac{3}{8}$

(4) $1-\frac{5}{6}$　(5) $3-\frac{7}{9}$　(6) $3\frac{5}{11}-2\frac{3}{11}$

(7) $1\frac{1}{3}-\frac{2}{3}$　(8) $3\frac{2}{5}-\frac{4}{5}$　(9) $5\frac{5}{7}-3\frac{5}{7}$

**3** 次の計算をしなさい。（2点×6）

(1) $\frac{3}{7}+\frac{5}{7}-\frac{4}{7}$　(2) $\frac{5}{9}-\frac{2}{9}+\frac{8}{9}$　(3) $\frac{3}{5}-\frac{1}{5}-\frac{2}{5}$

(4) $1-\frac{2}{13}-\frac{7}{13}$　(5) $3\frac{1}{5}-1\frac{4}{5}+\frac{3}{5}$　(6) $6\frac{3}{11}-2\frac{7}{11}-3\frac{5}{11}$

**4** 1本の長さが$\frac{4}{5}$mのテープを3本つなぎます。のりしろが$\frac{1}{5}$mのとき、つないだテープ全体の長さは何mですか。（2点）

（　　　　　）

**5** 公園に4本の木が同じ間かくでならんでいます。木と木の間が$5\frac{5}{7}$mのとき、両はしの木と木の間は何mですか。（2点）

（　　　　　）

**6** 次の□にあてはまる数を答えなさい。（2点×2）

(1) $\square+\frac{4}{9}=3\frac{1}{9}$　(2) $2\frac{3}{11}-\square+\frac{5}{11}=1\frac{6}{11}$

算数

# 上級レベル 34 分数のたし算とひき算

算数㉞

| 時間 | 得点 |
|---|---|
| 20分 | |
| 合格 35点 | 50点 |

**1** 次の分数の計算をしなさい。（4点×6）

(1) $3\frac{1}{2}+\frac{5}{2}$　(2) $\frac{7}{3}+\frac{5}{3}$　(3) $\frac{32}{15}+1\frac{2}{15}$

(4) $7\frac{1}{4}-\frac{19}{4}$　(5) $\frac{28}{5}-\frac{13}{5}$　(6) $\frac{41}{8}-3\frac{3}{8}$

**2** Aさんは5kg、Bさんは7kg、Cさんは9kgのさとうを持っています。**これについて、次の問いを答えなさい。**

（4点×2）

(1) Aさん、Bさん、Cさんの３人から、それぞれが持っているさとうの$\frac{1}{3}$ずつを集めると、集めたさとうは全部で何kgですか。

（　　　　）

(2) Bさんははじめ7kgのさとうを持っていましたが、4kg使いました。残《のこ》ったさとうは、Bさんの持っていたさとうの何分の何ですか。

（　　　　）

**3** Aさんは家から7kmはなれたおばさんの家まで行くのに、はじめは家から自転車で$1\frac{5}{8}$km、次に電車で$4\frac{7}{8}$kmいどうしました。**残ったの道のりは何kmですか。**（4点）

（　　　　）

**4** グラスに360mLのジュースが入っています。ゆうきさんは、まず、グラスに入っているジュースの$\frac{1}{5}$を飲み、次に、残った量《りょう》の$\frac{1}{3}$を飲みました。**残ったジュースは何mLですか。**

（4点）

（　　　　）

**5** 右の図のような長方形があります。**これについて、次の問いに答えなさい。**（5点×2）

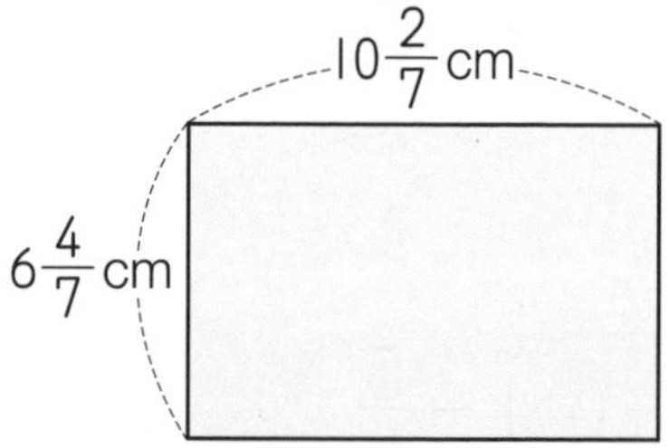


(1) たてと横の長さの差《さ》は何cmですか。

（　　　　）

(2) この長方形のまわりの長さは何cmですか。

（　　　　）

標準レベル **35** 算数㉟

# 文章題特訓（1）

| 時間 30分 | 得点 |
| --- | --- |
| 合格 40点 | /50点 |

**1** えん筆|本とノート|さつで340円、えん筆3本とノート4さつで|240円です。**このえん筆|本、ノート|さつのねだんはそれぞれ何円ですか。**（6点）

（えん筆　　　　、ノート　　　　）

**2** Aのおもり2ことBのおもり3こで900g、Aのおもり3ことBのおもり4こで|300gになります。**Aのおもり|この重さは何gですか。**（6点）

（　　　　）

**3** ペットボトルに入った360mLのジュースを兄と弟の2人で分けます。**兄が弟の2倍になるように分けると、兄のもらうジュースは何mLですか。**（6点）

（　　　　）

**4** ひかるさんはおはじき持っています。これを子どもたちに分けようと思います。子ども|人に8こずつ配るとおはじきは26こあまり、|2こずつ配るとおはじきは|4こたりません。**ひかるさんはおはじきを何こ持っていますか。**（6点）

（　　　　）

**5** A、B、Cの3つの数があります。3つの数の和は550で、AはBより|20大きく、BはCより50大きいという。**Aはいくつですか。**（6点）

（　　　　）

**6** こう堂《どう》での朝礼のために長いすをじゅんびしました。|つの長いすに4人ずつすわると、20人がすわれなくなります。そこで、|つの長いすに6人ずつすわることにしたところ、長いすはちょうど2きゃくあまりました。**子どもの人数は何人ですか。**（5点）

（　　　　）

**7** A、B、C、Dの4人の体重を2人ずつ組み合わせてはかると、35kg、39kg、44kg、45kg、50kg、54kgになりました。また、Aが体重がいちばん軽く、次にB、C、Dの順《じゅん》になっています。**これについて、次の問いに答えなさい。**

（5点×3）

(1) AとBの体重の合計は何kgですか。

（　　　　）

(2) 4人の体重の合計は何kgですか。

（　　　　）

(3) 4人の体重がすべて整数で表されるとき、Bの体重は何kgですか。

（　　　　）

算数

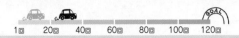

学習日〔　　月　　日〕

| 時間 30分 | 得点 |
|---|---|
| 合格 35点 | 50点 |

# 上級レベル 36 文章題特訓（1）

算数㊱

**1** ケーキ3ことシュークリーム5こを買うと1890円でした。ケーキ1このねだんはシュークリーム1このねだんよりも150円高いそうです。**ケーキ1こ、シュークリーム1こはそれぞれ何円ですか。**（4点×2）

ケーキ（　　　　）　シュークリーム（　　　　）

**2** ひろ子さんが、りんご3ことかき6こを買ったところ660円でした。あきおさんは、ひろ子さんと同じねだんのかき3こと、みかん9こを買ったところ465円でした。りんご1この代金でみかんが3こ買えます。**りんご1このねだんは何円ですか。**（6点）

（　　　　）

**3** A、B、Cの3人で、プレゼントを買うことにしました。AはBよりも240円少なく、CはBの2倍より60円多く出したので、2220円の品物が買えました。**Bは何円出しましたか。**（6点）

（　　　　）

**4** A、B、Cの3人で114まいの折《お》り紙を分けます。BはAの3倍、CはBの2倍より6まい少なくなるように分けます。**このとき、Aは何まいの折り紙をもらえますか。**（6点）

（　　　　）

**5** キャンディーをAのグループの子どもたちに配ります。1人に4こずつ配ると13こあまります。そこで、Aのグループより6人少ないBのグループの子どもたちに、1人7こずつ配ると2こ不足《ふそく》しました。**キャンディーは何こありましたか。**（6点）

（　　　　）

**6** A、B、Cの3人のきょうだいがお年玉として、まとめて20000円もらいました。これを分けるのに、BはCの2倍より1000円少なく、AはBの2倍より2000円多くなるように分けました。**Cは何円もらいましたか。**（6点）

（　　　　）

**7** 500このおはじきをA、B、C、Dの4人で分けます。BはAの2倍より50こ少なく、CはAの3倍より100こ少なく、DはAの4倍より150こ少なくなるように分けました。**Aは、おはじきを何こもらいましたか。**（6点）

（　　　　）

**8** A、B、Cの3人で240まいのコインを分けたところ、AはBより15まい多くなりました。いま、AがCに40まい、BがCに25まいあげると、Cのコインのまい数は、AとBのコインのまい数の和と同じになります。**はじめにAは、何まいのコインを持っていましたか。**（6点）

（　　　　）

学習日〔　月　日〕

| 時間 30分 | 得点 |
| --- | --- |
| 合格 40点 | 50点 |

# 標準レベル 37 文章題特訓 (2)

算数㊲

**1** 42人のクラスで、犬をかっているか、ねこをかっているかを調べました。犬をかっている人が29人、ねこをかっている人が14人、どちらもかっている人が6人いました。**これについて、次の問いに答えなさい。** (5点×3)

(1) 犬だけをかっている人は何人ですか。

(　　　　)

(2) 犬またはねこをかっている人は何人ですか。

(　　　　)

(3) 犬もねこもどちらもかっていない人は何人ですか。

(　　　　)

**2** 287をある数でわり、65を加《くわ》えた数を286からひくと180になりました。**ある数を□にして、式をつくり、ある数を求《もと》めなさい。** (5点×2)

(式)(　　　　　　　　)　(答え)(　　　　)

**3** 180mあるまっすぐな道のかた側《がわ》に、はしからはしまで、12mおきに木を植えます。**木は何本必要《ひつよう》ですか。** (5点)

(　　　　)

**4** 1本の長さが10cmのテープ20本をまっすぐにつないで、長さが162cmのテープをつくります。**のりしろは何cmにすればいいですか。** (5点)

(　　　　)

**5** まわりが480mある公園のまわりに、12mおきにさくらの木を植えます。**これについて、次の問いに答えなさい。** (5点×2)

(1) さくらの木を何本用意すればいいですか。

(　　　　)

(2) さくらの木と木の間に、3mおきにつつじの木を植えます。さくらの木の下にはつつじの木は植えません。つつじの木を何本用意すればいいですか。

(　　　　)

**6** 右の図のように、たて30m、横50mの長方形の土地のまわりにはばが5mの道路をつくりました。この道路の両側《りょうがわ》に5mおきに木を植えることにしました。**木は全部で何本必要ですか。** (5点)

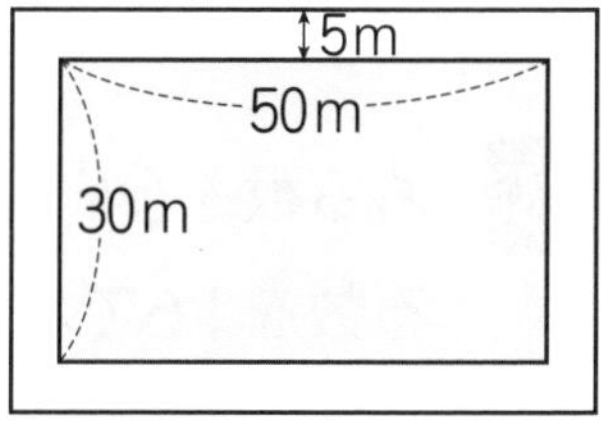


(　　　　)

算数

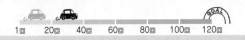

# 上級レベル 38 文章題特訓 (2)

算数38

| 時間 30分 | 得点 |
| --- | --- |
| 合格 35点 | 50点 |

**1** 1～100までの整数について、次の問いに答えなさい。 （5点×2）

(1) 4または6でわり切れる数は、何こありますか。

（　　　　）

(2) 4でも6でもわり切れない数は、何こありますか。

（　　　　）

**2** 4年生の46人で、問題数が2問の算数のテストをしました。1番ができた人は16人で、2番だけができた人は、1番と2番の2問ともできた人の3倍でした。また、1番も2番もできなかった人は15人いました。**2番ができた人は何人ですか。** （5点）

（　　　　）

**3** ある数を64でわると、あまりが45になりました。**このある数を16でわると、あまりはいくらになりますか。** （5点）

（　　　　）

**4** **次の□にあてはまる数を答えなさい。** （5点）

$$\{(\square + 22) \div 5 - 15\} \times 7 = 70$$

**5** たて4cm、横7cmの長方形の形をした赤、白、青、黄、緑の5種類《しゅるい》のカードがたくさんあります。これらを下の図のように、赤、白、青、黄、緑の順《じゅん》につないで、テープをつくります。**のりしろを1cmとして、次の問いに答えなさい。** （5点×3）

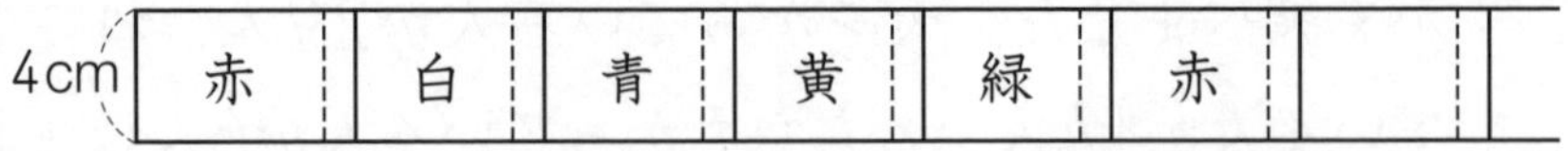


(1) 5まいのカードをつないだとき、テープの面積《めんせき》を求《もと》めなさい。

（　　　　）

(2) テープの面積が1396cm²になりました。カードは全部で何まいつなぎましたか。また、青色のカードは何まい使いましたか。

全部のまい数（　　　　）　青色のまい数（　　　　）

**6** たて120m、横156mの長方形の土地のまわりに、等しい間かくで木を植えます。**4つの角には必《かなら》ず木を植えるものとするとき、次の問いに答えなさい。** （5点×2）

(1) できるだけ木の本数を少なくするためには、木と木の間かくを何mにすればいいですか。

（　　　　）

(2) (1)のとき、木は何本必要《ひつよう》ですか。

（　　　　）

学習日〔　　月　　日〕

| 時間 30分 | 得点 |
|---|---|
| 合格 35点 | 50点 |

# 39 最上級レベル 1



**1** 次の計算をしなさい。あまりのあるものはあまりも出しなさい。（3点×6）

(1) 36100÷38　(2) 26800÷473　(3) 838000÷950

(4) 53.73＋46.28　(5) 10.76－3.98　(6) 45.5－6.08－30.7

**2** 次の□にあてはまる数を答えなさい。（3点×4）

(1) 四捨五入《ししゃごにゅう》して千の位《くらい》までのがい数にすると 54000 人になる人数は ① □ 人から ② □ 人までです。

(2) □÷76＝43あまり25

(3) 301÷□＝17あまり12

(4) 2km－□m＋5000cm＋800000mm＝980m

**3** Aさんはおはじきを24こ、Bさんはおはじきを15こ持っています。2人はCさんからおはじきを54こもらったので、それを分けてAさんが持っているおはじきのこ数が、Bさんの持ってるおはじきのこ数の2倍になるようにしました。Aさんのおはじきのこ数は何こになりましたか。（4点）

（　　　　）

**4** 0、1、2、3、4、5、6、7、8、9の10この数字を、どれも1回だけ使って整数をつくります。これについて、次の問いに答えなさい。（4点×3）

(1) 3番目に大きい整数はいくつですか。

（　　　　）

(2) 3番目に小さい整数はいくつですか。

（　　　　）

(3) 50億《おく》にいちばん近い整数はいくつですか。

（　　　　）

**5** 180まいの色紙をA、B、Cの3人で分けます。AはBの2倍、CはAの3倍になるように分けると、Cは何まいの色紙をもらえますか。（4点）

（　　　　）

# 40 最上級レベル ②

算数㊵

学習日〔　　月　　日〕

| 時間 | 得点 |
|---|---|
| 30分 | |
| 合格 35点 | 50点 |

**1** **次の計算をしなさい。(5)、(6)の商は小数第二位まで求《もと》め、あまりも出しなさい。**（3点×6）

(1) 3.75×36　　(2) 50.208×125　　(3) 133.245÷7

(4) 251.2÷16　　(5) 58.34÷29　　(6) 8÷39

**2** **次の問いに答えなさい。**（4点×3）

(1) 右の図で、直線AとBは平行です。アの角度を求めなさい。

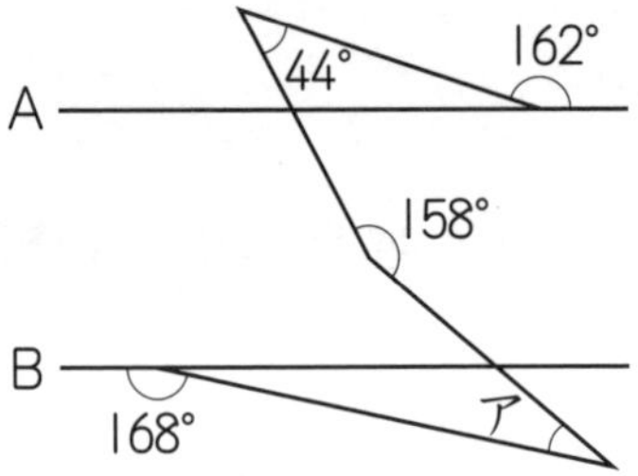


(2) 時計のはりが8時40分をさしています。長いはりと短いはりでできた角のうち、小さいほうの角は何度ですか。

(3) 1本80円のえん筆と、1本200円のボールペンを合わせて15本買ったら、1920円でした。えん筆は何本買いましたか。

**3** 右の図で、四角形ABCDはひし形で、四角形BCEFは正方形です。**これについて、次の問いに答えなさい。**（4点×3）

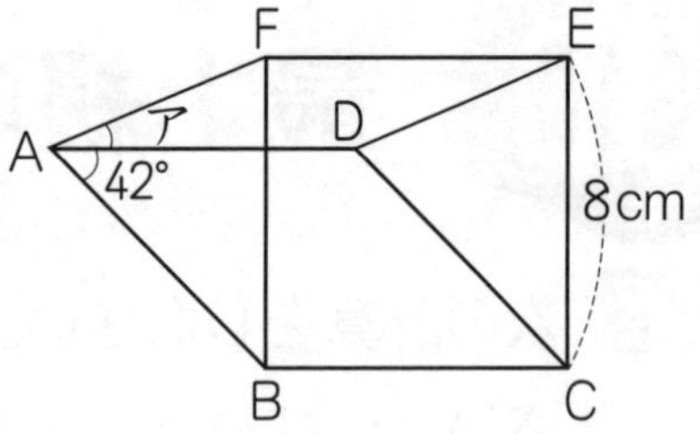


(1) ひし形ABCDのまわりの長さは何cmですか。

(2) 四角形ADEFはどのような四角形ですか。

(3) アの角は何度ですか。

**4** 40人のクラスで、サッカーと野球の好《す》ききらいを調べました。結果《けっか》は、サッカーが好きと答えた人が26人、野球が好きと答えた人が20人、サッカーも野球も好きと答えた人は15人いました。**これについて、次の問いに答えなさい。**（4点×2）

(1) サッカーだけが好きと答えた人は、野球だけが好きと答えた人より何人多いですか。

(2) サッカーも野球も好きではないと答えた人は、何人いますか。

学習日〔　　月　　日〕

# 標準レベル 41 生き物の１年、人のからだ

理科①

| 時間 | 得点 |
|---|---|
| 15分 | |
| 合格 35点 | 50点 |

**1** ある月のはじめに、校庭や学校のまわりで生き物のようすを観《かん》察《さつ》しました。つぎの文は、観察の記録《きろく》です。**これについて、あとの問いに答えなさい。ただし、大阪《おおさか》で観察しました。**（5点×4）

〔観察の記録〕

・草むらには、タンポポやシロツメクサの花がさいていた。

・池の中には、小さなおたまじゃくしがたくさんいた。

・校しゃのわたりろうかに、ツバメが巣《す》をつくっていた。

(1) 観察したのは何月ですか。つぎの**ア**～**エ**から選《えら》びなさい。

**ア** 1月　**イ** 4月　**ウ** 7月　**エ** 10月　（　　　）

(2) 観察した季節《きせつ》の生き物のようすについて、答えなさい。

①オオカマキリは、冬ごししたときのままのすがたをしていました。どのようなすがたをしていますか。（　　　）

**ア** たまご　**イ** 成《せい》虫《ちゅう》　**ウ** よう虫　**エ** さなぎ

②①の**ア**～**エ**を、**ア**のたまごをはじめとして、オオカマキリが育つ順《じゅん》にならべなさい。ただし、すべてのものを使うとはかぎりません。（　　　）

③この季節に花をさかせているものをつぎの**ア**～**ケ**から3つ選びなさい。（　　　）

**ア** サクラ　**イ** ヒマワリ　**ウ** ホウセンカ

**エ** ヘチマ　**オ** アサガオ　**カ** サザンカ

**キ** オオイヌノフグリ　**ク** コスモス　**ケ** スミレ

**2** 人のからだのほねについて、つぎの問いに答えなさい。

(1) 人のからだは、いくつくらいのほねでできていますか。つぎの**ア**～**エ**から選びなさい。（5点）（　　　）

**ア** 約《やく》50こ　**イ** 約100こ

**ウ** 約150こ　**エ** 約200こ

(2) ほねとほねのつなぎめで、からだを曲げられるところを何といいますか。漢字2字で答えなさい。（5点）（　　　）

(3) (2)で答えた部分のほねの形として正しいものを、つぎの**ア**～**ウ**から選びなさい。（5点）（　　　）

**ア**

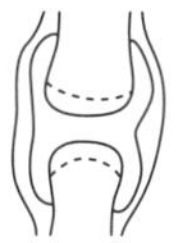

両方のほねとも、先が丸い。

**イ**

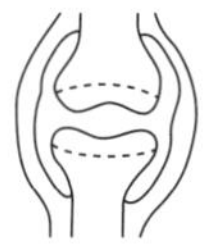

両方のほねとも、先がくぼんでいる。

**ウ**

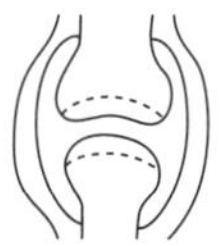

一方のほねの先は丸く、もう一方のほねの先はくぼんでいる。

(4) (2)で答えた部分のほねの先は、やわらかいほねでつつまれています。このやわらかいほねが見られない部分として正しいものを、つぎの**ア**～**ウ**から選びなさい。（5点）（　　　）

**ア** 頭のほね　**イ** むねのほね　**ウ** せなかのほね

(5) 手やあしのほねは、それだけでは動かすことはできません。手やあしのほねは、ほねについているあるもののはたらきで動かすことができます。このものの名まえを答えなさい。（5点）（　　　）

(6) (5)のものとほねはある部分でつながっています。この部分の名まえを答えなさい。（5点）（　　　）

理科

学習日［　　月　　日］

上級レベル 42 理科②

# 生き物の1年、人のからだ

| 時間 | 得点 |
| --- | --- |
| 15分 | |
| 合格 35点 | 50点 |

## 1 春の植物と動物のようすについて、答えなさい。（5点×4）

(1) 春の植物のようすを選《えら》びなさい。（　　　　）

ア

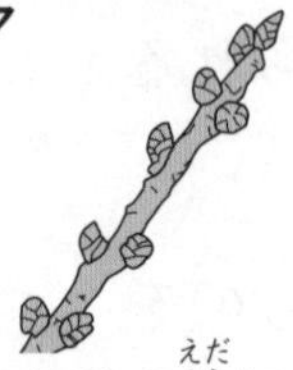

サクラの枝《えだ》についた芽《め》が大きくふくらんでいる。

イ

タンポポの葉だけが地面にはりついている。

ウ

アブラナの花がさいている。

エ

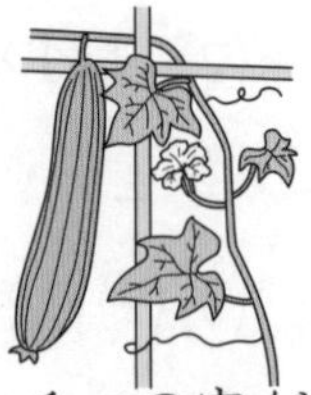

ヘチマの実がなっている。

(2) 春の動物のようすを２つ選びなさい。（　　　　）

ア

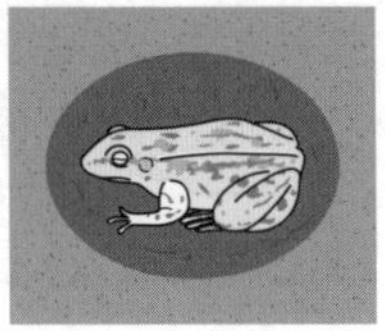

トノサマガエルが土の中でじっとしている。

イ

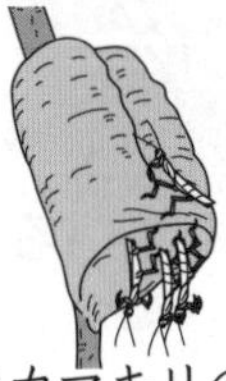

オオカマキリのよう虫《ちゅう》がたまごから出てきている。

ウ

ヒキガエルのたまごが池の中にうみつけられている。

エ

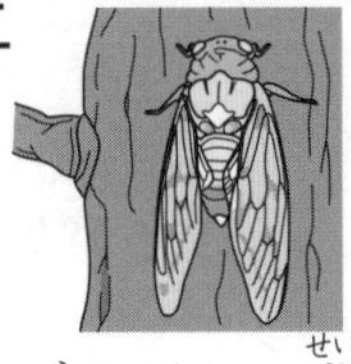

アブラゼミの成《せい》虫《ちゅう》が木にとまっている。

(3) 春になるとツバメが日本にわたってきます。ツバメがわたってくる方向を右図のア～エから選びなさい。（　　　　）

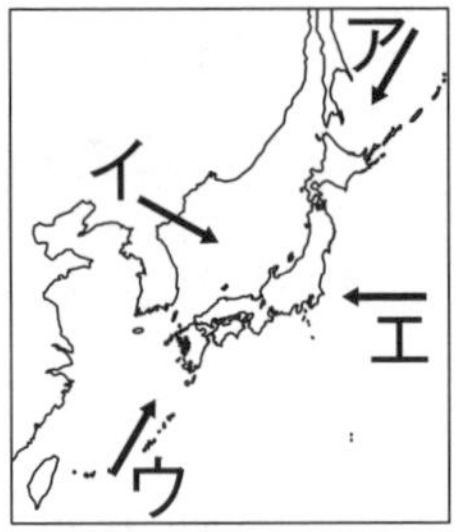


(4) 春になるとツバメが日本にわたってくる理由を、つぎのア～ウから選びなさい。（　　　　）

ア　ひなを育てるのにてきしているから。

イ　今まですんでいたところが寒くなってくるから。

ウ　木の実や花のみつなどの食物が多くあるから。

## 2 人のからだについて、つぎの問いに答えなさい。（5点×6）

(1) ほねには、からだをささえる、からだを動かす、内ぞうを守るというはたらきがあります。からだをささえるはたらきをするほねをつぎのア～エから選びなさい。（　　　　）

ア　ろっこつ　　イ　せなかのほね

ウ　手のほね　　エ　頭のほね

(2) 右図はうでのきん肉《にく》のようすを表しています。うでをAからBへとのばすときのようすを説明《せつめい》したつぎの文中にあてはまることばを答えなさい。

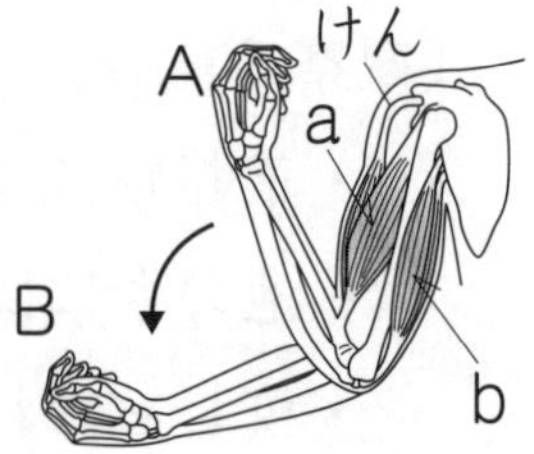


aのきん肉は（①　　）、bのきん肉は（②　　）。

①（　　　　）　②（　　　　）

(3) (2)の図の中のけんとはどのようなものですか。つぎのア～ウから選びなさい。（　　　　）

ア　きん肉ときん肉をつなげている部分。

イ　ほねとほねをつなげている部分。

ウ　きん肉とほねをつなげている部分。

(4) 人が運動するときほねときん肉のどちらがはたらきますか。次のア～ウから選びなさい。（　　　　）

ア　ほねだけがはたらく。

イ　きん肉だけがはたらく。

ウ　ほねときん肉の両方がはたらく。

(5) 人がいろいろな表じょうをすることができるのは、人の顔に何があるからですか。（　　　　）

学習日〔　月　日〕

| 時間 15分 | 得点 |
| --- | --- |
| 合格 35点 | 50点 |

# 標準レベル 43 電気のはたらき

理科③

**1** つぎの問いに答えなさい。（3点×11）

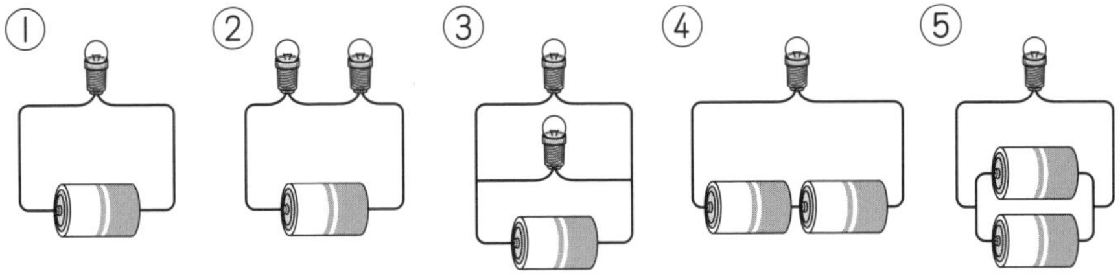


(1) 図の②と③のような豆電球のつなぎ方を、それぞれ何つなぎといいますか。　②(　　　)　③(　　　)

(2) 図の④と⑤のようなかん電池のつなぎ方を、それぞれ何つなぎといいますか。④(　　　)　⑤(　　　)

(3) 図の②～⑤のようにつないだときの豆電球の明るさを①のようにつないだときとくらべました。①のときとくらべて豆電球の明るさはどうなりますか。つぎのア～ウから選《えら》びなさい。　②(　　)　③(　　)　④(　　)　⑤(　　)

ア 明るくなる。　　イ 変《か》わらない。　　ウ 暗くなる。

(4) ①、③、④、⑤のつなぎ方のうち、かん電池がいちばん長持ちするものを選びなさい。　(　　　)

(5) ②と③の豆電球をそれぞれ１こずつ取りはずしました。このとき、もう１つの豆電球の明るさはどうなりますか。つぎのア～エから選びなさい。　②(　　)　③(　　)

ア 明るくなる。　　イ 変わらない。　　ウ 暗くなる。

エ 消える。

**2** かん電池２ことモーターをつないで、モーターの回る速さを調べました。これについて、あとの問いに答えなさい。

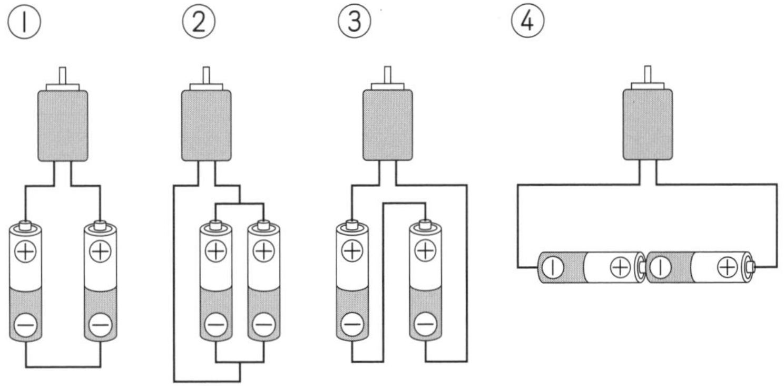


(1) モーターが回らないものを①～④から選びなさい。

（4点）(　　　)

(2) かん電池が１このときよりもモーターが速く回るものを①～④からすべて選びなさい。（5点）　(　　　)

(3) ④でかん電池の向きを２本ともぎゃくにすると、モーターの回る速さはどうなりますか。つぎのア～ウから選びなさい。（4点）　(　　　)

ア 速くなる。　　イ おそくなる。

ウ 変《か》わらない。

(4) ④でかん電池の向きを２本ともぎゃくにすると、モーターの回る向きはどうなりますか。つぎのア、イから選びなさい。（4点）　(　　　)

ア ぎゃく向きになる。　　イ 変わらない。

学習日〔　　月　　日〕

| 時間 15分 | 得点 |
|---|---|
| 合格 35点 | 50点 |

# 上級レベル 44 電気のはたらき

理科④

**1** 右の図１の回路で、豆電球がつきました。同じ豆電球とかん電池を使って、いろいろな回路をつくりました。**かん電池はすべて新しいものとして、つぎの問いに答えなさい。**（5点×5）

〔図１〕

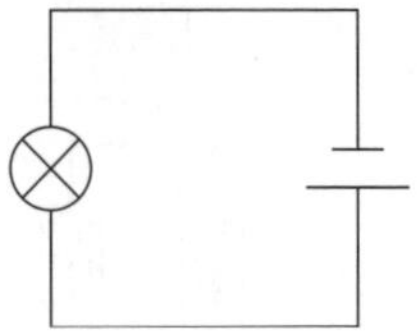

(1) 下の図２の**ア**〜**エ**の回路をつくりました。

〔図２〕

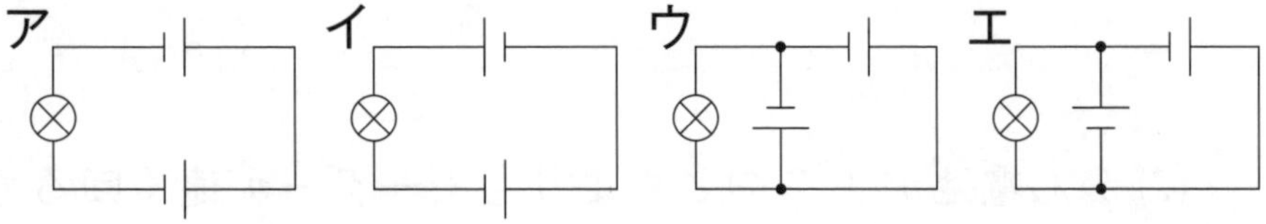


①豆電球が図１より明るくつくものを**ア**〜**エ**から選《えら》びなさい。（　　）

②豆電球が図１と同じ明るさでつくものを**ア**〜**エ**から選びなさい。（　　）

③豆電球がつかず、かん電池が発熱《はつねつ》してきけんである回路を**ア**〜**エ**から選びなさい。（　　）

(2) 下の図３の**カ**〜**ケ**の回路をつくりました。

〔図３〕

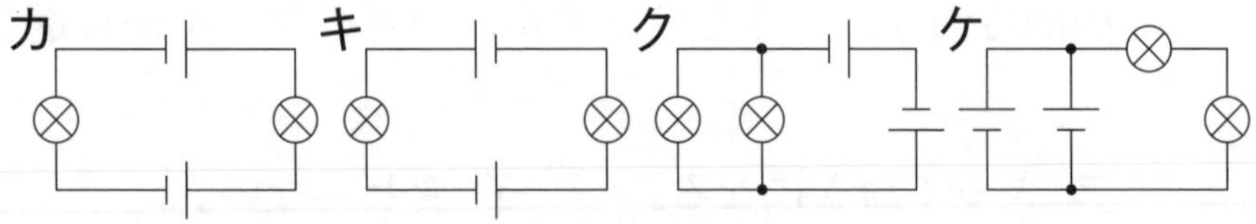


①豆電球が図１より明るくつくものを**カ**〜**ケ**から選びなさい。（　　）

②豆電球が図１と同じ明るさでつくものを**カ**〜**ケ**から選びなさい。（　　）

**2** かん電池２こをつないで実験《じっけん》しました。**これについて、つぎの問いに答えなさい。**

(1) 豆電球が図１と同じくらいの明るさでつくように、下の四角のわくの中の豆電球、かん電池２こ、けん流計を線でつなぎなさい。（15点）

〔図１〕

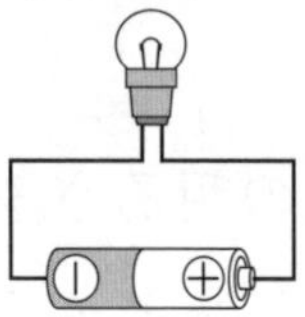

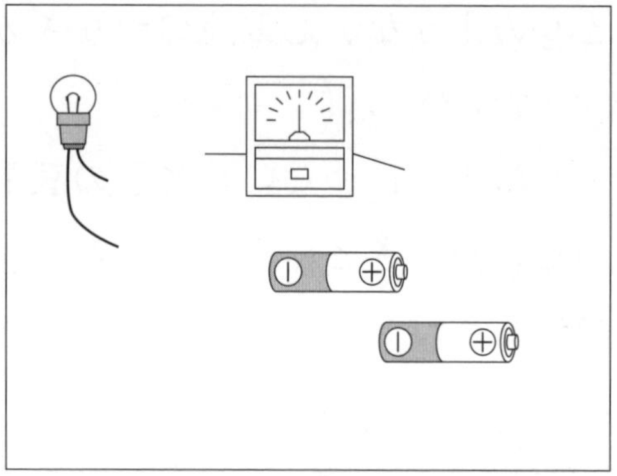

(2) 右の図のように**ア**〜**ウ**のけん流計を流れる電流の大きさについて調べました。正しいものを選びなさい。

（10点）（　　）

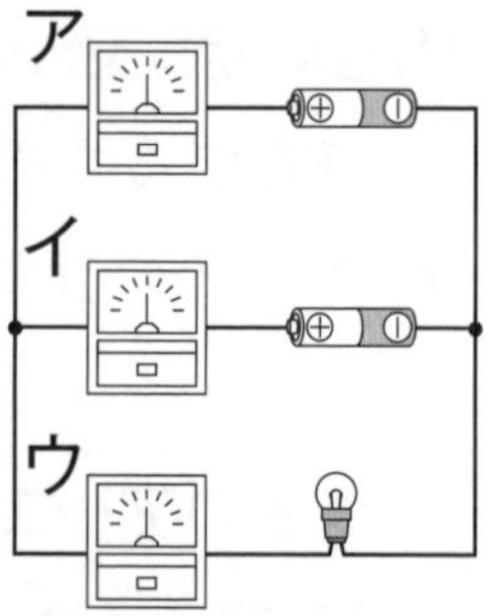


①**ア**、**イ**、**ウ**はすべて同じ大きさ。

②**ウ**、**イ**、**ア**の順《じゅん》に大きい。

③**ア**と**イ**は同じで**ウ**は**ア**、**イ**より大きい。

# 標準レベル 45 天気のようす、雨水のゆくえと地面

理科⑤

| 時間 15分 | 得点 |
|---|---|
| 合格 35点 | 50点 |

**1** 一日の気温の変化《へんか》について説明《せつめい》したつぎの文章について、あとの問いに答えなさい。（6点×6）

　気温は、風通しの(①　　)日かげの決まった場所で、地面からの高さが〔　　　〕m ぐらいのところではかる。気温などをはかるじょうけんに合わせてつくられたものを(②　　)という。一日の気温の変化は天気によってもことなり、晴れた日は、くもりや雨の日より気温の変化が(③　　)。

(1) 文中の①～③に当てはまることばを、それぞれ答えなさい。

①(　　　　) ②(　　　　) ③(　　　　)

(2) 文中の〔　〕に当てはまる数のはん囲《い》を、つぎの**ア**～**エ**から選《えら》びなさい。

**ア** 0.6 ～ 0.9　**イ** 0.9 ～ 1.2　**ウ** 1.2 ～ 1.5
**エ** 1.5 ～ 1.8　(　　　　)

(3) 晴れの日、一日のうちで最《もっと》も気温が高くなるのはいつごろですか。つぎの**ア**～**エ**から最もてき当なものを選びなさい。

**ア** 日の出ごろ　**イ** 正午ごろ　**ウ** 午後２時ごろ
**エ** 日の入りごろ　(　　　　)

(4) 晴れの日、一日のうちで最も気温が低《ひく》くなるのはいつごろですか。つぎの**ア**～**エ**から最もてき当なものを選びなさい。

**ア** 真夜中ごろ　**イ** 日の出ごろ　**ウ** 日の入りごろ
**エ** 午後10時ごろ　(　　　　)

**2** 右図のように底《そこ》をくりぬいたペットボトルを３こ用意し、それぞれ小石、すな、ねん土の３種類《しゅるい》の土を入れ、その上から同じ量《りょう》の水を入れた。10分後に水受けに落ちてきた水の量を観察《かんさつ》したら下の図のようになった。**これについてあとの問いに答えなさい。**

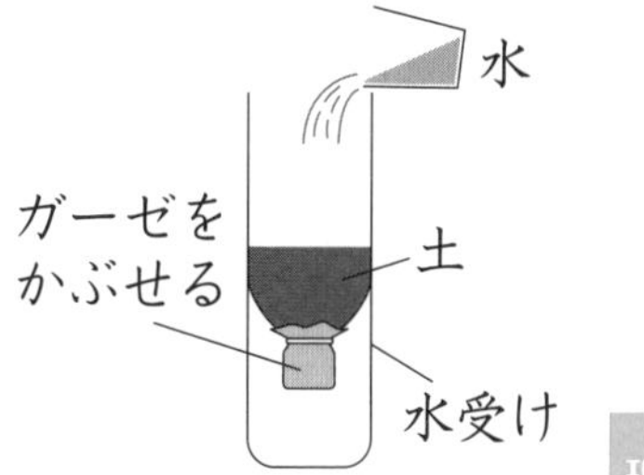


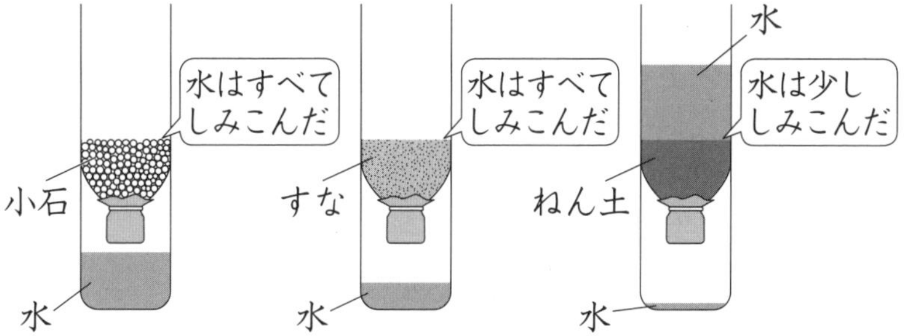


(1) 小石、すな、ねん土のうち水をもっとも通しやすい土はどれですか。（6点）　(　　　　)

(2) (1)で選んだ土が水を通しやすい理由を**ア**～**エ**から選びなさい。（8点）　(　　　　)

**ア** つぶが小さいので水がすきまに入りやすいため。
**イ** つぶが大きいので水がすきまに入りやすいため。
**ウ** 表面がべたべたしていて水をくっつけやすいため。
**エ** 表面がさらさらしていて水を通しやすいため。

学習日〔　　月　　日〕

上級レベル 46 理科⑥

# 天気のようす、雨水のゆくえと地面

| 時間 | 得点 |
| --- | --- |
| 15分 | |
| 合格 35点 | 50点 |

**1** **1日の気温の変化《へんか》について、つぎの問いに答えなさい。**（6点×5）

(1) 右の図は、自記温度計などの入った箱を表したものです。

①右の図の箱を何といいますか。（　　　）

②右の図の箱の特《とく》ちょうとして正しいものを、つぎのア～エからすべて選《えら》びなさい。（　　　）

ア 日光をよくきゅうしゅうするように、白い色をしている。

イ 風通しがよいように、かべやとびらがよろい戸になっている。

ウ 日光がさしこむように、とびらは南向きになっている。

エ 地面から熱《ねつ》を受けるのをふせぐために、しばふや土の上に建《た》てられている。

③温度計を手で持って気温をはかる場合、温度計のえきだめを地面からどのくらいの高さにしますか。つぎのア～エから選びなさい。（　　　）

ア 0.1～0.3m　　イ 0.4～0.7m

ウ 0.8～1.1m　　エ 1.2～1.5m

(2) 図の箱を使って、1日の気温がどのように変化するかを、さまざまな天気の場合について調べました。

①晴れの日の一日のうち、気温が最《もっと》も高くなるのはいつごろですか。ア～エから選びなさい。（　　　）

ア 午前10時ごろ　　イ 正午ごろ

ウ 午後2時ごろ　　エ 午後4時ごろ

②くもりや雨の日が夜になっても晴れの日ほど気温が下がらない理由をア～エから選びなさい。（　　　）

ア 空気中の水じょう気から熱が出るから。

イ 太陽の熱を雲がたくさんたくわえているから。

ウ 地面からの熱が、雲にさえぎられてにげないから。

エ くもりや雨の日のほうが昼の気温が高くなるから。

**2** **雨がふった日のようすについて正しいものには○、まちがっているものには×をかきなさい。**（5点×4）

①グラウンドで水たまりができている場所の土と、雨がふっても水たまりになっていない花だんの土では、花だんの土のほうがつぶが小さい。（　　　）

②地面を流れている雨水がにごっているのは、空からふってくる雨がにごっている場合だけである。（　　　）

③雨ははじめ、土にしみこみ、しみこめなくなると、地面の高い方から低《ひく》い方に向かって流れ始める。（　　　）

④地面のけずられ方は、夕立のような強い雨がふったときのほうが、小雨のような弱い雨がふったときより大きくなる。（　　　）

# 標準レベル 47 月・星の動き

理科⑦

| 時間 15分 | 得点 |
| --- | --- |
| 合格 35点 | 50点 |

**1** **月について、つぎの問いに答えなさい。**（3点×11）

(1) 月は毎日少しずつ形を変《か》えます。つぎのA～Eは、肉《にく》がんで見た月の形です。新月《しんげつ》のあとに見られる順《じゅん》にならべかえなさい。（ → → → → ）

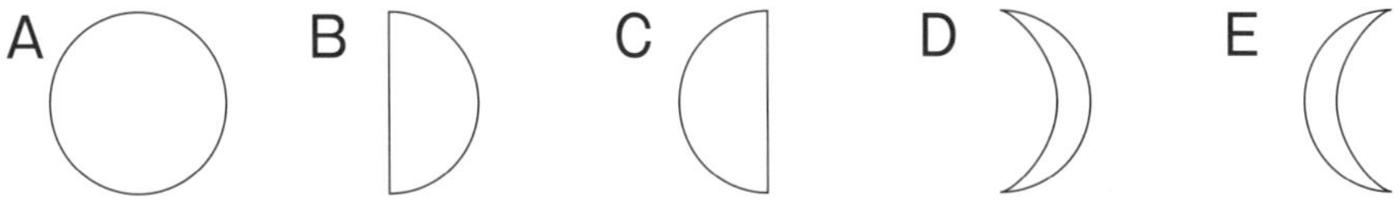


(2) (1)のA～Dの月の名前をそれぞれ答えなさい。

A（ ） B（ ）
C（ ） D（ ）

(3) (1)のBの月が観察《かんさつ》された日からおよそ7日後に観察される月をA～Eから選《えら》びなさい。（ ）

(4) (3)の月が午後6時ごろに見える方角を東西南北で答えなさい。（ ）

(5) (1)のCの月が最《もっと》も高い位置《いち》に見られるのはいつごろですか。つぎの**ア～エ**から選びなさい。（ ）

**ア** 明け方　**イ** 昼　間　**ウ** 夕　方　**エ** 真夜中

(6) (5)の月が見える方角を東西南北で答えなさい。（ ）

(7) 明け方に、西の空に見られる月の形を、(1)のA～Eから選びなさい。（ ）

(8) (7)のように見られた月のようすとしててき当なものをつぎの**ア～ウ**から選びなさい。（ ）

**ア** のぼっていくところ。　**イ** しずんでいくところ。

**ウ** 最も高い位置にきたところ。

**2** 右の図は、12月のある日の午後8時ごろ、東の空に見えた星座《せいざ》をスケッチしたものです。**これについて、つぎの問いに答えなさい。**

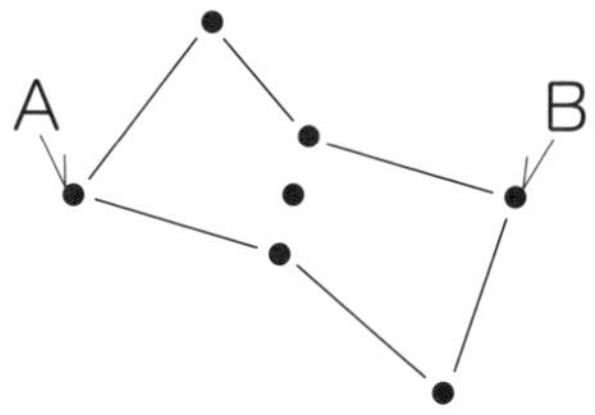


(1) この星座の名まえを答えなさい。（2点）（ ）

(2) AとBの星の名まえをそれぞれ答えなさい。（2点×2）

A（ ） B（ ）

(3) 図の星座をつくる星の色や明るさなどについて説明《せつめい》した**ア～オ**の文で、正しいものをすべて選びなさい。（4点）（ ）

**ア** 1等星《とうせい》が2つある。

**イ** 真ん中にならんだ3つの星は、すべて3等星である。

**ウ** Aの星は赤く、Bの星は青白くかがやく。

**エ** Aの星は青白く、Bの星は赤くかがやく。

**オ** Bの星は、冬の大三角をつくる星の一つである。

(4) Bの星のこのあとの動きを**ア～エ**から選びなさい。（4点）（ ）

**ア** 右のほうへ真横に動く。　**イ** 真上へ動く。

**ウ** ななめ右上へ上がっていくように動く。

**エ** ななめ右下へ下がっていくように動く。

(5) このあと、図の星座が地平線にしずむのは、いつごろですか。つぎの**ア～ウ**から最も近いものを選びなさい。（3点）

**ア** 真夜中　**イ** 明け方　**ウ** 正　午　（ ）

理科

学習日〔　　月　　日〕

上級レベル 48 理科⑧

# 月・星の動き

| 時間 15分 | 得点 |
| --- | --- |
| 合格 35点 | 50点 |

## 1 つぎの問いに答えなさい。（4点×5）

(1) 月の説明《せつめい》としててき当なものをア～エから選《えら》びなさい。

ア　月はみずから光を出して光っている。（　　　）

イ　１日に、月が動いて見えるのと太陽が動いて見えるのは、それぞれ別《べつ》の理由である。

ウ　月の満《み》ち欠《か》けは、約《やく》29.5日の周期《しゅうき》で起こる。

エ　月が満ち欠けするのは、月が球形ではないからである。

(2) 望遠鏡《ぼうえんきょう》で月を観察《かんさつ》したとき、たくさん見えた表面の丸いくぼみのようなものを何といいますか。（　　　）

(3) ある日、月が南中《なんちゅう》したときに観察したら、右図のような形でした。このような形の月を何といいますか。（　　　）

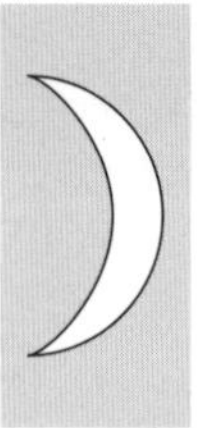

(4) (3)の図の月が西にしずむのが観察できるのは、何時ごろですか。ア～エから最《もっと》も近いものを選びなさい。（　　　）

ア　９時ごろ　　イ　14時ごろ

ウ　17時ごろ　　エ　20時ごろ

(5) (3)の図の月が西にしずむとき、どのような向きになっていますか。ア～エから選びなさい。（　　　）

## 2 星について、つぎの問いに答えなさい。（5点×6）

(1) つぎのA～Eは星座《せいざ》や星のならびを表しています。

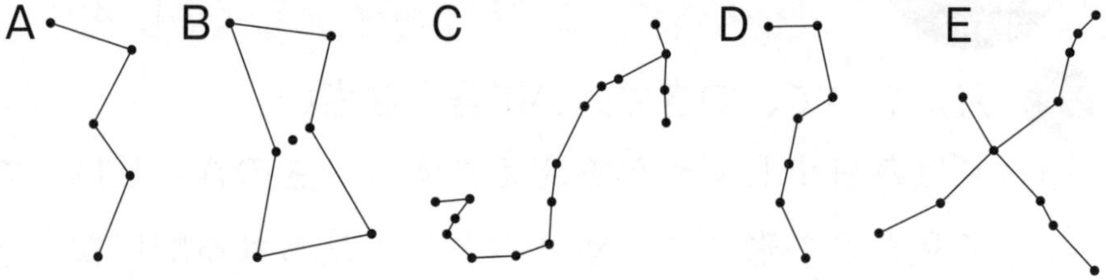


① １等星《とうせい》をふくむ星座はどれですか。A～Eの中から３つ選びなさい。（　　　）

② CとEの星座の名まえをそれぞれ答えなさい。

C（　　　）　E（　　　）

③ Eの星座が日本でよく見られる季節《きせつ》はいつですか。春夏秋冬のいずれかで答えなさい。（　　　）

④ 右図は、ある日の午後８時に、北の空に見えたAの星座をスケッチしたものです。６時間後に同じ場所で観察すると、Aの星座はどのように見えますか。つぎのア～エから選びなさい。（　　　）

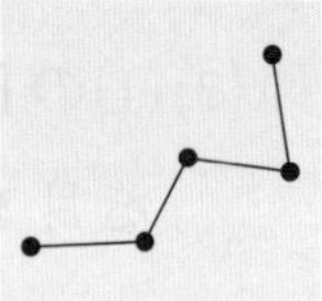

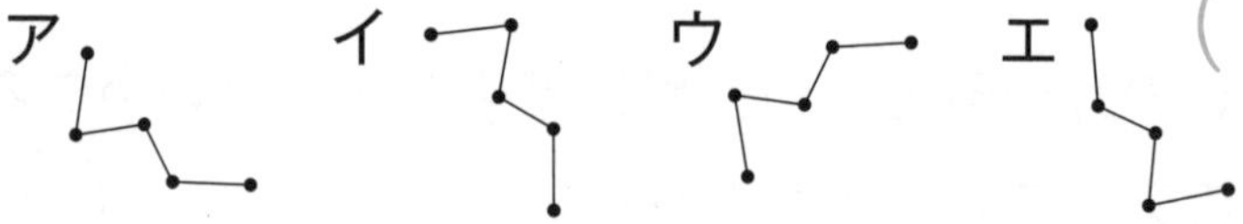


(2) 右の図のような、星座早見を使って、東の空の星を観察します。ア～エのうち、どれを下にして持つとよいですか。記号で答えなさい。（　　　）

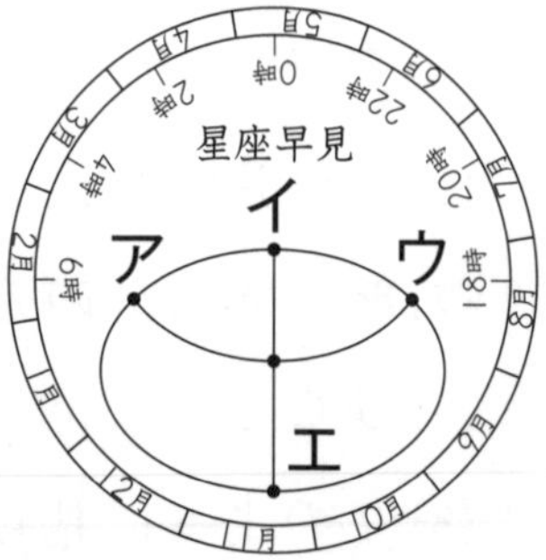

学習日〔　　月　　日〕

| 時間 15分 | 得点 |
|---|---|
| 合格 35点 | 50点 |

# 標準レベル 49 空気と水のせいしつ

理科⑨

## 1 空気と水のせいしつについて、問いに答えなさい。（5点×3）

(1) 図１のように、注しゃ器《き》に空気と水を入れて、ピストンを指でおし、空気と水をおしちぢめる実験《じっけん》をしました。注しゃ器の下に置《お》くAには、何を使うとよいですか。ア〜ウから１つ選《えら》びなさい。（　　　）

ア スポンジ　イ ゴムの板　ウ 木の板

〔図１〕

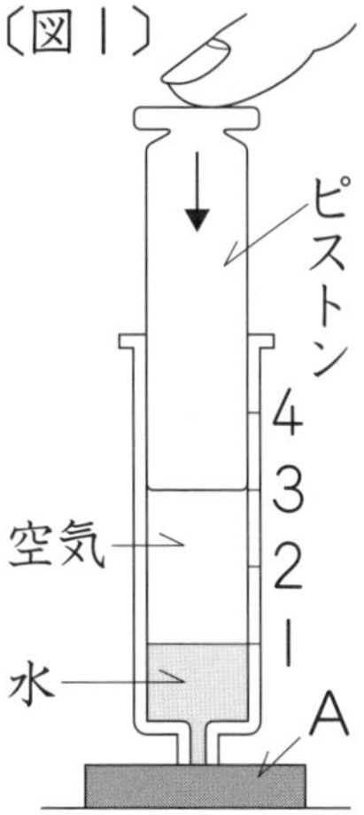


(2) 図１で、ピストンの先が２の目もりまでくるようにおすと、注しゃ器の中の水面の位《い》置《ち》(目もり)はどうなりますか。（　　　）

ア １より下にさがる。　イ １より上にあがる。

ウ １のままである。

〔図２〕

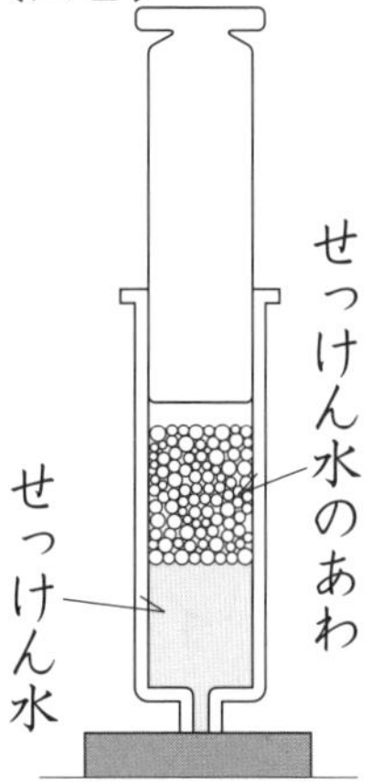


(3) つぎに、注しゃ器の中にせっけん水を入れてよくふり、図２のようにあわをつくりました。ピストンをおすと、あわの大きさはピストンをおす前より小さくなりました。その後、ピストンから手をはなすと、あわの大きさはどうなりますか。（　　　）

ア 小さくなったままである。

イ ピストンをおす前と同じ大きさになっている。

ウ ピストンをおす前よりも、大きくなっている。

## 2 右の図のように、フラスコにガラス管《かん》のついたゴムせんをします。そして、ガラス管には色水を少し入れておきます。このフラスコを湯や氷水に入れます。つぎの問いに答えなさい。

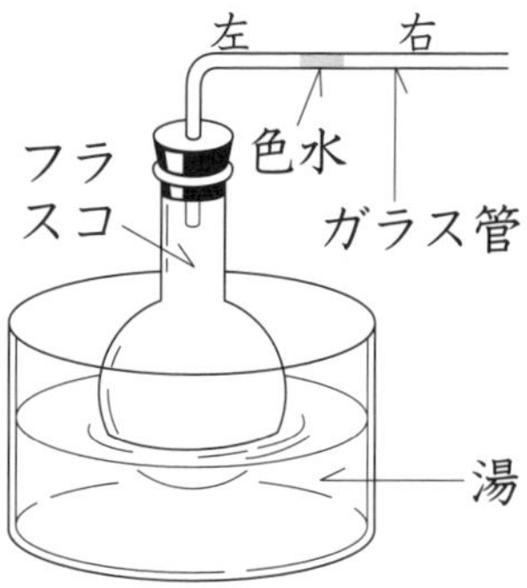


(1) フラスコを湯につけると、色水は左右どちらに動きますか。

（5点）（　　　）

(2) フラスコを湯から出すと、色水は左右どちらに動きますか。（6点）

（　　　）

(3) 湯から出したフラスコを氷水につけると、色水は左右どちらに動きますか。（6点）（　　　）

(4) (1)のときよりフラスコを大きなものにかえ、同じ湯につけました。色水の動き方は(1)のときとくらべてどうなりますか。ア〜ウから選びなさい。（6点）（　　　）

ア 大きくなる。　イ かわらない。　ウ 小さくなる。

(5) (1)のときよりガラス管を太いものにかえ、同じ湯につけました。色水の動き方は(1)のときとくらべてどうなりますか。ア〜ウから選びなさい。（6点）（　　　）

ア 大きくなる。　イ 変わらない。　ウ 小さくなる。

(6) フラスコの中に水を入れて、同じ湯につけました。色水の動き方は(1)のときとくらべてどうなりますか。ア〜ウから選びなさい。（6点）（　　　）

ア 大きくなる。　イ 変わらない。　ウ 小さくなる。

# 上級レベル 50 空気と水のせいしつ

理科⑩

| 時間 15分 | 得点 |
| --- | --- |
| 合格 35点 | 50点 |

## 1 空気や水のせいしつを調べる実験《じっけん》について答えなさい。（5点×3）

〔実験〕 プラスチックのつつの両はしに玉をつめ、一方のはしにおしぼうを入れて、空気でっぽうをつくりました。その後、おしぼうをおし、前の玉がつつから飛《と》び出すようすを調べました。

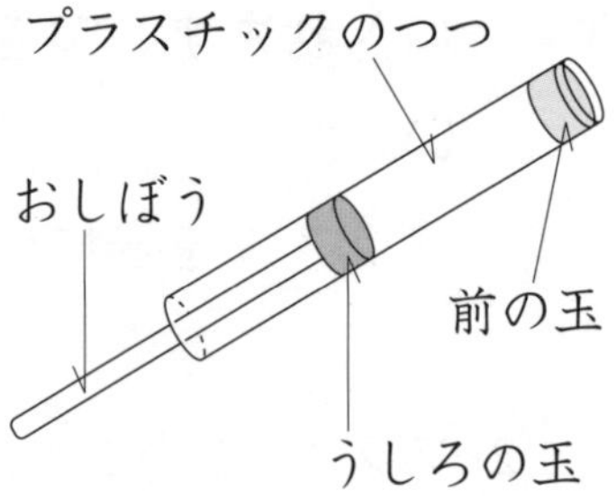


(1) この実験で、玉に使う材料《ざいりょう》としてふさわしくないものを、**ア**～**ウ**から選《えら》びなさい。（　　）

**ア** コルク　**イ** ジャガイモ　**ウ** 発ぽうポリスチレン

(2) この実験のようすを説明《せつめい》した文として、最《もっと》もてき当なものを、**ア**～**ウ**から選びなさい。（　　）

**ア** おしぼうをおしていき、うしろの玉が前の玉に当たってから、前の玉が飛び出す。

**イ** おしぼうをおしていき、つつの中の空気がおしちぢめられてから、前の玉が飛び出す。

**ウ** おしぼうを少しだけおしてそのままにしておくと、しばらくして前の玉が飛び出す。

(3) 図の空気でっぽうの中を水で満《み》たしてから玉をつめて同じ実験をすると、玉はどうなりますか。**ア**～**ウ**から選びなさい。（　　）

**ア** いきおいよく飛び出す。

**イ** すぐに落ちる。　**ウ** 空気のときと変《か》わらない。

## 2 ものの温度と体積《たいせき》との関係について、つぎの問いに答えなさい。（7点×5）

(1) 右の図のように、空気をとじこめた注しゃ器《き》を湯や氷水の入ったビーカーに入れ、ピストンが動くようすを調べました。

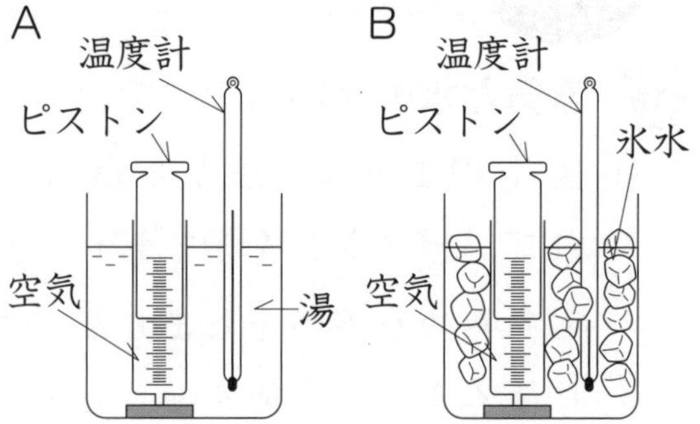


①A、Bの場合、ピストンはそれぞれ上・下のどちらに動きますか。　A（　　）　B（　　）

②注しゃ器の中を空気のかわりに、室温と同じ温度の水を入れ、Aと同じように湯につけました。注しゃ器のピストンは、上・下のどちらに動きますか。（　　）

③②の動き方は、空気の入った注しゃ器のときとくらべて、大きい・小さいのどちらですか。（　　）

(2) 身の回りには、温度によるものの体積の変化《へんか》を利用《りよう》したり、くふうしているものがあります。このことを説明した文のうち、正しいものを**ア**～**ウ**から選びなさい。（　　）

**ア** へこんだピンポン玉を湯につけたら、プラスチックのかさが大きくなるのでもとにもどる。

**イ** 鉄道の線路は、夏になると鉄のかさが大きくなるので、線路と線路のつなぎめにすきまがつくってある。

**ウ** ガラスでできたびんで、金ぞくのふたがあかないとき、湯につけると、びんのかさが小さくなるのでふたがあく。

標準レベル 51 理科⑪

# もののあたたまり方と水のすがた

学習日〔　月　日〕

| 時間 | 得点 |
|---|---|
| 15分 | |
| 合格 35点 | 50点 |

## 1 水のすがたの変化《へんか》について、答えなさい。（4点×9）

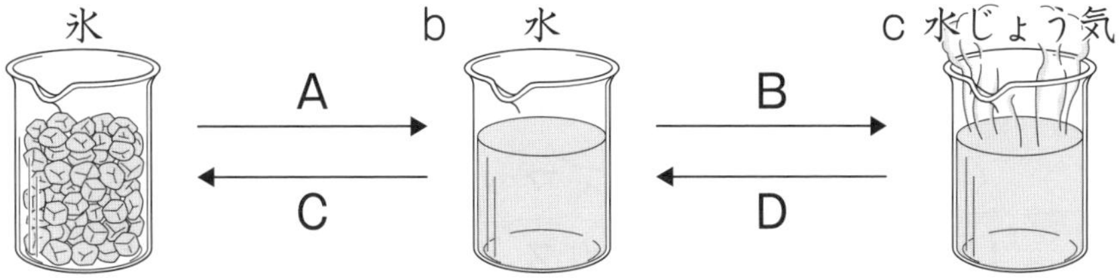


(1) a～cにはもののすがたを表すことばが入ります。あてはまることばをそれぞれ答えなさい。

a（　　　）　b（　　　）　c（　　　）

(2) 水のすがたは、温度によって変化します。

①図のA～Dの矢印《やじるし》のうち、温度が高くなったときの変化を表しているのはどれですか。つぎのア～エから選《えら》びなさい。（　　　）

ア Aだけ　イ AとB　ウ AとC　エ CとD

②図のA～Dの変化をするとき、温度が0℃になっているものをA～Dからすべて選びなさい。（　　　）

(3) つぎの①、②ができるときの水のすがたの変化を図のA～Dから1つずつ選びなさい。

①湯《ゆ》気《げ》　②しも柱　①（　　　）　②（　　　）

(4) 水が水じょう気や氷に変化するとき、体積《たいせき》はどのようになりますか。「ふえる」または「へる」でそれぞれ答えなさい。

水→水じょう気（　　　）　水→氷（　　　）

## 2 つぎの問いに答えなさい。

〔実験《じっけん》1〕 金ぞくぼうに等間かくに目《め》印《じるし》をつけ、図1のように、ア、イ、ウの位置《いち》にろうをぬったあと、金ぞくぼうをガスバーナーで熱《ねっ》して、これらのろうがとける順《じゅん》を調べました。

〔図1〕

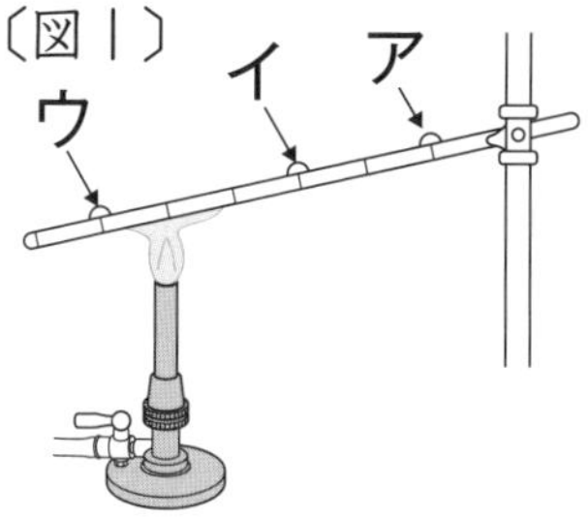


(1) ア～ウのろうはどのようにとけますか。早くとけるものから順に、記号で答えなさい。（4点）（　　→　　→　　）

(2) (1)の順でろうがとけた理由としててき当なものを、つぎのア～エから選び、記号で答えなさい。（5点）（　　　）

ア 金ぞくは、下から上へ熱《ねつ》が伝《つた》わりやすいから。

イ 金ぞくは、上から下へ熱が伝わりやすいから。

ウ 金ぞくは、熱した所から順に遠い所へ熱が伝わるから。

エ 金ぞくは、熱した所ではなく、少しはなれた所からあたたまっていくから。

〔実験2〕 ビーカーに水を入れ、底《そこ》にみそを入れてから、図2のように、ガスバーナーで熱してみて、みその動きを調べました。

〔図2〕

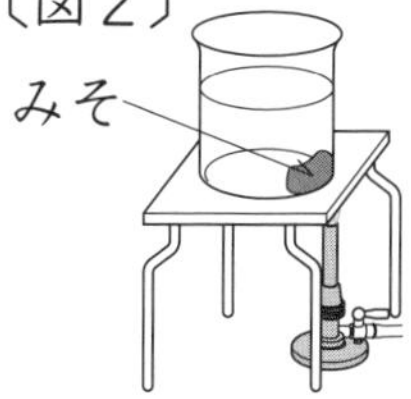


(3) みその動きとしててき当なものを、つぎのア～オから選び、記号で答えなさい。（5点）（　　　）

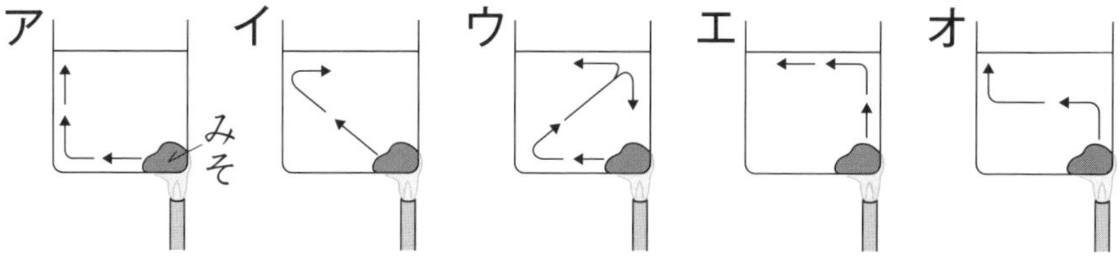

学習日〔　　月　　日〕

| 時間 15分 | 得点 |
| --- | --- |
| 合格 35点 | 50点 |

# 上級レベル 52 もののあたたまり方と水のすがた

理科⑫

**1** 図１のように、水を入れた丸底《まるぞこ》フラスコをガスバーナーで加熱《かねつ》しました。**つぎの問いに答えなさい。**（5点×5）

〔図１〕

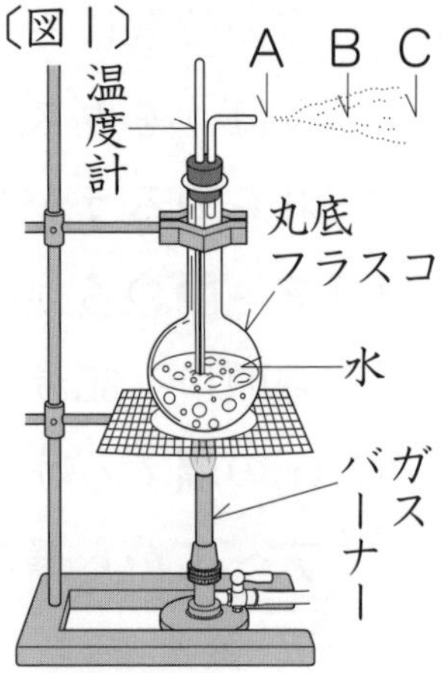


(1) しばらく加熱すると、丸底フラスコの底から、大きなあわがさかんに出るようになりました。このあわの正《しょう》体《たい》として最《もっと》もてき当なものを、**ア**～**エ**から選《えら》びなさい。（　　　）

**ア** 水の中にとけていた空気。

**イ** 丸底フラスコの中にあった空気。

**ウ** 水がすがたを変《か》えた湯気《ゆげ》。

**エ** 水がすがたを変えた水じょう気。

〔図２〕

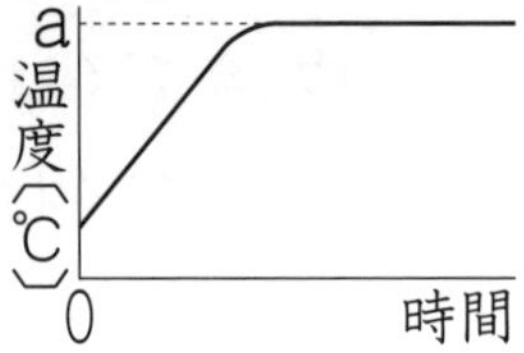


(2) しばらく加熱すると、図２のように水の温度が変わらなくなりました。aの温度は何℃ですか。（　　　）

(3) aの温度はいつまで続《つづ》きますか。**ア**～**エ**から選びなさい。（　　　）

**ア** 水が半分になるまで続く。

**イ** 水がほとんどなくなるまで続く。

**ウ** 水が少しでもへってきたら上しょうする。

**エ** 水がなくなっても、変わらないまま続く。

(4) 底からあわがさかんに出ているとき、図１のガラス管《かん》の先を観察《かんさつ》すると、AとCでは何も見えず、Bでは白いけむりのようなものが見えました。AとBの名まえを答えなさい。

A（　　　）　B（　　　）

**2** **もののあたたまり方について、つぎの問いに答えなさい。**（5点×5）

(1) 5cm間かくの目もりをつけた40cmの鉄のぼうを使って図１のようなそう置《ち》をつくり、**A**～**D**にろうでマッチぼうをつけ、O点をガスバーナーで熱《ねっ》しました。

〔図１〕

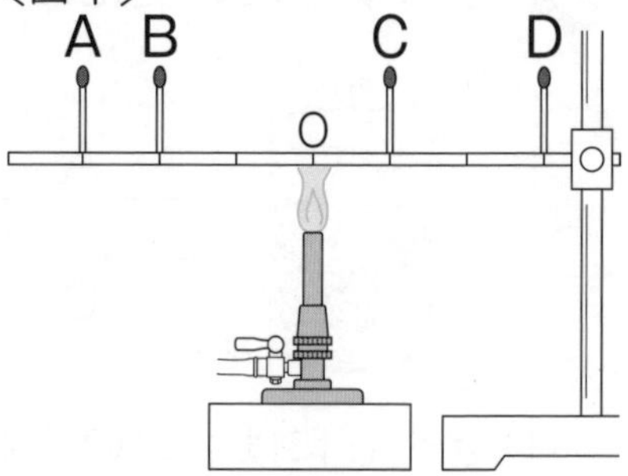


①最も早く落ちたマッチぼうはどれですか。**A**～**D**から選び、記号で答えなさい。（　　　）

②ほとんど同時に落ちたマッチぼうはどれとどれですか。**A**～**D**から２つ選びなさい。（　　　）

③このような熱《ねつ》の伝《つた》わり方を何といいますか。（　　　）

(2) 図２のように、ビーカーに水とおがくずを入れ、ビーカーの底の中央をガスバーナーで熱し、おがくずの動きを調べました。このとき、おがくずはどのように動きましたか。つぎの**ア**～**エ**から選びなさい。（　　　）

〔図２〕

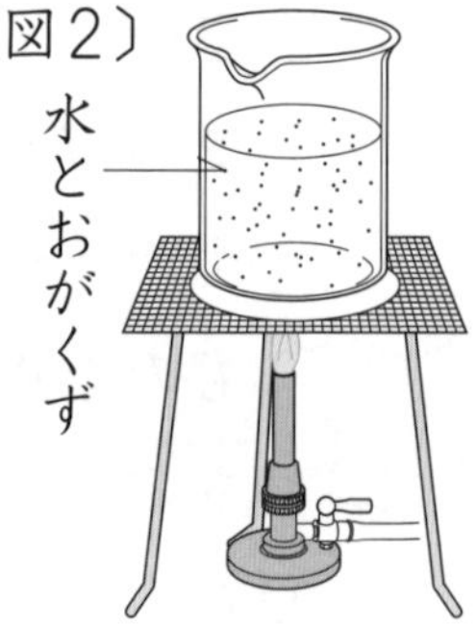


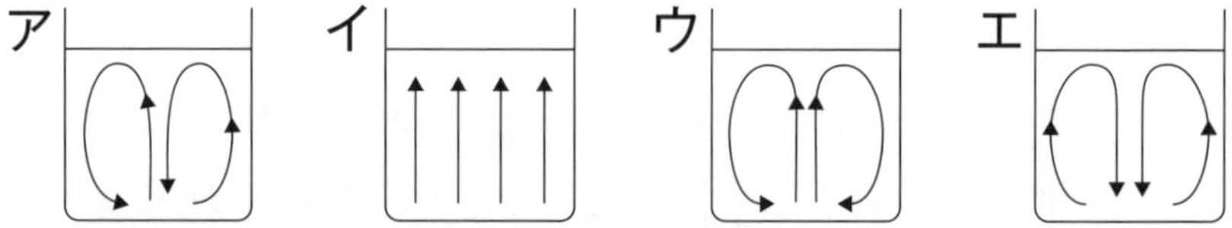


(3) (2)のような熱の伝わり方を何といいますか。（　　　）

学習日〔　月　日〕

# 53 最上級レベル 1

理科⑬

| 時間 | 得点 |
| --- | --- |
| 20分 | |
| 合格 35点 | 50点 |

## 1 大阪《おおさか》での季節《きせつ》と生き物のようすについて答えなさい。(5点×4)

(1) 春の生き物のようすとして、まちがっている文をア〜ウから選《えら》びなさい。（　　）

ア カラスノエンドウが花をさかせている。

イ トノサマガエルがたまごを産《う》む。

ウ オオカマキリがたまごを産む。

(2) 夏の生き物のようすとして、まちがっている文をア〜ウから選びなさい。（　　）

ア ヘチマが花をさかせる。

イ ツバメが南のほうの国へわたりをはじめる。

ウ オオカマキリが春のころより大きいよう虫《ちゅう》になっている。

(3) 秋の生き物のようすとして、まちがっている文をア〜ウから選びなさい。（　　）

ア ヘチマの実が大きく育っている。

イ ナナホシテントウがたまごを産む。

ウ アゲハのさなぎが見られる。

(4) 冬の生き物のようすとして、まちがっている文をア〜ウから選びなさい。（　　）

ア 葉が落ちたイチョウの枝《えだ》に芽《め》がついている。

イ ハルジオンがすべての葉を落としてかれる。

ウ バッタがたまごのまま土の中ですごす。

## 2 回路を流れる電流について、つぎの問いに答えなさい。ただし、使用する豆電球やかん電池はすべて同じものとします。

(1) 図１のような回路をつくりました。

〔図１〕

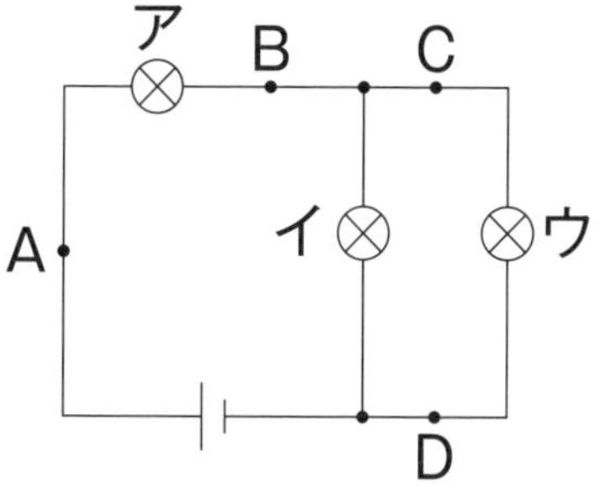


①豆電球イとウのようなつなぎ方を何といいますか。(4点)

（　　）

②最《もっと》も明るくつく豆電球はどれですか。図１のア〜ウから選びなさい。(4点)（　　）

③この回路で、豆電球アに流れる電流の強さをはかろうと思います。電流計をどこにつなげばよいですか。図１のA〜Dからすべて選びなさい。(5点)（　　）

(2) 図２のような回路をつくりました。

〔図２〕

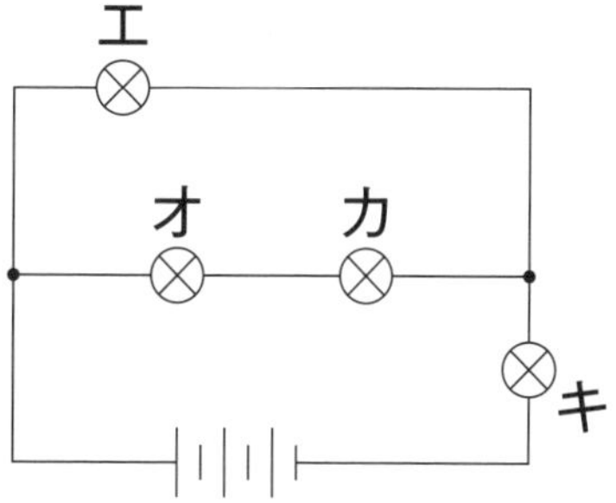


①豆電球オとカのようなつなぎ方を何といいますか。(4点)

（　　）

②最も明るくつく豆電球と２番目に明るくつく豆電球はどれですか。図２のエ〜キからそれぞれ選びなさい。(4点×2)

最も明るい（　　）　２番目に明るい（　　）

③豆電球カが切れたとき、豆電球キの明るさはどうなりますか。つぎのア〜エから選びなさい。(5点)（　　）

ア 明るくなる　イ 暗《くら》くなる　ウ 消える　エ 同じ

理科

学習日〔　　月　　日〕

| 時間 20分 | 得点 |
| --- | --- |
| 合格 35点 | 50点 |

# 54 最上級レベル ②

理科⑭

## 1

右の図は、北《ほく》い35度の京都《きょうと》で、2月1日の午後8時に北の空に見えた星Oと7つの星の集まりAをしめしたものです。**つぎの問いに答えなさい。ただし、星Oは時間がたってもほとんど動きませんでした。**

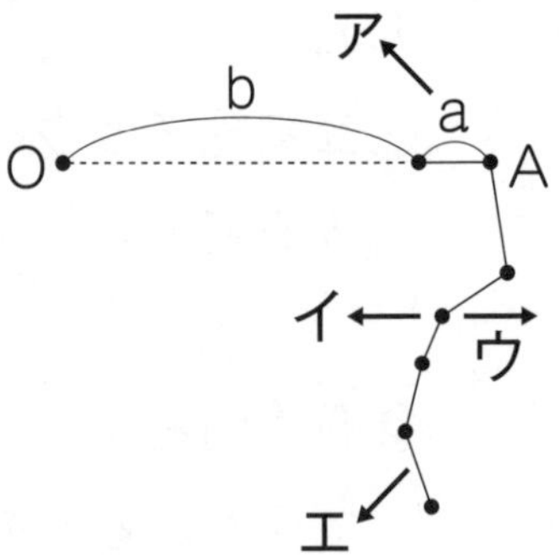


(1) 図中の星Oと7つの星の集まりAを、それぞれ何といいますか。（2点×2）　O（　　　　）　A（　　　　）

(2) 星Oと7つの星の集まりAは、それぞれ何という星座《せいざ》の一部ですか。（2点×2）　O（　　　　）　A（　　　　）

(3) bの長さは、aの長さの約《やく》何倍ですか。（3点）（　　　　）

(4) 星Oの見える高さは何度ですか。（3点）（　　　　）

(5) 7つの星の集まりAは、時間がたつとどの方向に動きますか。図中の**ア〜エ**から選《えら》びなさい。（4点）（　　　　）

(6) 図のスケッチをかいたとき、南の空にはどのような星座が見られますか。ア〜エから選びなさい。（4点）（　　　　）

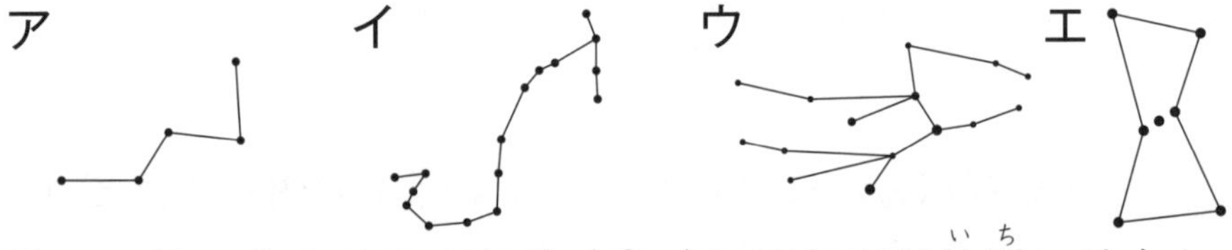


(7) 7つの星の集まりAが午後10時に図と同じ位置《いち》に見られるのは、およそ何か月後ですか。（4点）（　　　　）

## 2

温度による物しつのじょうたいの変化《へんか》を調べるために、右の図1のように、氷をビーカーに入れて、ガスバーナーでゆっくり加熱《かねつ》して、そのようすを観察《かんさつ》しました。**つぎの問いに答えなさい。**（4点×6）

〔図1〕

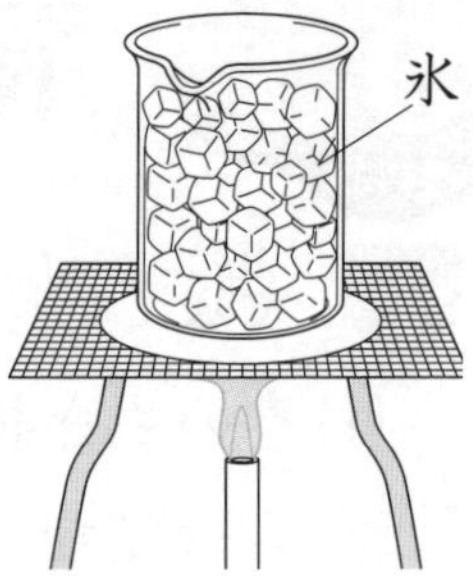


(1) 加熱する前のビーカーの外側《そとがわ》に小さな水てきがついていました。これについて説明《せつめい》したつぎの文中の(　)にあてはまる語を答えなさい。

空気中の(　　　)が冷《ひ》やされて水てきになり、ビーカーの外側についた。

（　　　　）

(2) 加熱している間のビーカー内の変化を観察しました。図2は、このときの温度変化と時間との関係を表したグラフです。

〔図2〕

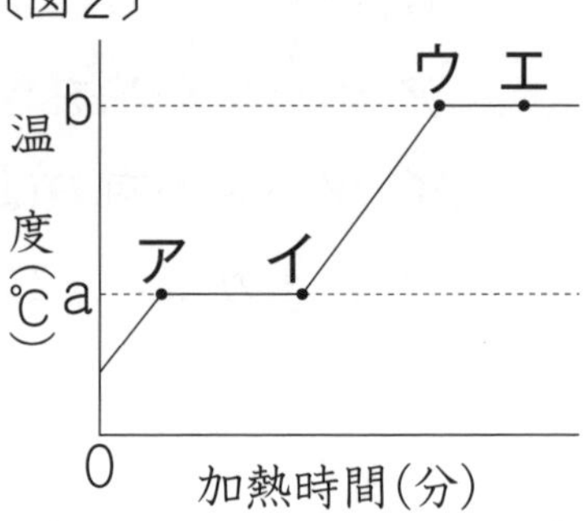


①氷と水がまざったじょうたいであったのは、図2の**ア〜エ**のどの点からどの点までの間ですか。（　　　　）

②ビーカーの底《そこ》から大きなあわが上がりはじめたのは、図2の**ア〜エ**のどの点ですか。（　　　　）

③加熱を続《つづ》けても、図2の**ア〜イ**と**ウ〜エ**でしばらく温度が変《か》わりませんでした。温度a・bは何℃ですか。整数で答えなさい。　a（　　　　）　b（　　　　）

(3) 氷がすべてとけて水になったとき、体積《たいせき》はどうなりますか。「同じ」・「ふえた」・「へった」から選びなさい。（　　　　）

1回 20回 40回 60回 80回 100回 120回 GOAL

学習日〔　　月　　日〕

標準レベル **55** 社会①

# 都道府県と県庁所在都市

| 時間 15分 | 得点 |
| --- | --- |
| 合格 35点 | 50点 |

**1** 右の地図を見て、次の問いに答えなさい。

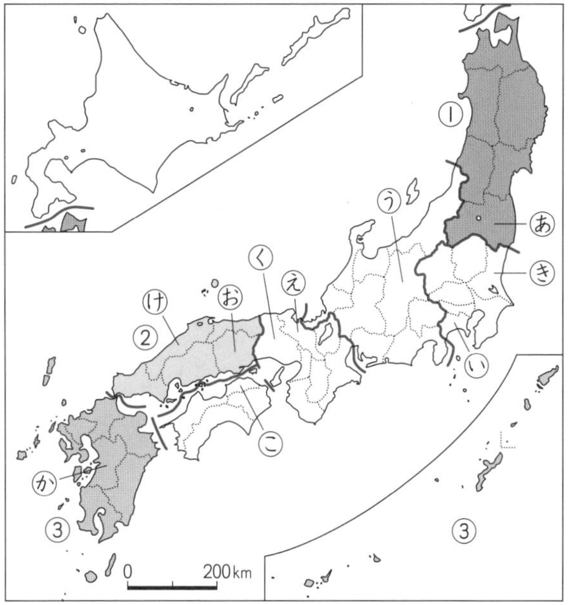


(1) 都道府《ふ》県がそれぞれいくつあるか、答えなさい。(2点×4)

都(　　　)
道(　　　)
府(　　　)
県(　　　)

(2) 北海道《ほっかいどう》、本州《ほんしゅう》、四国《しこく》、九州《きゅうしゅう》を面積《めんせき》の広い順《じゅん》にならべなさい。(3点)

(　　　→　　　→　　　→　　　)

(3) 地図中①～③でしめされている地方の名まえを次から選《えら》び、それぞれ記号で答えなさい。(2点×3)

①(　　　)　②(　　　)　③(　　　)

ア 東北《とうほく》地方　イ 中国《ちゅうごく》地方　ウ 九州地方　エ 中部《ちゅうぶ》地方
オ 関東《かんとう》地方　カ 近畿《きんき》地方　キ 四国地方

(4) 海に面していない都道府県の数を答えなさい。(3点)

(　　　)

(5) 最《もっと》も面積の大きい都道府県と最も面積の小さい都道府県の組み合わせとして正しいものを、次から選び、記号で答えなさい。(3点)

(　　　)

ア 岩手《いわて》県―香川《かがわ》県　イ 新潟《にいがた》県―大阪《おおさか》府
ウ 新潟県―東京《とうきょう》都　エ 北海道―香川県
オ 岩手県―東京都　カ 北海道―大阪府

(6) 地図中㋐～㋕でしめされている都道府県の名まえを次から選び、漢字になおして答えなさい。(2点×6)

ふくしまけん　ながのけん　おかやまけん
かながわけん　きょうとふ　くまもとけん

㋐(　　　)　㋑(　　　)　㋒(　　　)
㋓(　　　)　㋔(　　　)　㋕(　　　)

(7) 地図中㋖～㋙でしめされている都道府県の県庁所在《けんちょうしょざい》都市の名まえを次から選び、漢字になおして答えなさい。(2点×4)

たかまつし　まつえし　こうべし　みとし

㋖(　　　)　㋗(　　　)
㋘(　　　)　㋙(　　　)

(8) しりとりをしたときに、次の空らんにあてはまる名まえをそれぞれ答えなさい。なお、①は都道府県名、②は県庁所在都市名のしりとりです。(2点×2)

①宮城《みやぎ》→岐阜《ぎふ》→(　　　)→石川《いしかわ》→和歌山《わかやま》
②盛岡《もりおか》→金沢《かなざわ》→和歌山《わかやま》→(　　　)→前橋《まえばし》

(9) 次の文にあてはまる県の名まえを答えなさい。(3点)

県庁所在都市名が日本の県庁所在都市の中で、ただ一つ漢字で1文字です。

(　　　県)

社会

学習日〔　　月　　日〕

上級レベル 56 社会②

# 都道府県と県庁所在都市

| 時間 15分 | 得点 |
| --- | --- |
| 合格 35点 | 50点 |

**1** 右の地図を見て、次の問いに答えなさい。なお、この問題では都道府《ふ》県をすべて県と表記しています。

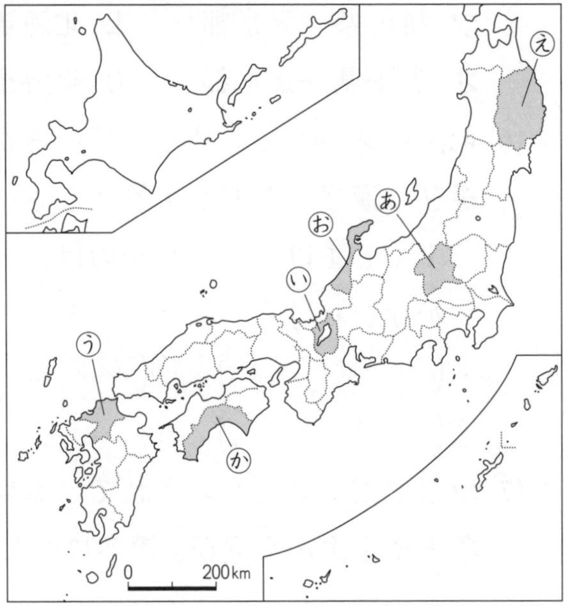


(1) 地図中にしめしたあ〜うの県名を、それぞれ漢字で答えなさい。（2点×3）

あ(　　　県)　い(　　　県)　う(　　　県)

(2) 地図中え〜かの県の県庁所在《けんちょうしょざい》都市名をそれぞれ漢字で答えなさい。（2点×3）

え(　　　市)　お(　　　市)　か(　　　市)

(3) 地図中あ〜かの県から、県名と県庁所在都市名が同じ県をすべて選《えら》び、記号で答えなさい。（2点）　(　　　)

(4) 首都である東京《とうきょう》があるのはどこか、属《ぞく》する地方名を答えなさい。（2点）　(　　　地方)

(5) 九州《きゅうしゅう》地方に属する県の中で、県名と県庁所在都市名とが異《こと》なる「ある県」について説明《せつめい》した次の文が正しいかどうか、○×で答えなさい。（2点×3）

①九州地方の県の中で最《もっと》も面積《めんせき》が大きい。　(　　　)

②九州地方の県の中で最も南に位置《いち》する。　(　　　)

③九州地方の県の中では、この県だけがただ一つ、新幹線《しんかんせん》が通っていない。　(　　　)

(6) 県名に「山」という漢字を使う県が全部でいくつあるか、数字で答えなさい。（2点）　(　　　)

(7) 次の「この県」について、問いに答えなさい。

①この県は、接《せっ》する県の数が日本で最も多いです。この県の県名を答えなさい。（2点）　(　　　県)

②この県が接する県の数を数字で答えなさい。（4点）

(　　　)

③この県と接する中部《ちゅうぶ》地方の県のうち、県名と県庁所在都市名とが異なる県を2つ選び、その県名と県庁所在都市名を答えなさい。（8点×2）

(　　　県　　　市)

(　　　県　　　市)

(8) 日本で最も面積の小さい県を次から選び、記号で答えなさい。また、その県名も答えなさい。（2点×2）

記号(　　　)　県名(　　　)

ア　イ　ウ　エ

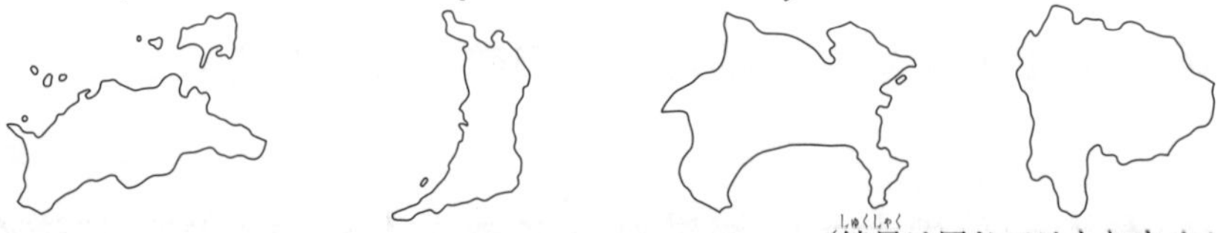

(縮尺《しゅくしゃく》は同じではありません。)

# 標準レベル 57 地図の見方

社会③

| 時間 | 得点 |
|---|---|
| 15分 | |
| 合格 35点 | 50点 |

## 1 地形図について、次の問いに答えなさい。（5点×5）

(1) 地形図上で海面からの高さが同じところを結《むす》んだ線を何というか、答えなさい。（　　　　）

(2) 次の図を見て、あとの問いに答えなさい。

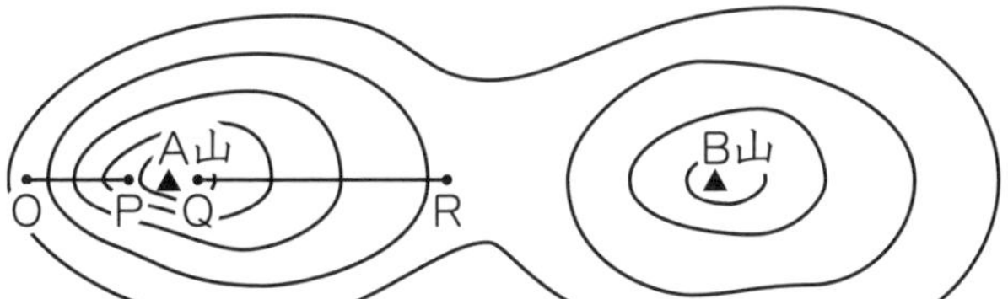


①図中のA山のO−PとQ−Rについて、次の文の空らんにあてはまることばとして正しいものをあとから選《えら》び、記号で答えなさい。　あ（　　　）　い（　　　）

> 図中O−Pは(1)で答えた線の間かくが図中Q−Rにくらべると（　あ　）ので、A山のしゃ面のかたむきはO−Pの方がQ−Rよりも（　い　）といえます。

ア 広い　　イ せまい　　ウ 急　　エ ゆるやか

②この図は山を上から見たようすを表していますが、真横から見たようすを表した図のことを何というか、解答《かいとう》らんに合うように答えなさい。（　　　　図）

③この図を真横から見たようすを正しく表しているものを次から選び、記号で答えなさい。（　　　）

ア
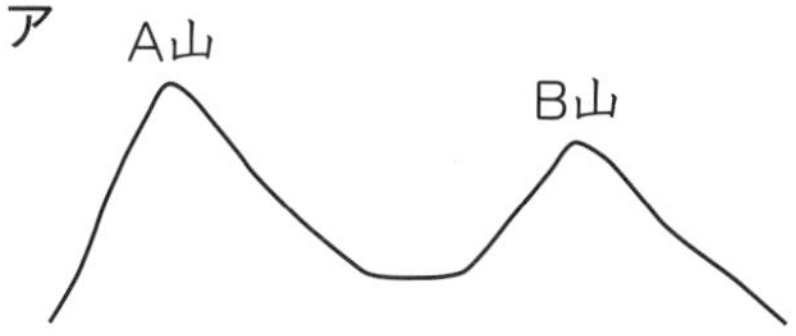


イ
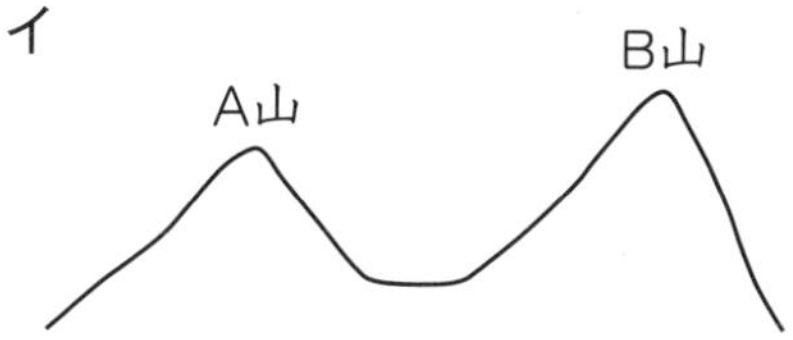


ウ
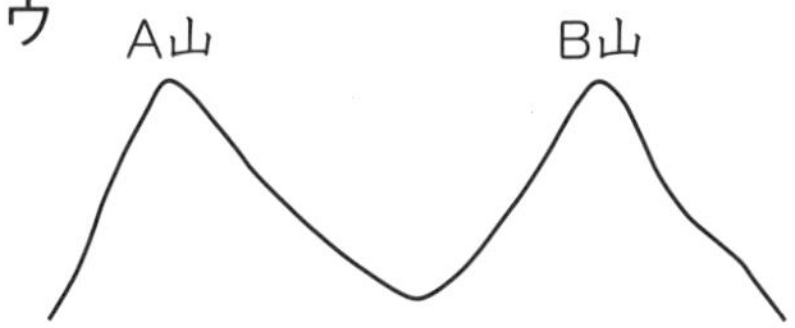


## 2 縮尺《しゅくしゃく》について、次の問いに答えなさい。（5点×5）

(1) 5万分の1の地形図上で、縮尺を右の方法《ほうほう》でしめしたとき、あ〜いの地形図上での長さは何cmか、数字で答えなさい。（　　　　cm）

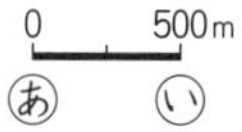


(2) 同じ大きさの地形図を作成《さくせい》したとき、2万5000分の1の地形図と5万分の1の地形図とでは、どちらの方がよりくわしく表すことができるか、解答らんに合うように答えなさい。（　　　　　分の1の地形図）

(3) 次の文の空らんにあてはまることばをあとから選びなさい。

①（　　　）②（　　　）③（　　　）

> 2万5000分の1の地形図上で5cmで表される2点間の実際《じっさい》のきょりを求《もと》めるには、「実際のきょり＝[（　①　）での2点間の長さ]×[縮尺の（　②　）]」の式にあてはめ、5×25000＝125000。出てきた数字の単位《たんい》は（　③　）なので、実際のきょりは1.25kmとわかる。

ア 分子　　イ 分母　　ウ cm　　エ m　　オ 地形図

社会

学習日〔　月　日〕

上級レベル 58 社会④

# 地図の見方

| 時間 15分 | 得点 |
| --- | --- |
| 合格 35点 | 50点 |

## 1 地図の見方について、次の問いに答えなさい。（5点×2）

(1) 等高線について説明《せつめい》した文として正しいものを次から選《えら》び、記号で答えなさい。（　　）

ア　等高線の間かくがより広いほど、かたむきは急である。

イ　等高線が山頂《さんちょう》に向かってはり出して、つき出している部分の地形を、尾根《おね》という。

ウ　等高線が同じ地形図上で交差《こうさ》することがまれにある。

エ　数字や記号が線上に記されたときや、急しゃ面のがけ以外《いがい》に、等高線がと切れることはない。

(2) 縮尺《しゅくしゃく》について説明した文として正しくないものを次から選び、記号で答えなさい。（　　）

ア　縮尺とは地形図を作成《さくせい》するときに、実際《じっさい》のきょりを縮《ち》めた割合《わりあい》のことである。

イ　日本地図を作成するときよりも世界地図を作成するときの縮尺の方が、縮尺の分母を大きくする必要《ひつよう》がある。

ウ　同じ大きさの紙に2万5000分の1と5万分の1の地形図を作成した場合、5万分の1の地形図の方が2倍の面積《めんせき》のはんいを表すことができる。

エ　等高線の間かくを見れば、その地形図の縮尺がわかるようになっている。

## 2 次の地形図を見て、あとの問いに答えなさい。（5点×8）

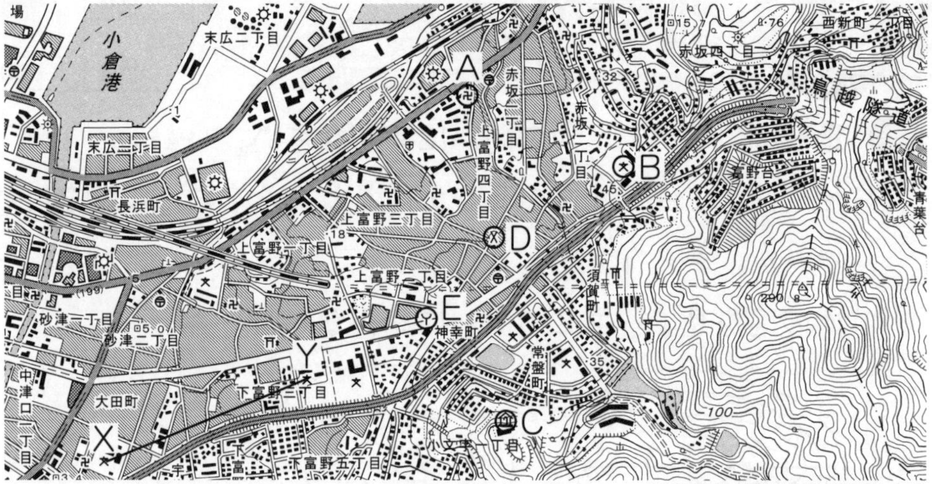

（国土地理院発行地形図「小倉」）

(1) 地形図中Aから見て地形図中Bはどの方角にあたるか、八方位《ほうい》で答えなさい。（　　）

(2) 地形図中C～Eでしめされている地図記号がそれぞれ何を表しているか、答えなさい。

C（　　）　D（　　）　E（　　）

(3) 西新町《にししんまち》二丁目と上富野《かみとみの》二丁目ではどちらが標高《ひょうこう》が高いか、解答《かいとう》らんに合うように答えなさい。

（　　　二丁目）

(4) 地形図中X–Yの長さは3cmです。XとYとの間の実際のきょりを答えなさい。

（　　　m）

(5) この地形図について、次の文の内容《ないよう》が正しいかどうか、○×で答えなさい。

①上富野三丁目より常盤町《ときわまち》の方が建物《たてもの》が多い。（　　）

②山には針葉樹林《しんようじゅりん》と果樹園《かじゅえん》が見られる。（　　）

学習日〔　　月　　日〕

標準レベル **59** 社会⑤

# わたしたちのくらし (1)（たいせつな水）

時間 15分　合格 35点　得点 　/50点

## 1 水資源《しげん》について、次の問いに答えなさい。（5点×6）

(1) 水資源について説明《せつめい》した次の文が正しいかどうか、それぞれ○×で答えなさい。

①地球上にある水のほとんどは海水なので、人間が使える水はわずかである。（　　）

②日本は比《ひ》かく的降水量《てきこうすいりょう》が多く、国土にしめる森林《しんりん》の割合《わりあい》も大きいため、水不足《ぶそく》になやまされることはない。（　　）

③日本は農業用水、工業用水、生活用水の中で農業用水の使用量が最《もっと》も多い。（　　）

(2) 森林はダムと同様に水資源をたくわえる働《はたら》きがあることから何とよばれているか、答えなさい。（　　　）

(3) 近畿《きんき》地方の上水道の水源となっている、日本で最も大きい湖の名まえを答えなさい。（　　　湖）

(4) 限《かぎ》りある水資源をたいせつに使うために、わたしたちができることを右の絵を見て、解答《かいとう》らんに合うように答えなさい。

（歯をみがくときには、

）

## 2 上・下水道について、次の問いに答えなさい。（5点×4）

(1) じょう水場や下水処理《しょり》場を管理《かんり》しているところとして正しいものを次から選《えら》び、記号で答えなさい。（　　）

ア 国　　イ 都道府《ふ》県　　ウ 市町村　　エ 民間《みんかん》き業

(2) 上水道のしくみについて説明した次の文の空らんにあてはまることばの組み合わせとして正しいものを、あとから選び、記号で答えなさい。（　　）

> 雨や川の水を川の（　A　）につくったダムにたくわえ、必要《ひつよう》な水の量を取水口から取り入れます。取り入れた水を（　B　）できれいに処理して（　C　）にため、使う量に合わせて水道管《かん》を通して各《かく》家庭に送ります。

| | A | B | C |
|---|---|---|---|
| ア | 上　流 | 下水処理場 | 貯水池《ちょすいち》 |
| イ | 下　流 | 下水処理場 | 貯水池 |
| ウ | 上　流 | じょう水場 | 配水池 |
| エ | 下　流 | じょう水場 | 配水池 |

(3) じょう水場で行われる次の作業を、作業が行われる順《じゅん》にならべかえ、記号で答えなさい。

（　　→　　→　　）

ア　塩素《えんそ》を入れて、消毒《しょうどく》する。

イ　薬を入れてごみのかたまりをつくり、ちんでんさせる。

ウ　砂利《じゃり》や砂《すな》で層《そう》をつくり、ろ過《か》してにごりをとる。

(4) 日本は他の先進国に比《くら》べて下水道のふきゅうりつが高いか低《ひく》いか答えなさい。（　　）

社会

学習日〔　　月　　日〕

# 上級レベル 60 わたしたちのくらし (1)（たいせつな水）

社会⑥

| 時間 | 得点 |
|---|---|
| 15分 | |
| 合格 35点 | 50点 |

## 1 水について、次の問いに答えなさい。（5点×10）

(1) 右の図は、木の生えている山と木の生えていない山とを比《ひ》かくしたものです。この絵を参考《さんこう》にして、次の文の空らんにあてはまることばを答えなさい。

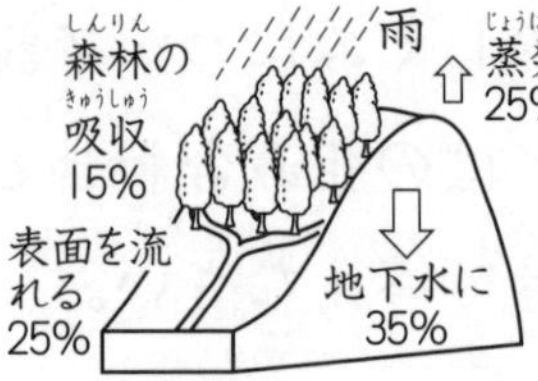

〈木の生えている山〉

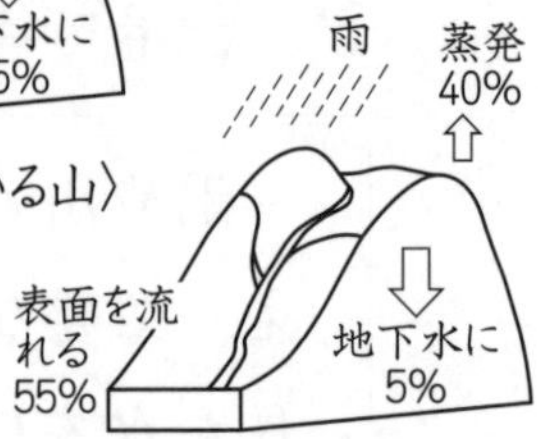

〈木の生えていない山〉

> 地下にしみこむ水は、木の生えている山の方が生えていない山より（　①　）%多いことがわかります。つまり、木は水資源《しげん》をたくわえる働《はたら》きがあるといえます。ですから森林は緑のダムとよばれています。雪もまた貴重《きちょう》な水資源であることから（　②　）ダムとよばれています。

①（　　　　　）　②（　　　　　）

(2) 木の生えていない山やその周辺地域《しゅうへんちいき》で起こりやすい災害《さいがい》として正しくないものを次から選《えら》びなさい。（　　　）

ア こう水　　イ 土砂《どしゃ》くずれ　　ウ 地しん　　エ 地すべり

(3) 農業用水、工業用水、生活用水を日本で使われる水の量《りょう》が多い順《じゅん》にならべかえて答えなさい。

（　　　　→　　　　→　　　　）

(4) 節水《せっすい》について、次の問いに答えなさい。

①一度使用した水をある程度《ていど》きれいに処理《しょり》し、再利用《さいりよう》される水を何というか、漢字で答えなさい。（　　　　）

②上の①で答えた水の利用目的《もくてき》として正しくないものを次から選び、記号で答えなさい。（　　　　）

ア 公園のふん水　　イ トイレのせんじょう

ウ 家での料理《りょうり》　　エ 公園の水やり

③右のグラフは全国の水使用量のうつりかわりを表しています。近年、水の使用量は減少《げんしょう》していますが、各《かく》家庭でできる節水の方法《ほうほう》として正しくないものを次から選び、記号で答えなさい。

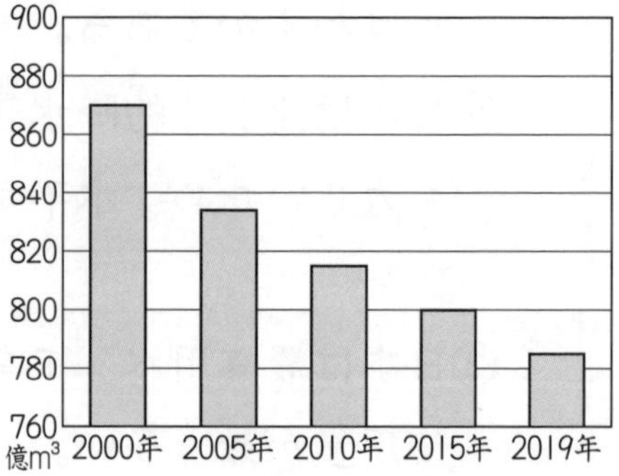

(2023/24年版「日本国勢図会」など)

（　　　　）

ア　食器《しょっき》をあらうときに、じゃ口を全開にしない。

イ　おふろの残《のこ》り湯をせんたくに使う。

ウ　ミネラルウォーターを買って、使う。

(5) 次の文がじょう水場の説明《せつめい》ならア、下水処理場の説明ならイ、どちらについてもいえることならウと答えなさい。

①使用後の水はここで、ちんでんやろ過《か》で、きれいにする。

②ここでは最後《さいご》に水を塩素《えんそ》で消毒《しょうどく》し、きれいにする。

③取水口から取り入れた水をきれいにし、配水池に送る。

①（　　　）　②（　　　）　③（　　　）

学習日〔　　月　　日〕

標準レベル 61 社会⑦

# わたしたちのくらし (2)(ごみのゆくえ)

| 時間 15分 | 得点 |
|---|---|
| 合格 35点 | 50点 |

**1** **ごみの処理《しょり》について、次の問いに答えなさい。**（5点×8）

(1) 次のア～コのごみを①～⑤に分類《ぶんるい》し、それぞれ記号で答えなさい。

ア

イ

ウ

エ

オ
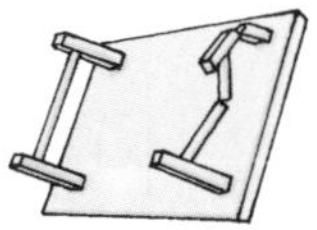
カ
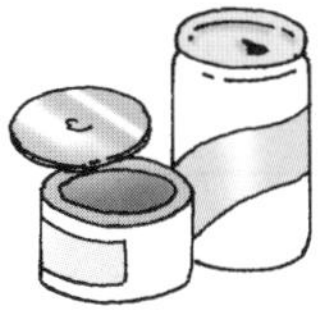
キ

ク

ケ
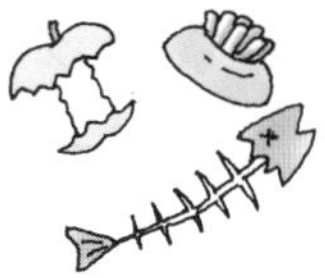
コ

①可燃《かねん》ごみ（　　　　　）　②不燃《ふねん》ごみ（　　　　　）
③そ大ごみ（　　　　　）　④資源《しげん》ごみ（　　　　　）
⑤有害《ゆうがい》ごみ（　　　　　）

(2) 清《せい》そう工場について、次の問いに答えなさい。

①清そう工場を管理《かんり》しているところはどこか、漢字３字で答えなさい。（　　　　　）

②清そう工場でごみが燃《も》やされた後にでる大量《たいりょう》の灰《はい》は、清そう工場からどこに運ばれるか、答えなさい。

（　　　　　）

③次の図は、清そう工場のようすを表しています。あとの文が説明《せつめい》している場所はどこか、図の中から選《えら》び、その場所の名まえを答えなさい。（　　　　　）

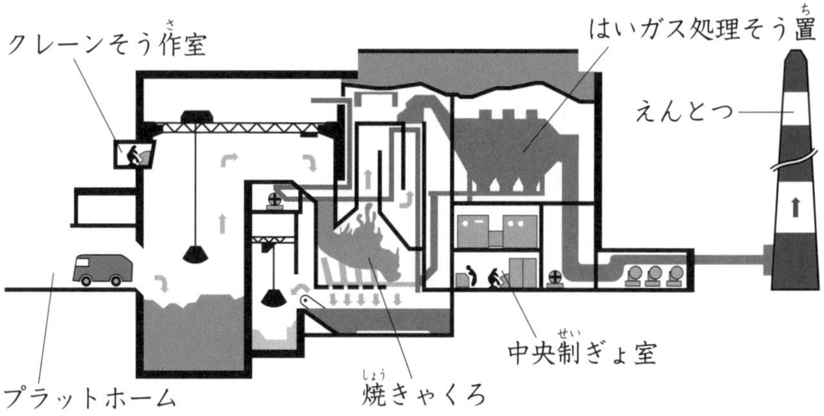


> ここではコンピューターを使い、24 時間この工場を見守っています。

**2** **ごみをへらす工夫《くふう》について、次の問いに答えなさい。**（5点×2）

(1) 家庭でもできるごみをへらす運動である「3R《アール》」とは、リデュース、リユースともう１つは何か、カタカナで答えなさい。（　　　　　）

(2) 右の絵はごみをへらす目的《もくてき》だけでなく、かん境《きょう》にやさしい工夫がされていると認《にん》定《てい》された製品《せいひん》に表示《ひょうじ》されているマークです。このマークの名まえを答えなさい。

（　　　　　）

社会

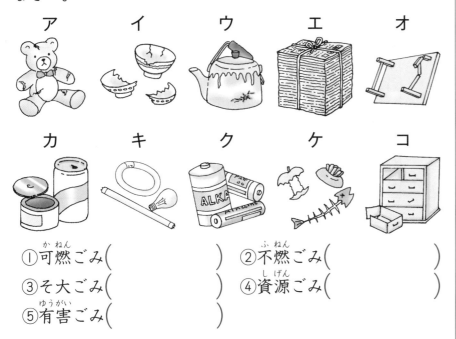

| 時間 15分 | 得点 |
| --- | --- |
| 合格 35点 | 50点 |

# 上級レベル 62 社会⑧ わたしたちのくらし (2)（ごみのゆくえ）

**1** 3R《アール》や資源《しげん》ごみについて、次の問いに答えなさい。

（5点×10）

(1) 次の①～③の文は、3Rとよばれるごみをへらす運動について説明《せつめい》しています。各《かく》文が3Rのどの運動について説明しているか、それぞれカタカナで答えなさい。

①使わなくなった洋服を小学校のバザーに持っていく。 （　　　　）

②えんぴつや消しゴムを最後《さいご》まで使い切る。 （　　　　）

③新聞や雑誌《ざっし》を燃《も》えるごみとしてではなく、資源ごみとして、指定された日に出す。 （　　　　）

(2) ごみの量《りょう》をへらし、限《かぎ》りある資源をくり返し使う社会を何というか、答えなさい。 （　　　　社会）

(3) 資源ごみとして出してはいけないものを次から選《えら》び、記号で答えなさい。 （　　　）

ア　イ　ウ　エ

(4) 紙でつくられた製品《せいひん》につけることが義務《ぎむ》づけられているマークを次から選び、記号で答えなさい。なお、問題の都合上、マークの中の文字はかくしています。 （　　　）

ア　イ　ウ　エ

(5) 次の2つのマークについての説明が正しいかどうか、それぞれ○×で答えなさい。

| | | |
| --- | --- | --- |
| ① |  | 木材《もくざい》を原料《げんりょう》としてつくられた製品につけられるグリーンマークである。 （　　　） |
| ② |  | プラスチック製品につけられているリサイクルマークである。 （　　　） |

(6) 清《せい》そう工場での作業を順《じゅん》にならべかえ、記号で答えなさい。

（　　→　　→　　→　　）

ア　灰《はい》をうめ立て地に運ぶ。

イ　ごみをピットに投入する。

ウ　焼《しょう》きゃくろでごみを燃やす。

エ　有害《ゆうがい》なけむりをきれいにする。

(7) ごみの量や出し方について説明した次の文から正しいものを選び、記号で答えなさい。両方正しければ**ウ**、正しいものがなければ**エ**と答えなさい。 （　　　）

ア　日本ではごみの出し方のルールは統一《とういつ》されている。

イ　努力《どりょく》の結果《けっか》、どの地域《ちいき》でもごみの量は減少《げんしょう》している。

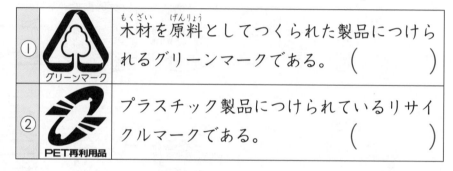

# 標準レベル 63 自然災害から人々を守る

社会⑨

| 時間 | 得点 |
|---|---|
| 15分 | |
| 合格 35点 | 50点 |

## 1 自然災害《しぜんさいがい》について、次の問いに答えなさい。（5点×5）

(1) テレビやインターネットで「きん急地しん速報《そくほう》」が発信《はっしん》されたとき、そのどのくらい後に地しんが起こると考えられますか。正しいものを次から選《えら》び、記号で答えなさい。

（　　　）

ア 数秒後　　イ 数分後　　ウ 数時間後

(2) 次のような標識《ひょうしき》は、何をしめすものですか。正しいものには○、正しくないものには×をつけなさい。

①海面からその場所までの高さを表している。（　　　）

②津波《つなみ》がきたときのひなんの目安をしめしている。（　　　）

③過去《かこ》の災害の歴史《れきし》を説明《せつめい》している。（　　　）

④観光客《かんこうきゃく》に地域《ちいき》の名所を案内《あんない》している。（　　　）

## 2 次の資料《しりょう》1、2を見て、あとの問いに答えなさい。（5点×5）

〔資料1〕

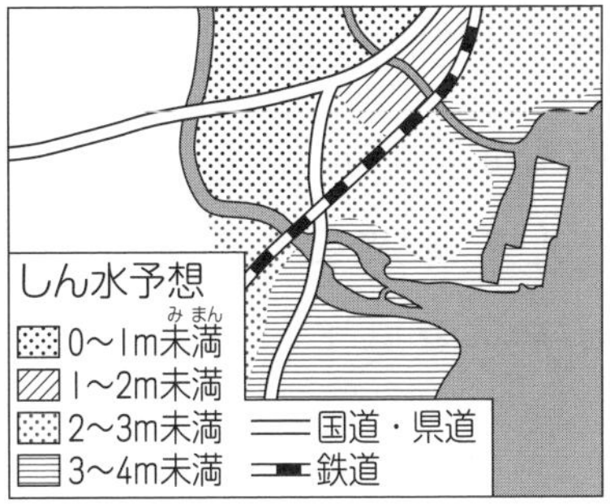


〔資料2〕

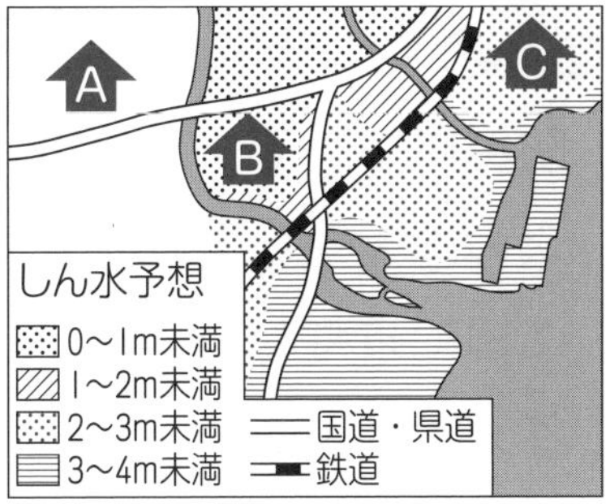


(1) 資料1のように、地域のどこでどのような災害が起こるかを予測《よそく》した地図のことを何といいますか、解答《かいとう》らんに合うように答えなさい。

（　　　　　　マップ）

(2) 資料2などのように、津波や地しんなどが起きたときの、住民《じゅうみん》のひなん場所を決めた計画のことを何といいますか、記号で答えなさい。

（　　　）

ア 防災《ぼうさい》計画　　イ ふっこう計画　　ウ 開発計画

(3) この地域で、津波の発生が予測される場合、資料2にしめされたひなん場所のうち、どこにひなんするとよいですか。ひなんしてもよい場所に○、そうではない場所に×をつけなさい。

A（　　　）　B（　　　）　C（　　　）

社会

学習日〔　　月　　日〕

# 上級レベル 64 自然災害から人々を守る

社会⑩

| 時間 | 得点 |
|---|---|
| 15分 | |
| 合格 35点 | 50点 |

**1** 防災《ぼうさい》について、次の問いに答えなさい。（5点×7）

(1) 次の①～⑤の文のうち、地しんや津波《つなみ》などの災害《さいがい》にそなえて国や市町村が行うことには**ア**、家庭で行うことには**イ**と答えなさい。

| | | |
|---|---|---|
| ① | 電話会社と協力《きょうりょく》して災害用伝言《でんごん》ダイヤルのしくみをつくる。 | (　　) |
| ② | 家族が別々《べつべつ》の場所にいるときの連《れん》らく方《ほう》法《ほう》を決めておく。 | (　　) |
| ③ | ひなん所に食料《しょくりょう》や水をたくわえておく。 | (　　) |
| ④ | 指定ひなん所を設置《せっち》する。 | (　　) |
| ⑤ | 地域《ちいき》で過去《かこ》に起きた災害のパンフレットをつくって配る。 | (　　) |

(2) 地しんが起こったときに自分の身を守る方法として、正しいものを２つ選《えら》び、記号で答えなさい。

(　　)(　　)

**ア**　ブロックべいのかげにかくれる。

**イ**　部屋の中では、ドアを開けて出口を確保《かくほ》する。

**ウ**　ゆれている間は外に出て、近所の人のようすを見る。

**エ**　ガスコンロの火を消す。

**2** 風水害について、次の図は、河川《かせん》の工事を行ったときのものです。この絵を参考《さんこう》にして、風水害へのそなえについて書かれたあとの文の空らんにあてはまることばを、それぞれ下から選び、答えなさい。（3点×5）

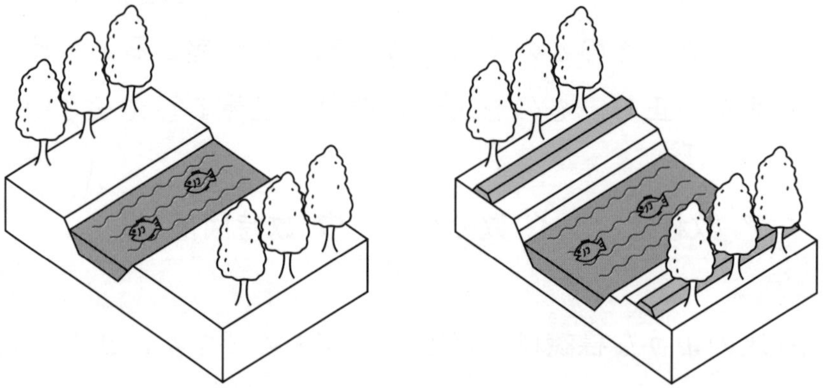

日本は、世界的《てき》に見ても（　①　）の通り道になっており、毎年のように風水害が起こります。国や（　②　）では、風水害を防《ふせ》ぐために、河川に（　③　）をつくったり、河川の川はばを（　④　）工事をしたりして、川の（　⑤　）によるひ害を防ぐ取り組みを行っています。

台風　ていぼう　広げる　せばめる　増水《ぞうすい》
地しん　訓練《くんれん》　市町村　ボランティア
インターネット　消防隊《しょうぼうたい》

①(　　)　②(　　)　③(　　)
④(　　)　⑤(　　)

1回　20回　40回　60回　80回　100回　120回　GOAL

学習日〔　　月　　日〕

標準レベル 65 社会⑪

# 受けつがれてきたもの、地域の発展につくした人々

| 時間 15分 | 得点 |
| --- | --- |
| 合格 35点 | 50点 |

## 1　次の昔から伝《つた》わる行事の絵①～④を見て、あとの問いに答えなさい。

絵① 　絵② 　絵③ 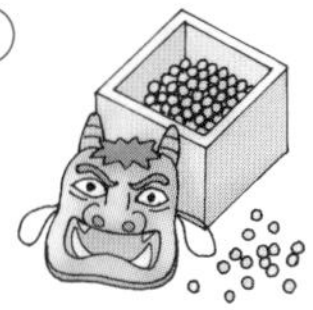　絵④ 

(1) 絵①～④の行事の名まえを次から選《えら》び、答えなさい。

（4点×4）

| ひな祭り | 端午《たんご》の節句《せっく》 | 七夕《たなばた》 | 節分《せつぶん》 |
| --- | --- | --- | --- |

絵①（　　　　　）　絵②（　　　　　）
絵③（　　　　　）　絵④（　　　　　）

(2) 絵①～④を行事が行われる順《じゅん》にならべかえて、番号で答えなさい。ただし、1月を1年の始まりとします。（6点）

（　　　→　　　→　　　→　　　）

(3) 次の文は絵①～④のどの行事の説明《せつめい》ですか。番号で答えなさい。（4点）（　　　）

> 女の子の誕生《たんじょう》とすこやかな成長《せいちょう》を願《ねが》い行われる、昔からの行事です。

(4) 豆まきと関係《かんけい》が深い行事は絵①～④のどれですか。番号で答えなさい。（4点）（　　　）

## 2　古くから伝わるものについて、次の問いに答えなさい。

（5点×4）

(1) 次の文の空らんにあてはまることばをそれぞれあとから選び、答えなさい。

> 日本では、春の田植えの時期に豊作《ほうさく》を願う祭りが、（　①　）のお米のしゅうかくの時期に豊作をいわう祭りが行われてきました。また夏には先祖《せんぞ》をくようする（　②　）の行事が各地《かくち》で行われています。このような祭りや行事は人々の努力《どりょく》で続《つづ》けられています。

| みこし | おぼん | 秋 | 冬 |
| --- | --- | --- | --- |

①（　　　　　）　②（　　　　　）

(2) 古くからあるものを調べるとき、ふさわしくないものを次から選び、記号で答えなさい。（　　　）

ア 

イ 
ウ 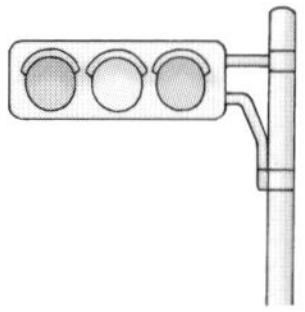
エ 

(3) 市内に古くから伝わる祭りについて調べることとしてまちがっているものを次から選び、記号で答えなさい。

（　　　）

ア　いつごろから行われているか。
イ　祭りに参加《さんか》する人の名まえや住所。
ウ　祭りを受けついでいる人の願い。

社会

# 上級レベル 66 受けつがれてきたもの、地域の発展につくした人々

社会⑫

| 時間 | 得点 |
|---|---|
| 15分 | |
| 合格 35点 | 50点 |

**1** 右の資料《しりょう》を見て、次の問いに答えなさい。（5点×2）

〔京都市で昔から行われている行事〕

| 月 | 行事の名まえ |
|---|---|
| 1 | はつもうで、十日戎《とおかえびす》 |
| 2 | 節分会《せつぶんえ》、梅花祭《ばいかさい》 |
| 3 | ねはん会 |
| 4 | 十三《じゅうさん》まいり |
| 5 | 葵祭《あおいまつり》 |
| 6 | 竹きり会 |
| 7 | 祇園祭《ぎおんまつり》 |
| 8 | 五山送《ござんおく》り火 |
| 9 | 観月会《かんげつえ》 |
| 10 | 時代祭《じだいまつり》 |
| 11 | 御火焚祭《おひたきさい》 |
| 12 | しまいこうぼう |

(1) 資料のように、地域《ちいき》では昔から決まった時期に行事が行われています。このような行事を何というか、答えなさい。

（　　　　行事）

(2) 京都《きょうと》市で10月に行われている行事を、資料を見て答えなさい。

（　　　　）

**2** 正月や地域の文化財《ぶんかざい》・芸能《げいのう》について、次の問いに答えなさい。（4点×6）

(1) 大みそかの深夜から新年にかけてお寺でつくかねを何というか、解答《かいとう》らんに合うように答えなさい。また、このかねが鳴らされる回数を数字で答えなさい。

（　　　　のかね）（　　　　回）

(2) 正月に関係《かんけい》する食べ物を次から選《えら》び、記号で答えなさい。

（　　　　）

ア ちとせあめ　　イ 月見だんご
ウ おせち　　エ かしわもち

(3) 正月のじゅんびと関係のないものを次から選び、記号で答えなさい。また、選んだものが関係する行事の名まえを絵を参考《さんこう》にして答えなさい。

記号（　　　　）　名まえ（　　　　）

ア

イ

ウ

絵

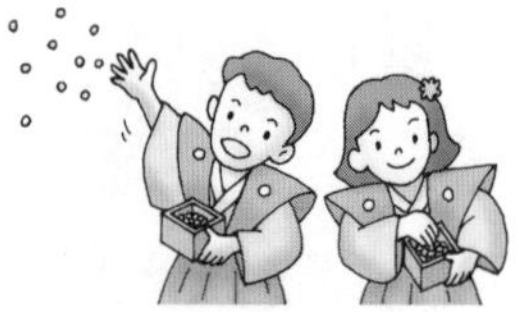

(4) 地域で祭りにかかわっている人の思いや願《ねが》いについて調べるとき、最《もっと》もふさわしい方法《ほうほう》を次から選び、記号で答えなさい。

（　　　　）

ア　図書館で資料をさがす。
イ　インタビューする。
ウ　地図に残《のこ》された古いものをさがす。

**3** 地域の発展《はってん》につくした人について調べる方法として、正しいものには○、正しくないものには×をつけなさい。

（4点×4）

①地域に立っている石ひの説明文《せつめいぶん》を読む。（　　　　）
②地域のお年寄《としよ》りに話を聞く。（　　　　）
③昔の地図ではなく、なるべく最新《さいしん》の地図を見る。（　　　　）
④博物館《はくぶつかん》で、地域の歴史《れきし》を調べる。（　　　　）

| 時間 15分 | 得点 |
| --- | --- |
| 合格 35点 | 50点 |

# 標準レベル 67 特色ある地域のくらし

社会⑬

## 1 沖縄《おきなわ》県と北海道《ほっかいどう》について、次の問いに答えなさい。（4点×7）

(1) 次の文が沖縄県に関《かん》するものならア、北海道に関するものならイ、どちらでもなければウと答えなさい。

①降水量《こうすいりょう》が多いので、水不足《ぶそく》の心配はない。

②広大《こうだい》な耕地《こうち》を利用《りよう》して、日本一農業がさかんである。

③サンゴしょうの広がるきれいな海には観光《かんこう》客が多い。

①（　　　）②（　　　）③（　　　）

(2) 沖縄県の伝統的工芸品《でんとうてきこうげいひん》として正しいものを次から選《えら》び、記号で答えなさい。（　　　）

ア 輪島塗《わじまぬり》　イ 西陣織《にしじんおり》　ウ 土佐和紙《とさわし》　エ 琉球紅型《りゅうきゅうびんがた》

(3) 沖縄県では、年じゅうあたたかい気候《きこう》を利用してつくられる、ある農作物のしゅうかく量《りょう》が１位《い》です。この農作物を次から選び、記号で答えなさい。（　　　）

ア さつまいも　イ レタス

ウ みかん　エ さとうきび

(4) 世界遺産に登録されている北海道の半島の名まえを次から選び、記号で答えなさい。（　　　）

ア 知床《しれとこ》半島　イ 紀伊《きい》半島　ウ 津軽《つがる》半島

(5) 北海道にはある民族《みんぞく》の文化が残《のこ》っています。北海道の先住民族の名まえを答えなさい。（　　　民族）

## 2 長野《ながの》県について、次の問いに答えなさい。（4点×3）

(1) 長野県で夏のすずしい気候を利用してさいばいされている野菜《やさい》を次から選び、記号で答えなさい。（　　　）

ア きゅうり　イ はくさい　ウ トマト　エ ピーマン

(2) 日本で１番目に多いのが長野県で、次に北海道、新潟《にいがた》県に多いしせつを次から選び、記号で答えなさい。（2021年現在《げんざい》）（　　　）

ア 映画館《えいがかん》　イ 宿《しゅく》はくしせつ　ウ スキー場

(3) 1998年に開かれたオリンピックに合わせて、長野県に新幹線《しんかんせん》が開通しました。新幹線が走っていない地方を答えなさい。（　　　地方）

## 3 伝統的工芸品について、次の問いに答えなさい。

(1) 伝統的工芸品に指定されている品目数が近畿《きんき》地方で最《もっと》も多く、かつて千年もの間、都が置《お》かれていた都市のある都道府《ふ》県の名まえを答えなさい。（3点）（　　　）

(2) (1)で答えた都道府県の伝統的工芸品である「清水焼」の読み方をひらがなで答えなさい。（3点）（　　　）

(3) 伝統的工芸品やそれをつくる人びとについて説明《せつめい》した次の文から、正しくないものを選び、記号で答えなさい。（4点）（　　　）

ア 技術《ぎじゅつ》を受けつぐためには、長い時間がかかる。

イ 機械《きかい》で大量生産《たいりょうせいさん》したものよりも価格《かかく》が高い。

ウ 高れい化が進み、後けい者不足がなやみである。

エ 原料《げんりょう》は、すべて日本でとれるものを使用している。

学習日［　　月　　日］

| 時間 15分 | 得点 |
| --- | --- |
| 合格 35点 | 50点 |

# 上級レベル 68 特色ある地域のくらし

社会⑭

## 1 次の問いに答えなさい。

(1) 香川《かがわ》県について説明《せつめい》した次の文の空らんにあてはまることばを答えなさい。（3点×3）

雨の少ない香川県では、古くから（　①　）がつくられた。また、（　②　）平野には、りん接《せつ》する（　③　）県の吉野《よしの》川から香川用水が引かれている。

①（　　　　）　②（　　　　）　③（　　　　）

(2) 兵庫《ひょうご》県について、次の問いに答えなさい。（3点×3）

①兵庫県と四国《しこく》の間にある海の名まえを次から選《えら》び、記号で答えなさい。（　　）

ア 太平洋　イ 日本海　ウ 東シナ海　エ 瀬戸内海《せとないかい》

②兵庫県の県庁所在《けんちょうしょざい》都市と同じ名の、兵庫県にある日本有数の貿易《ぼうえき》港の名まえを答えなさい。（　　　　港）

③兵庫県の県庁所在都市とシアトルとは、姉妹《しまい》都市として交流しています。シアトルのあるアメリカ合衆国《がっしゅうこく》の国旗《こっき》を次から選び、記号で答えなさい。（　　）

ア　イ　ウ　エ

(3) 木曽《きそ》川流域《りゅういき》の地域のくらしについて、次の問いに答えなさい。（4点×3）

①木曽川の下流に広がる平野の名まえを答えなさい。（　　　　平野）

②上の①で答えた地域では、ある災害《さいがい》にそなえて右の写真のようなひなん用のしせつをつくっている家もあります。この災害を答えなさい。（　　　　）

③木曽川の流れる岐阜《ぎふ》県で生産《せいさん》されている伝統的工芸品《でんとうてきこうげいひん》を次から選び、記号で答えなさい。（　　）

ア 美濃焼《みのやき》　イ 九谷焼《くたにやき》　ウ 瀬戸焼《せとやき》　エ 備前焼《びぜんやき》

(4) 東北《とうほく》地方について、次の問いに答えなさい。（4点×3）

①東北地方の太平洋岸には、出入りのはげしい複雑《ふくざつ》な海岸地形がみられます。このような地形を何というか、解答《かいとう》らんに合うように答えなさい。（　　　　海岸）

②東北地方の太平洋側《がわ》にある県の伝統的工芸品を次から選び、記号で答えなさい。また、その生産県の名まえも答えなさい。　工芸品（　　　　）　県（　　　　）

ア 曲げわっぱ　イ 将《しょう》ぎのこま　ウ こけし

(5) 秋田《あきた》県にはかつて日本で２番目に面積《めんせき》の大きい湖がありましたが、湖の水を干《ほ》し上げて湖の大部分を農地にかえました。この湖の名まえと行った作業を答えなさい。（4点×2）

湖（　　　　）　作業（　　　　）

| 時間 15分 | 得点 |
| --- | --- |
| 合格 35点 | 50点 |

# 69 最上級レベル 1

社会⑮

**1** ある3つの都道府《ふ》県の特色《とくしょく》を書いた次の3枚《まい》のカードを見て、あとの問いに答えなさい。なお、この問題では都道府県をすべて県と表記しています。（5点×10）

| 〈A〉 | 〈B〉 | 〈C〉 |
| --- | --- | --- |
| ・㋐日本一高い山がある。<br>・もも、ぶどうの生産《せいさん》がさかん。 | ・「くまモン」が有名である。<br>・㋑阿蘇山《あそさん》が今も活動している。 | ・㋒面積《めんせき》が日本でいちばん大きい。<br>・㋓農業も水産業も生産が日本一。 |

(1) Aの県名と県庁所在《けんちょうしょざい》都市名を答えなさい。

（　　　県　　　市）

(2) 下線部㋐について、この山の雪どけ水も貴重《きちょう》な資源《しげん》です。資源について、次の問いに答えなさい。

①次の文の空らんにあてはまることばをあとから選《えら》び、それぞれ記号で答えなさい。同じ記号には同じことばがあてはまります。　ⓐ（　　）ⓑ（　　）

> ごみとして処分《しょぶん》されているものの中にも、（ ⓐ ）すれば資源として利用《りよう》できるものが少なくありません。ですから住んでいる（ ⓑ ）のルールにしたがい、ごみの（ ⓐ ）収集《しゅうしゅう》に協力《きょうりょく》しなくてはいけません。

ア 分《ぶん》散《さん》　イ 分《ぶん》別《べつ》　ウ 都道府県　エ 市町村

②使用後の水をきれいに処理して川や海に流すしせつの名まえを答えなさい。（　　）

③水をたくわえること以外《いがい》に森林《しんりん》の働《はたら》きを１つ答えなさい。

（　　）

(3) Bの県を通る新幹線《しんかんせん》の名まえを答えなさい。

（　　　新幹線）

(4) 下線部㋑について、このように活動している火山のことを何というか、答えなさい。

（　　）

(5) Cの県の家の工夫《くふう》として正しいものを次から選び、記号で答えなさい。（　　）

ア　強風から家を守るため、平屋にしている。

イ　雪が積《つ》もりにくいよう屋根のかたむきを急にしている。

ウ　こう水《ずい》時のひなん用にボートをそなえている。

(6) 下線部㋒について、次に示すCの県とCの県について面積の大きい３つの県を、面積の大きい順《じゅん》にならべかえ、記号で答えなさい。（　→　→　→　）

ア　イ　ウ　エ

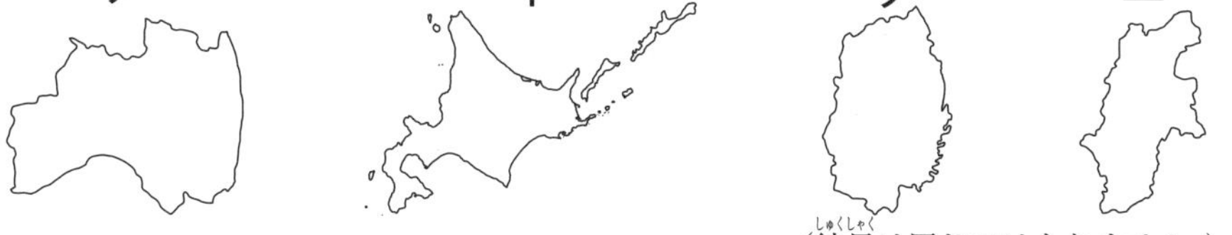

（縮尺《しゅくしゃく》は同じではありません。）

(7) 下線部㋓について、Cの県が生産量《りょう》日本一の農作物を次から選び、記号で答えなさい。（　　）

ア にんじん　イ みかん　ウ レタス　エ ピーマン

学習日〔　月　日〕

| 時間 15分 | 得点 |
| --- | --- |
| 合格 35点 | 50点 |

# 70 最上級レベル ②

社会⑯

## 1 次の文を読んで、あとの問いに答えなさい。（5点×10）

市町村には、そこでくらす人びとの生活や安全を守るための役割《やくわり》があります。例《たと》えば、㋐地域《ちいき》の防災《ぼうさい》や人びとの生活に必要《ひつよう》な㋑上下水道の管理《かんり》、生活から出た㋒ごみの処理《しょり》などです。㋓都道府《ふ》県もまた、市町村とは別《べつ》の役割をになっています。

(1) 下線部㋐について、次の２つの文は、市町村が地しんや津波《つなみ》にそなえて行っている取り組みをまとめたものです。空らんにあてはまることばを答えなさい。①はカタカナで答えなさい。

> ◎地域のどこでどのような災害《さいがい》が起こるかを予測《よそく》した（　①　）マップを作成《さくせい》している。
> ◎災害が起きたときにどのように対応《たいおう》するかをまとめた（　②　）計画にしたがって、ひなん訓練《くんれん》を行っている。

①（　　　　）　②（　　　　）

(2) 下線部㋑について、次の問いに答えなさい。

①じょう水場では近年、きれいな水をつくることに加《くわ》えてどんな水をつくる努力《どりょく》をしているか答えなさい。

（　　　　）

②上水道でも下水道でもなく、水を再利用《さいりよう》するしくみを何というか、漢字３字で答えなさい。（　　　　）

(3) 下線部㋒について、清《せい》そう工場でごみをもやしたときに出る熱《ねつ》の利用について説明《せつめい》した文として正しくないものを次から選《えら》び、記号で答えなさい。（　　　　）

ア　日本の清そう工場では、熱がむだなく利用されている。

イ　工場で使用する電気をつくっている。

ウ　温水プールや熱帯《ねったい》植物園に利用することができる。

(4) 下線部㋓について、次の問いに答えなさい。

①右の写真は東京《とうきょう》都にある貿易港《ぼうえきこう》です。大規模《だいきぼ》な貿易港のある県として正しくないものを次から選び、記号で答えなさい。（　　　　）

ア 神奈川《かながわ》県　イ 埼玉《さいたま》県　ウ 愛知《あいち》県　エ 兵庫《ひょうご》県

②47都道府県のうち、府の名まえ２つを答えなさい。

（　　　　）（　　　　）

③県名とその県のおもな農作物との組み合わせとして正しいものを次から選び、記号で答えなさい。

（　　　　）

ア 群馬《ぐんま》県―ピーマン　イ 宮崎《みやざき》県―レタス

ウ 兵庫県―たまねぎ　エ 沖縄《おきなわ》県―米

④県名とその県にある世界遺産《いさん》の組み合わせとして正しくないものを次から選び、記号で答えなさい。

（　　　　）

ア 広島《ひろしま》県―厳島神社《いつくしまじんじゃ》　イ 島根《しまね》県―日光東照宮《にっこうとうしょうぐう》

ウ 奈良《なら》県―法隆寺《ほうりゅうじ》　エ 岩手《いわて》県―中尊寺《ちゅうそんじ》

学習日〔　　月　　日〕

# 標準レベル 71 英語① アルファベットの練習 (1) (大文字)

| 時間 | 得点 |
|---|---|
| 20分 | |
| 合格 40点 | 50点 |

**1** アルファベットの練習です。2回なぞったあとに、1回は自分で書きなさい。（1点×26）

| | | |
|---|---|---|
| A A A | K K K | U U U |
| B B B | L L L | V V V |
| C C C | M M M | W W W |
| D D D | N N N | X X X |
| E E E | O O O | Y Y Y |
| F F F | P P P | Z Z Z |
| G G G | Q Q Q | |
| H H H | R R R | |
| I I I | S S S | |
| J J J | T T T | |

**2** 絵の中にアルファベットの大文字が12こかくれています。見つけた文字のところに○をしなさい。（2点×12）

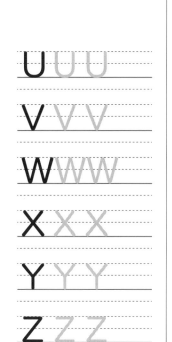

学習日〔　　月　　日〕

上級レベル 72 英語②

# アルファベットの練習（1）（大文字）

| 時間 20分 | 得点 |
| --- | --- |
| 合格 40点 | 50点 |

**1** 上と下を１つずつ選《えら》んでつなげると、アルファベットの大文字になります。正しい組み合わせを線でむすんで、できたアルファベットを下に書きなさい。（3点×8）

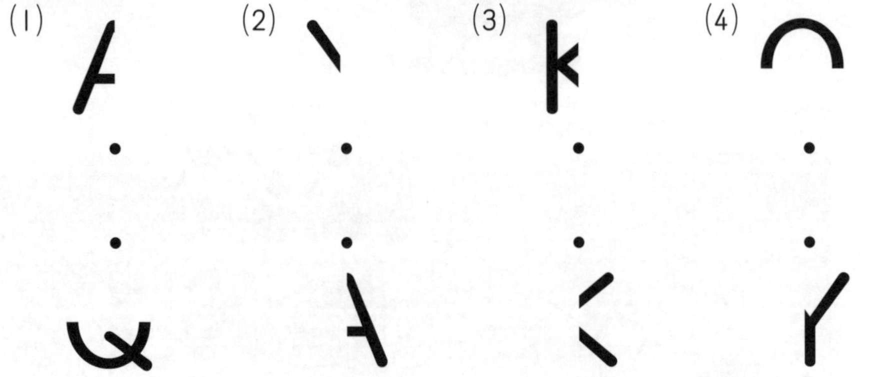

(1)　(2)　(3)　(4)

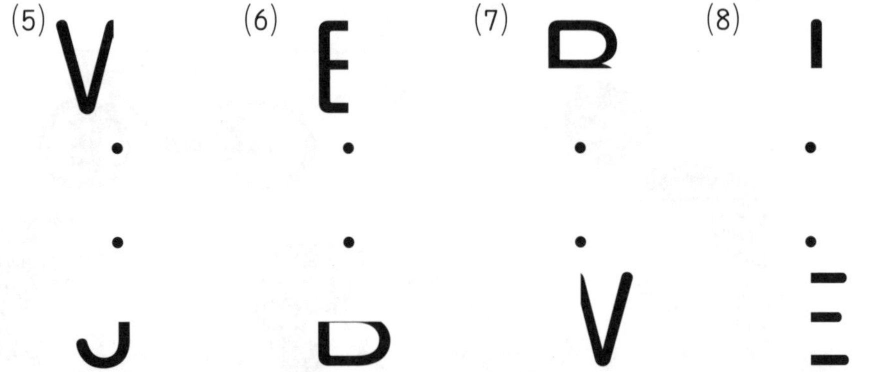

(5)　(6)　(7)　(8)

**2** A～Zまでアルファベットを順番《じゅんばん》にたどって、ゴールをめざしなさい。アルファベットをなぞりながら進みなさい。

（26点）

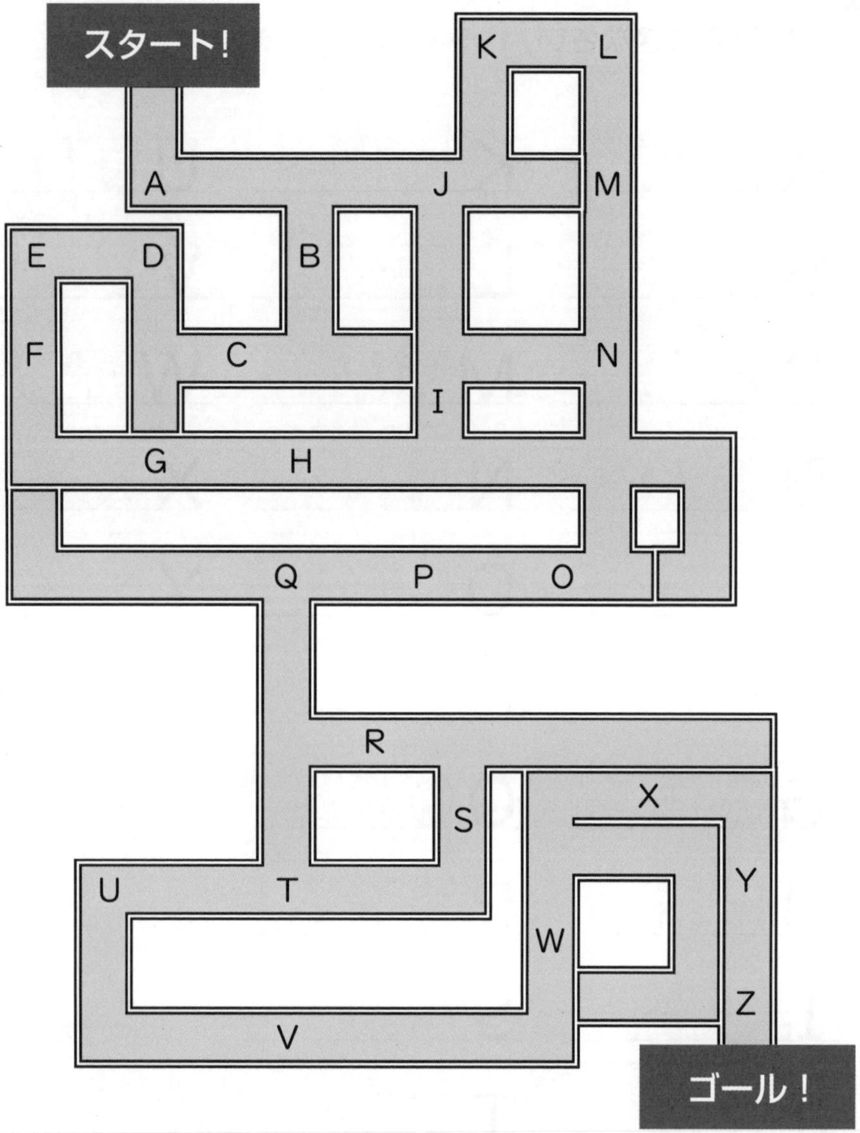

# 標準レベル 73 アルファベットの練習 (2) (小文字)

英語③

| 時間 | 得点 |
| --- | --- |
| 20分 | |
| 合格 40点 | 50点 |

**1** アルファベットの練習です。2回なぞったあとに1回は自分で書きなさい。(1点×26)

a a a

b b b

c c c

d d d

e e e

f f f

g g g

h h h

i i i

j j j

k k k

l l l

m m m

n n n

o o o

p p p

q q q

r r r

s s s

t t t

u u u

v v v

w w w

x x x

y y y

z z z

**2** アルファベットの大文字と小文字が正しい組み合わせになるように線でむすびなさい。(3点×8)

(1)

B　D　M　N

b　d　n　m

(2)

H　Q　A　P

a　h　p　q

英語

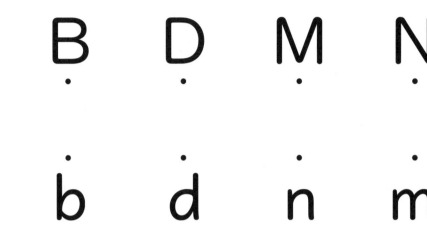

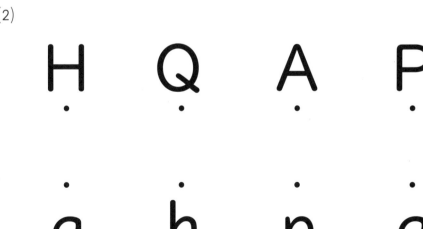

# 上級レベル 74 アルファベットの練習（2）（小文字）

英語④

| 時間 20分 | 得点 |
|---|---|
| 合格 40点 | 50点 |

**1** 絵を表す単語《たんご》の１文字がぬけています。［　　］内から入る文字を選《えら》んで ＿＿ に書きなさい。（４点×５）

（例）

a pple ← ［ⓐ，o，u］

（1）

＿＿un ← ［s，k，c］

（2）

＿＿ne ← ［w，o，a］

（3）

＿＿yes ← ［a，i，e］

（4）

＿＿at ← ［k，g，c］

（5）

＿＿emon ← ［l，r，i］

**2** アルファベットを使って、英文を書きなさい。例《れい》を見ながら、最初《さいしょ》は文字をなぞって、(2)からは自分で書きなさい。

（(1) 4点、(2) 6点×2、(3) 7点×2）

（例）

an apple

What's this?（これは何ですか）

It's an apple.（それはリンゴです）

（1）

a dog

What's this?（これは何ですか）

It's a dog.（それは犬です）

（2）

a tomato

＿＿＿＿＿＿＿＿（これは何ですか）

＿＿＿＿＿＿＿＿（それはトマトです）

（3）

a banana

＿＿＿＿＿＿＿＿（これは何ですか）

＿＿＿＿＿＿＿＿（それはバナナです）

学習日〔　　月　　日〕

| 時間 20分 | 得点 |
| --- | --- |
| 合格 40点 | 50点 |

# 標準レベル 75 単語の練習 (1)

英語⑤

**1** 数字のカードがバラバラになってしまいました。
1から10まで正しい順番《じゅんばん》で ＿＿ に書きなさい。（2点×10）

1 ＿＿＿＿　2 ＿＿＿＿　3 ＿＿＿＿　4 ＿＿＿＿　5 ＿＿＿＿

6 ＿＿＿＿　7 ＿＿＿＿　8 ＿＿＿＿　9 ＿＿＿＿　10 ＿＿＿＿

**2** つぎの単語《たんご》はある数字を表しています。その数字を(　　)に書きなさい。（2点×5）

(1) twelve　(　　　)

(2) fifteen　(　　　)

(3) twenty　(　　　)

(4) twenty-seven　(　　　)

(5) thirty　(　　　)

**3** つぎの日本語と単語《たんご》が正しい組み合わせになるように線でむすびなさい。（(1) 2点×4、(2) 3点×4）

(1) 色の名前

green・　black・　red・　white・

・緑色　・白色　・黒色　・赤色

(2) 曜日

Sunday・　Thursday・　Saturday・　Friday・

・木曜日　・金曜日　・土曜日　・日曜日

英語

上級レベル 76 英語⑥

# 単語の練習 (1)

| 時間 20分 | 得点 |
|---|---|
| 合格 40点 | 50点 |

**1** 日本語に合う単語《たんご》になるように、＿＿に小文字のアルファベットを書きなさい。（2点×10）

(1) 黄色 ＿ellow
青色 b＿ue
むらさき色 ＿urple
グレー ＿ray
ピンク ＿ink

(2) 火曜日 T＿esday
水曜日 We＿nesday
木曜日 T＿ursday
金曜日 Fr＿day
土曜日 Sa＿urday

**2** 日本語に合うように、＿＿に英語を書きなさい。（5点×2）

(1) What day is it today?（今日は何曜日ですか）
It's ＿＿＿＿＿＿.（月曜日です）

(2) What day is it today?（今日は何曜日ですか）
＿＿＿＿＿＿＿＿（日曜日です）

**3** 英語で天気を聞かれています。絵に合う答えになるように、＿＿にあてはまる英語を下の□から選《えら》んで書きなさい。（5点×4）

How's the weather today?（今日の天気はどうですか）

(1)

It's ＿＿＿＿＿＿.

(2)

It's ＿＿＿＿＿＿.

(3)

It's ＿＿＿＿＿＿.

(4)

It's ＿＿＿＿＿＿.

rainy　sunny　cloudy　snowy

学習日［　月　日］

| 時間 | 得点 |
|---|---|
| 20分 | |
| 合格 40点 | 50点 |

# 標準レベル 77 単語の練習（2）

英語⑦

**1** 絵の人物が思っていることを英語で話しています。英語と合う下の絵を正しく線でむすびなさい。（3点×6）

(1)

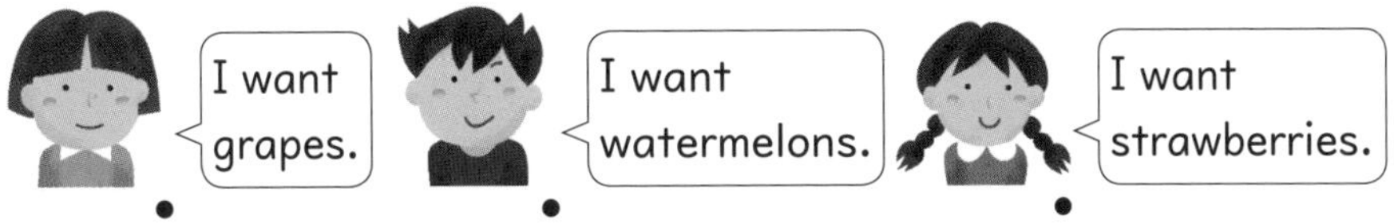

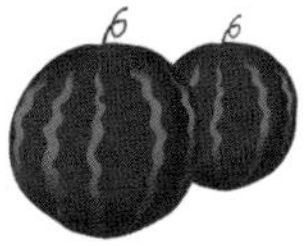

(2)

**2** 絵と下のヒントをもとに、空いている□にアルファベットを1文字ずつ書いてクロスワードを完成《かんせい》しなさい。

（4点×8）

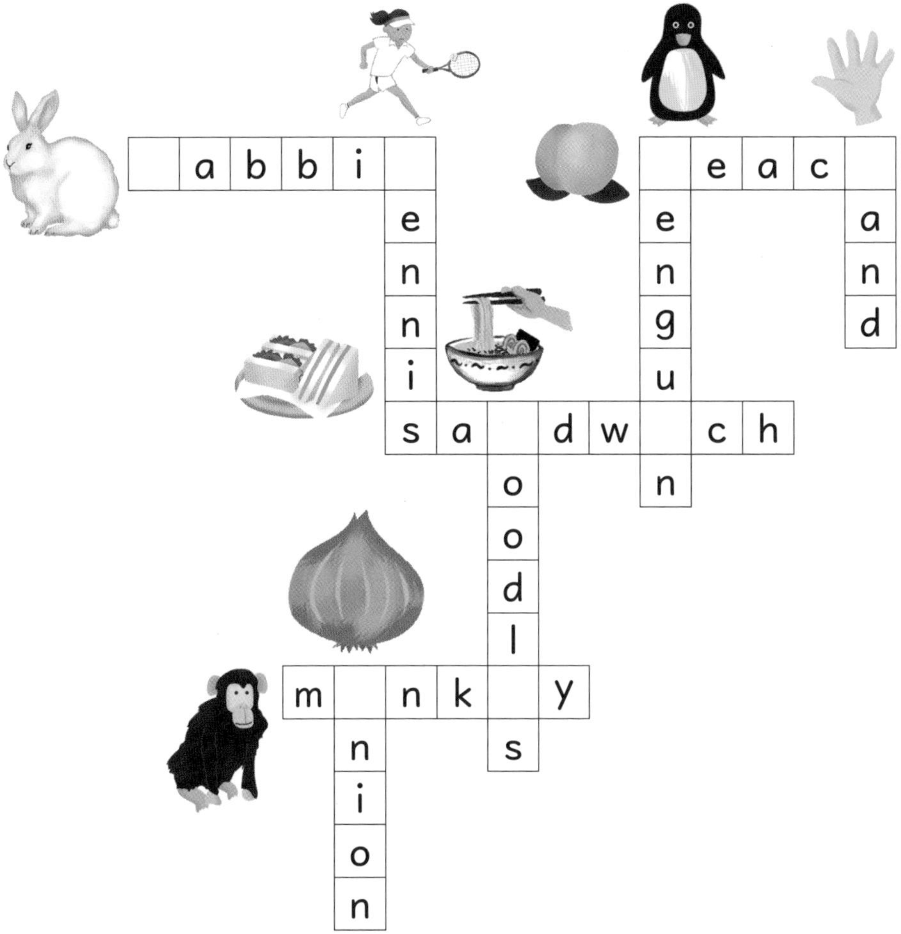


ヒント

これらの文字がどこかに入るよ！

r　t　n　p　i　o　e　h

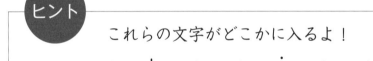

学習日〔　　月　　日〕

| 時間 20分 | 得点 |
|---|---|
| 合格 40点 | 50点 |

# 上級レベル 78 単語の練習 (2)

英語⑧

## 1 絵のふたりが話しています。絵に合う英語を最初《さいしょ》のアルファベットにつづけて書きなさい。（(1) 4点、(2)～(3) 5点）

(例)

What do you want?
(何にしますか?)

I want a potato, please.
(じゃがいもをおねがいします)

(1)

What do you want?
(何にしますか?)

I want a c＿＿＿＿, please.
(にんじんをおねがいします)

(2)

Let's play s＿＿＿＿.
(サッカーをしよう)

Yes, let's.
(うん、そうしよう)

(3)

Do you like b＿＿＿＿?
(野球は好きですか?)

No, I don't.
(いいえ、そうではありません)

## 2 みんながつぎの絵のどれかについて説明《せつめい》しています。どの絵のことを言っているかあてて、＿＿＿に英語で書きなさい。（9点×4）

(例)

It's red.
It's a fruit.
→ apple

(1)

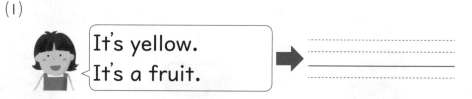

It's yellow.
It's a fruit.
→ ＿＿＿＿

(2)

It's an animal.
The ears are long.
→ ＿＿＿＿

(3)

It's an animal.
The nose is long.
→ ＿＿＿＿

(4)

It's an animal.
The body is long.
→ ＿＿＿＿

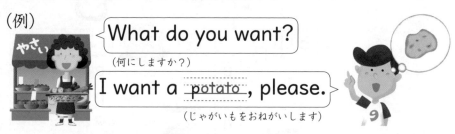

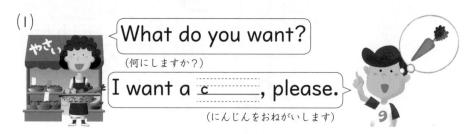

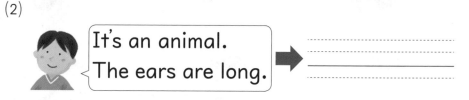

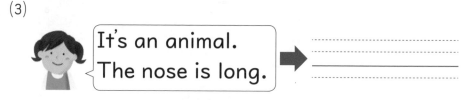

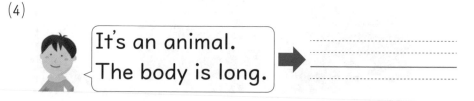

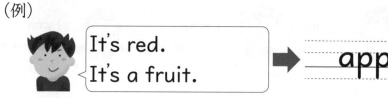

1回 20回 40回 60回 80回 100回 120回 GOAL

学習日〔　　月　　日〕

# 標準レベル 79 英語⑨ あいさつ、時間を言ってみよう！

| 時間 20分 | 得点 |
| --- | --- |
| 合格 40点 | 50点 |

**1** つぎの絵に合う英語を線でむすびなさい。（4点×3）

Good night.　Good morning.　Good afternoon.

**2** つぎの［　　］に単語《たんご》を書いて、日本語に合う英語を完成《かんせい》させなさい。（4点×2）

Hello.（こんにちは）

［　　］ are you?（お元気《げんき》ですか）

I'm ［　　］, thank you.

（元気《げんき》です、ありがとう）

**3** つぎの英文は何時のことを言っていますか？あてはまる時計をア～オから選《えら》んで、（　）に記号を書きなさい。（5点×4）

(1) It's eight o'clock.　（　　）

(2) It's two o'clock.　（　　）

(3) It's one thirty.　（　　）

(4) It's eight twenty.　（　　）

ア 
イ 
ウ 
エ 
オ 

**4** つぎの［　　］に単語《たんご》を書いて、日本語に合う英語を完成《かんせい》させなさい。（5点×2）

［　　］ ［　　］ is it now?

（今何時ですか）

It's ［　　］ ［　　］.

（3時です）

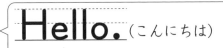

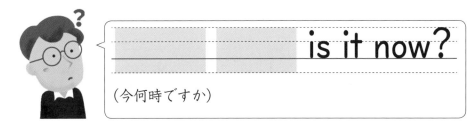

学習日［　　月　　日］

| 時間 20分 | 得点 |
|---|---|
| 合格 40点 | 50点 |

上級レベル 80 英語⑩

# あいさつ、時間を言ってみよう！

**1** つぎの絵は１日の行動を表しています。絵に合う英語を線でむすびなさい。（5点×4）

I go to bed.　I wake up.　I have breakfast.　I go to school.

**2** つぎの［　］に単語《たんご》を書いて、日本語に合う英語を完成《かんせい》させなさい。（5点）

I wake up at seven.
（ぼくは７時に起きます）

I wake up ＿＿＿ ＿＿＿ .
（わたしは６時に起きます）

**3** つぎの表は男の子の１日の流れをまとめたものです。(1)～(5)の英文が表の内容《ないよう》に合っていれば○、合っていなければ×を選《えら》びなさい。（5点×5）

| 朝６時 | ７時 | ８時 | 12時 | 午後４時 | 10時 |
|---|---|---|---|---|---|
|  |  |  |  |  |  |
| 起きる | 朝食を食べる | 学校へ行く | 昼食を食べる | うちに帰る | ねる |

(1) I wake up at five.　（ ○ ・ × ）

(2) I have breakfast at seven.　（ ○ ・ × ）

(3) I go to school at nine.　（ ○ ・ × ）

(4) I go home at twelve.　（ ○ ・ × ）

(5) I go to bed at ten.　（ ○ ・ × ）

# 漢字の読み

時間 15分　合格 40点　得点 ／50点

学習日（　月　日）

## 1 次の——線の漢字に読みがなをつけなさい。（2点×15）

① 分量（　　）をたしかめる。
② 空席（　　）をさがす。
③ 学校の外周（　　）を走る。
④ 夜道で点灯（　　）する。
⑤ 家具を配置（　　）する。
⑥ 衣類（　　）をせんたくする。
⑦ パスポートを発給（　　）する。
⑧ 兄と競争（　　）する。
⑨ 順位（　　）をつける。
⑩ 上司（　　）に教わる。
⑪ ガスを消費（　　）する。
⑫ この先を左折（　　）する。
⑬ 英才（　　）教育を受ける。
⑭ 学校に府知事（　　）が来る。
⑮ 番組を録画（　　）する。

## 2 次の二つの——線の読み方が同じなら○、同じでないなら×を書きなさい。（1点×10）

① 家臣　大臣（　　）
② 友達　速達（　　）
③ 上陸　陸路（　　）
④ 体積　積雪（　　）
⑤ 連続　続出（　　）
⑥ 塩加《か》減《げん》　食塩（　　）
⑦ 小康　健康（　　）
⑧ 名札　入札（　　）
⑨ 末っ子　週末（　　）
⑩ 貨物　外貨（　　）

## 3 次のうち、——線の読み方が他の三つとちがうものを選《えら》び、記号で答えなさい。（2点×5）

① ア 自然　イ 当然　ウ 天然　エ 全然（　　）
② ア 方便　イ 便乗　ウ 便利　エ 便所（　　）
③ ア 敗北　イ 敗者　ウ 勝敗　エ 失敗（　　）
④ ア 不気味　イ 不安定　ウ 不完全　エ 不景気（　　）
⑤ ア 菜種　イ 菜食　ウ 野菜　エ 山菜（　　）

# 漢字の読み

学習日（　月　日）

時間 15分

合格 40点

得点　　／50点

**1** 次の――線の漢字に読みがなをつけなさい。（2点×10）

① 車の後輪（　　）がパンクした。

② 隊列（　　）をくずさない。

③ わが家の家訓（　　）。

④ 円の半径（　　）を求《もと》める。

⑤ 人事の発令（　　）をする。

⑥ 博学（　　）で知られている。

⑦ 六才未満（　　）は乗れない。

⑧ 象形（　　）文字。

⑨ 寒梅（　　）が見ごろだ。

⑩ 朝顔が発芽（　　）する。

**2** 次の漢字の読みがなとして、正しいほうの記号を答えなさい。（1点×10）

① 殺風景　ア さっふうけい　イ さっぷうけい（　　）

② 典型　ア てんけい　イ てんかた（　　）

③ 億万長者　ア おくまんちょうじゃ　イ いまんちょうじゃ（　　）

④ 帰省　ア きしょう　イ きせい（　　）

⑤ 不良品　ア ふよいひん　イ ふりょうひん（　　）

⑥ 例題　ア れいだい　イ れつだい（　　）

⑦ 種目　ア しゅもく　イ たねめ（　　）

⑧ 千差万別　ア せんさばんべつ　イ せんざまんべつ（　　）

⑨ 飛球　ア とびだま　イ ひきゅう（　　）

⑩ 大漁旗　ア たいりょうばた　イ たいぎょばた（　　）

**3** 次の――線の読み方が、三つとも同じなら○を、三つともちがうなら×を、一つだけちがうなら、その記号を書きなさい。（2点×10）

① ア 底力　イ 底辺　ウ 海底（　　）

② ア 結束　イ 約束　ウ 花束（　　）

③ ア 参考　イ 参観　ウ 日参（　　）

④ ア 粉雪　イ 花粉　ウ 小麦粉（　　）

⑤ ア 関所　イ 関係　ウ 関節（　　）

⑥ ア 政治　イ 治安　ウ 治世（　　）

⑦ ア 体験　イ 試験　ウ 受験（　　）

⑧ ア 漁業　イ 不漁　ウ 漁村（　　）

⑨ ア 白菜　イ 青菜　ウ 菜園（　　）

⑩ ア 公然　イ 同然　ウ 平然（　　）

# 漢字の書き

学習日（　月　日）
時間 15分
合格 40点
得点 ／50点

## 1 次の——線を漢字に直しなさい。（2点×10）

① おだやかなきこう（　　）。
② 意見をしゅうやく（　　）する。
③ 一定のせいか（　　）をあげる。
④ 昼食はかくじ（　　）で用意する。
⑤ しょうきん（　　）を手にする。
⑥ そうこ（　　）の番をする。
⑦ しめい（　　）を正しく書く。
⑧ てかがみ（　　）で顔を見る。
⑨ そろそろゆうはん（　　）にする。
⑩ しゅくじ（　　）をのべる。

## 2 次の——線を、漢字と送りがなで書きなさい。（2点×10）

① 冬から春にかわる（　　）。
② 丸みをおびて（　　）いる。
③ 悪いくせをあらためる（　　）。
④ きれいな紙でつつむ（　　）。
⑤ よろしくとつたえる（　　）。
⑥ 力いっぱいたたかう（　　）。
⑦ 店でかさをかりる（　　）。
⑧ 二人の子をやしなう（　　）。
⑨ いさましい（　　）すがた。
⑩ かならず（　　）帰って来る。

## 3 次の——線に当てはまる漢字を、後の□の中から漢字を組み合わせて書きなさい。（2点×5）

① じょうかんの命令《めいれい》にしたがう。（　　）（　　）
② これまでのこうとうをたたえる。（　　）（　　）
③ 隊長《たいちょう》の一言でしきが高まる。（　　）（　　）
④ たまごのとくばい日に、朝からならぶ。（　　）（　　）
⑤ とおあさの海岸を歩く。（　　）（　　）

| | | | |
|---|---|---|---|
| 朝 | 高 | 季 | 投 |
| 得 | 十 | 場 | 遠 |
| 士 | 希 | 等 | 上 |
| 好 | 買 | 官 | |
| 特 | 浅 | 四 | |
| 管 | 気 | 売 | |

# 漢字の書き

学習日［　月　日］

時間 15分　合格 40点　得点 ／50点

1 20 40 60 80 100 120（回）

## 1 次の――線を漢字に直しなさい。（2点×10）

① 平和をねつぼう（　　）する。

② いぜん（　　）会ったことがある。

③ 日本のさんみゃく（　　）を学ぶ。

④ だれにでもけってん（　　）はある。

⑤ きゅうきゅうしゃ（　　）をよぶ。

⑥ 運動会のきせつ（　　）。

⑦ しそん（　　）がはんえいする。

⑧ 東北できょへい（　　）する。

⑨ しょうどく（　　）してから使う。

⑩ 大雨のため、船がけっこう（　　）となる。

## 2 次の――線を、漢字と送りがなで書きなさい。（2点×10）

① 朝日をあびる（　　）。

② さよならをつげる（　　）。

③ 大いにさかえる（　　）。

④ 高い山がつらなる（　　）。

⑤ パンがやける（　　）。

⑥ もう一度こころみる（　　）。

⑦ 気配をさっする（　　）。

⑧ ほとけの教えをとく（　　）。

⑨ 研究につとめる（　　）。

⑩ 少し頭をひやす（　　）。

## 3 次の文には、漢字のまちがいがあります。まちがった字を書きぬいて、正しい漢字に直しなさい。（2点×5）

例《れい》 来週《らいしゅう》の水用日《すいようび》は、遠足《えんそく》だ。（用 → 曜）

① 各国《かっこく》の首相《しゅしょう》が、一同《いちどう》に会《かい》する。（　　→　　）

② 週末《しゅうまつ》は、労働時間《ろうどうじかん》が変《か》わる。（　　→　　）

③ 衣類《いるい》に強力《きょうりょく》な薬品《やくひん》が府着《ふちゃく》した。（　　→　　）

④ 特《とく》に、底音部《ていおんぶ》の音色《ねいろ》が美《うつく》しい。（　　→　　）

⑤ 別《べつ》の自治体《じちたい》とも強調《きょうちょう》し、議案《ぎあん》を進《すす》める。（　　→　　）

# 漢字の音訓・熟語の構成

時間 15分
合格 40点
得点 /50点
学習日（　月　日）

## 1

次の——線の読み方を書き、さらに、それが音読みならア、訓《くん》読みならイと答えなさい。（1点×10）

① 弟の意外な側面。（　）（　）
② 右側通行を守る。（　）（　）
③ 古巣に帰る。（　）（　）
④ 門《かど》松をかざる。（　）（　）
⑤ 副菜《さい》を考える。（　）（　）

## 2

次の言葉には、二通りの読み方があります。音読み・訓読みそれぞれの読み方を書きなさい。（2点×10）

① 風車　（音　　　訓　　）
② 年月　（音　　　訓　　）
③ 草原　（音　　　訓　　）
④ 色紙　（音　　　訓　　）
⑤ 市場　（音　　　訓　　）
⑥ 見物　（音　　　訓　　）
⑦ 初日　（音　　　訓　　）
⑧ 頭数　（音　　　訓　　）
⑨ 生物　（音　　　訓　　）
⑩ 大事　（音　　　訓　　）

## 3

次の熟語《じゅくご》は、漢字をどのように組み合わせて作ったものですか。ふさわしいものを後から選《えら》び、記号で答えなさい。（2点×10）

① 停止（　）
② 包囲（　）
③ 救命（　）
④ 教室（　）
⑤ 投票（　）
⑥ 結束（　）
⑦ 悲喜（　）
⑧ 戦争（　）
⑨ 芸歴（　）
⑩ 官民（　）

ア 同じような意味の字を重ねたもの
イ 反対や対《つい》の意味の字を重ねたもの
ウ 上の字が下の字を説明《せつめい》している
エ 下の字が上の字を説明している

# 漢字の音訓・熟語の構成

1 20 40 60 80 100 120(回)

時間 15分
合格 40点
得点 50点
学習日〔 月 日〕

**1** 次の——線の読み方を書き、さらに、それが音読みならア、訓《くん》読みならイと答えなさい。（1点×10）

① 育児を体験《たいけん》する。（ ）（ ）
② 得点がまた入る。（ ）（ ）
③ 仲間が多い。（ ）（ ）
④ 新しい単元。（ ）（ ）
⑤ 節目の年だ。（ ）（ ）

**2** 次の熟語《じゅくご》の読み方は、音読み・訓読みをどのように組み合わせたものですか。ふさわしいものを後から選《えら》び、記号で答えなさい。（2点×10）

① 道順（ ）　② 目印（ ）
③ 横笛（ ）　④ 議案（ ）
⑤ 博愛（ ）　⑥ 松原（ ）
⑦ 残高（ ）　⑧ 機械（ ）
⑨ 毒見（ ）　⑩ 札束（ ）

ア 音読み＋音読み
イ 訓読み＋訓読み
ウ 音読み＋訓読み
エ 訓読み＋音読み

**3** 次の漢字と□の中の漢字をそれぞれ組み合わせて、熟語を作ります。四つとも熟語を作れるのは、□の中のどの漢字ですか。選んで書きなさい。（2点×5）

① 望 少 求 代（ ）
② 良 行 正 札（ ）
③ 係 所 心 相（ ）
④ 木 取 題 人（ ）
⑤ 水 流 算 血（ ）

| | | | | |
|---|---|---|---|---|
| 季 | 関 | 正 | 問 | 清 |
| 改 | 希 | 会 | 間 | 材 |

**4** 同じ音読みの漢字を、それぞれ書きなさい。（2点×5）

「カ」
① 追カの仕事を受ける。（ ）
② 放カ後に委員会がある。（ ）
③ 青カ市場を見学する。（ ）

「リョウ」
④ 入場リョウをはらう。（ ）
⑤ リョウ心がとがめる。（ ）

標準レベル 87 国語⑦

# 対義語、類義語、三字・四字熟語

時間 15分　合格 40点　得点 /50点

学習日〔　月　日〕

## 1

①～⑤は対義語《たいぎご》、⑥～⑩は類義語《るいぎご》の関《かん》係《けい》になるように、次の□にふさわしい漢字を書き入れなさい。（1点×10）

① 上品 ↕ □品

② 赤字 ↕ □字

③ 主観 ↕ □観

④ 洋風 ↕ □風

⑤ 消極的 ↕ □極的

⑥ 意外 ＝ □外

⑦ 当然 ＝ □然

⑧ 得手 ＝ 得□

⑨ 目的 ＝ 目□

⑩ 希望 ＝ □望

## 2

次の三字熟語《じゅくご》をグループ分けするとき、どのグループがふさわしいか、後から選《えら》んで（　）に記号を書きなさい。また、三字熟語の読み方を〔　〕に書きなさい。（1点×20）

① 雪月花（　）〔　〕

② 重労働（　）〔　〕

③ 胃腸薬（　）〔　〕

④ 最低点（　）〔　〕

⑤ 天地人（　）〔　〕

⑥ 運動会（　）〔　〕

⑦ 高飛車（　）〔　〕

⑧ 衣食住（　）〔　〕

⑨ 市町村（　）〔　〕

⑩ 野次馬（　）〔　〕

ア 三つの漢字が対等　○－○－○

イ 上一字と下二字に分かれる　○－○○

ウ 上二字と下一字に分かれる　○○－○

## 3

次の意味になる四字熟語を、A・Bからそれぞれ言葉を一つずつ選んで組み合わせて作り、記号で答えなさい。（2点×10）

① 言葉で言わなくても心が通じ合うこと

② 止まることなく進歩すること

③ とても苦労《くろう》すること

④ 少しの欠点《けってん》もないこと

⑤ 良《よ》くなったり悪くなったりすること

⑥ 一つの動作で二つのものを得《え》ること

⑦ 遠回しをせず、すぐに本題に入ること

⑧ はじめからおわりまで、すべて

⑨ 名ばかりで、中身がない様子

⑩ だれに対しても愛想《あいそ》がいい人

①（　・　）　②（　・　）　③（　・　）　④（　・　）　⑤（　・　）

⑥（　・　）　⑦（　・　）　⑧（　・　）　⑨（　・　）　⑩（　・　）

A　ア 一進　イ 有名　ウ 一石　エ 単刀　オ 以心　カ 日進　キ 一部　ク 八方　ケ 四苦　コ 完全

B　サ 一退　シ 無欠　ス 無実　セ 二鳥　ソ 直入　タ 伝心　チ 美人　ツ 月歩　テ 始終　ト 八苦

# 対義語、類義語、三字・四字熟語

1 20 40 60 80 100 120（回）

学習日（　月　日）

| 時間 | 合格 | 得点 |
| --- | --- | --- |
| 15分 | 40点 | /50点 |

## 1

①～⑤は対義語《たいぎご》、⑥～⑩は類義語《るいぎご》の関《かん》係《けい》になるように、次の（　）に当てはまる言葉を、後の□から読み方を選《えら》び、漢字に直して書きなさい。（2点×10）

① 平等 ↕（　　）
② 全体 ↕（　　）
③ 自然 ↕（　　）
④ 生産 ↕（　　）
⑤ 幸運 ↕（　　）
⑥ 長所 ＝（　　）
⑦ 原料 ＝（　　）
⑧ 安全 ＝（　　）
⑨ 進歩 ＝（　　）
⑩ 他界 ＝（　　）

たんしょ　ふうん　たいとう　ぶぶん
あんてい　しょうひ　びてん　ふぜん
さべつ　しゅっさん　ざいりょう
ぶじ　じんこう　はったつ　しきょ
ふこう

## 2

次の熟語《じゅくご》に打ち消しの漢字をつけて、三字熟語にしたい。ア 不　イ 未　ウ 無のどれを入れるのがふさわしいか、記号で答えなさい。（1点×10）

①（　）注意　②（　）計画
③（　）参加　④（　）発見
⑤（　）成年　⑥（　）記名
⑦（　）健康　⑧（　）完成
⑨（　）完全　⑩（　）気力

## 3

次の文の（　）に当てはまる四字熟語の読み方を、後の□の中から選び、漢字に直して書きなさい。（2点×10）

① 何を言われても、（　）と聞き流す。
② （　）の早わざ。
③ （　）の名言を集める。
④ （　）の思いで、待ち続《つづ》ける。
⑤ （　）となるホームランを打つ。
⑥ 母からの手紙を、（　）にとっておく。
⑦ 「（　）」と、追い返される。
⑧ 初対面《しょたいめん》で（　）する。
⑨ （　）して、勉強にはげむ。
⑩ （　）の書を見せてもらう。

①（　　）　②（　　）
③（　　）　④（　　）
⑤（　　）　⑥（　　）
⑦（　　）　⑧（　　）
⑨（　　）　⑩（　　）

いきとうごう　もんどうむよう
でんこうせっか　きしかいせい
しんきいってん　ごしょうだいじ
ここんとうざい　いちじつせんしゅう
もんがいふしゅつ　ばじとうふう

# 詩

時間　20分
合格　40点
得点　　　／50点
学習日〔　月　日〕

## 1 次の詩を読んで、後の問いに答えなさい。（10点×3）

春のスイッチ　　高階杞一《たかしなきいち》

春になったら
花が
いっせいにひらく
①どこかで
誰《だれ》かが　ポンと
スイッチを入れたみたいに

ぼくにも
②こんなスイッチ　あるのかなあ
長い冬が過《す》ぎ
いっせいに
ぼくのひらくような日が
いつか
ぼくにも
くるのかなあ

(1) ——線①は、何のどのような様子を表していますか。

ア 花たちの、春風になびいて同じ方向にゆれる様子。
イ 花たちの、みんなそろって同時にさく様子。
ウ 人間たちの、春の陽気にみな思わずほほえむ様子。
エ 草たちの、あちこちで同時に葉やくきをのばしている様子。
（　　）

(2) ——線②とありますが、「ぼく」の「スイッチ」としてふさわしくないものを一つ選《えら》びなさい。

ア ぼくを成長《せいちょう》させるスイッチ。
イ ぼくの心をときはなつスイッチ。
ウ ぼくを挑戦《ちょうせん》させるスイッチ。
エ ぼくを他人と競《きそ》わせるスイッチ。
（　　）

(3) この詩の「ぼく」の気持ちとしてふさわしいものを一つ選びなさい。

ア 期待　　イ 絶望《ぜつぼう》
ウ 悲しみ　　エ さびしさ
（　　）

## 2 次の詩を読んで、後の問いに答えなさい。（10点×2）

こども　　山村暮鳥《やまむらぼちょう》

ぼさぼさの
生垣《いけがき》の上で
牡丹《ぼたん》でもさいているのかと
おもったら
まあ、こどもが
わらっていたんだよう

(1) この詩は、何のどのような様子をえがいていますか。「牡丹」「こども」という言葉を使って書きなさい。
（　　）

(2) ——線の言葉の調子から、作者のどのような気持ちが読み取れますか。

ア おどろき　　イ いかり
ウ 恐怖《きょうふ》　　エ 悲しみ
（　　）

# 詩

1 20 40 60 80 100 120（回） GOAL

時間 20分
合格 40点
得点 ／50点

学習日［　月　日］

## 1 次の詩を読んで、後の問いに答えなさい。（10点×3）

冬が来た　　高村光太郎《たかむらこうたろう》

①きっぱりと冬が来た
②＊八つ手の白い色も消え
③いちょうの木もほうきになった
④ ①きりきりともみこむような冬が来た
⑤人にいやがられる冬
⑥草木にそむかれ、虫類《むしるい》ににげられる冬が来た
⑦冬よ
⑧ぼくに来い、ぼくに来い
⑨ ②ぼくは冬の力、冬はぼくのえじきだ
⑩しみとおれ、つきぬけ
⑪火事を出せ、雪でうめろ
⑫刃物《はもの》のような冬が来た

＊八つ手…秋の終わりに白い花をさかせる木。

(1) ——線①は、冬のどのような様子を表していますか。

（　　　　）

(2) ——線②には「ぼく」のどのような気持ちが表れていますか。

ア 自然《しぜん》の力に負けそうになる気持ち。
イ 冬を上回る力強さを持ちたい気持ち。
ウ 冬がきらいでしかたがない気持ち。
エ 冬のおとずれを心から喜《よろこ》ぶ気持ち。

（　　）

(3) この詩の表現《ひょうげん》のくふうを正しく説明《せつめい》しているものを選《えら》びなさい。

ア ①行目は、冬を人にたとえている。
イ ⑥行目は、言葉の順番《じゅんばん》を入れかえている。
ウ ⑩～⑪行目は、同じ言葉をくりかえしている。
エ ⑫行目は、たとえを表す言葉を使ってたとえている。

（　　）

## 2 次の詩を読んで、後の問いに答えなさい。（10点×2）

草をむしる　　八木重吉《やぎじゅうきち》

草をむしれば
あたりが　かるくなってくる
わたしが
草をむしっているだけになってくる

(1) ——線とは、具体的《ぐたいてき》にどういうことですか。説明しなさい。

（　　　　）

(2) この詩にえがかれている「わたし」のすがたとして、ふさわしいものを選びなさい。

ア 草むしりをさぼっているすがた。
イ おおぜいで草むしりをするすがた。
ウ すっかりつかれきっているすがた。
エ 一人もくもくと草をむしるすがた。

（　　）

# 主語・述語・修飾語

時間 15分　合格 40点　得点 ／50点

学習日（　月　日）

**1** 次の文の主語・述語《じゅつご》をそれぞれ書きぬきなさい。また、文の型《かた》を後から選《えら》んで［　］に記号で答えなさい。（1点×30）

① 今日《きょう》は　朝から　とても　いそがしい日だった。

② 動物園には　鳥も　たくさん　いる。

③ 妹が　行くなら　ぼくだって　いっしょに　行くよ。

④ 返ってきた　テストの　点は、ぼくが　思っていたより　悪かった。

⑤ 正午を　知らせる　サイレンが　長くなりひびいた。

⑥ 手の　指の　中では、中指が　最《もっと》も長いです。

⑦ わたしが　いちばん　行きたい　国は、インドだ。

⑧ わたしが　何年間も　ずっと　さがしてきた　たからものは、まさに　これだ。

⑨ 教科書を　わすれた　人は　だれですか。

⑩ 本当に　楽しかったね、昨日《きのう》の　遠足は。

ア 何が(は)　どうする。

イ 何が(は)　どんなだ。

ウ 何が(は)　何だ。

① 主（　　）述（　　）［　］

② （　　）（　　）［　］

③ （　　）（　　）［　］

④ （　　）（　　）［　］

⑤ （　　）（　　）［　］

⑥ （　　）（　　）［　］

⑦ （　　）（　　）［　］

⑧ （　　）（　　）［　］

⑨ （　　）（　　）［　］

⑩ （　　）（　　）［　］

**2** 次の文の修飾語《しゅうしょくご》を、（　）にしめした数だけ見つけなさい。また、その修飾語がくわしくしている言葉（修飾される語）も見つけ、それぞれ例《れい》にしたがって記号で答えなさい。（2点×10）

例《れい》 ア土を　イほると　ウミミズが　エ出てきた。

（2）　修飾語（ア）→修飾される語［イ］

（イ）→［エ］

① ア今日の　イ日直は　ウわたしです。（1）

② ア昨日は　イわたしの　ウたんじょう日でした。（1）

③ ア春には　イ花が　ウさきます。（1）

④ アとなりの　イ家には　ウ犬が　エいます。（2）

⑤ ア兄の　イ声は　ウとても　エ大きいです。（2）

⑥ ア海の　イ中は　ウ思っていたより　エずっと　オ美しかった。（3）

① （　　）→［　］

② （　　）→［　］

③ （　　）→［　］

④ （　　）→［　］　（　　）→［　］

⑤ （　　）→［　］　（　　）→［　］

⑥ （　　）→［　］　（　　）→［　］

（　　）→［　］

# 主語・述語・修飾語

学習日〔　月　日〕

時間 15分　合格 40点　得点 ／50点

**1** この中に主語のない文が五つあります。見つけて記号に○をつけなさい。（3点×5）

ア 遠くのサイレンの音を、ふとんの中で聞いた。

イ 土をほると、ミミズが出てきた。

ウ チャイムがなったら、すぐ席《せき》に着きなさい。

エ 寒い朝は、温かいココアを飲みます。

オ あなたとわたしでは、どちらが主役に向いているでしょうか。

カ なかなかねむれない夜も、たまにある。

キ 美しいしせいで文字を書くと、その文字も美しくなるのです。

ク 雨の日の運動場には、だれもいない。

ケ 後ろから名前をよばれて、ふりむいた。

コ 母の買い物に、ついて行った。

**2** 次の文の主語に――、述語《じゅつご》に＝＝を引きなさい。（1点×20）

① 心を　こめて　ていねいに　ぞうきんがけを　したら、みるみる　ゆかが　ピカピカに　かがやいた。

② デパートで　友人を　さがしていると、わたしを　よびだす　アナウンスが　店内に　流れた。

③ わたしの　母は、わたしが　言うのも　なんですが、なかなかの　美人です。

④ 大雪の　えいきょうで、電車の　とうちゃくが　大はばに　おくれた。

⑤ 長生きの　ひけつは、好《す》ききらいを　しないで　何でも　食べることです。

⑥ おばあちゃんは、ぼくが　前に　会った　ときより　ずっと　元気だった。

⑦ わたし、あなただけは　わたしの　ことを　うらぎらないと、信《しん》じていたの。

⑧ 夏祭りで　もらった　金魚《きんぎょ》は、コイほどの　大きさに　成長《せいちょう》した。

⑨ 朝　早いのに、公園からは　体操《たいそう》を　している　老人《ろうじん》だけで　なく、元気に　遊ぶ　子どもの　声も　聞こえる。

⑩ この　世には　たった　一つとして、必要《ひつよう》の　ない　ものなど　ないのだ。

**3** 次の□に言葉を入れて、例《れい》のように文図を作りなさい。（⇩は、主語と述語の関係《かんけい》を表します。）（1点×15）

例 わたしの　母は　学校の　先生だ。

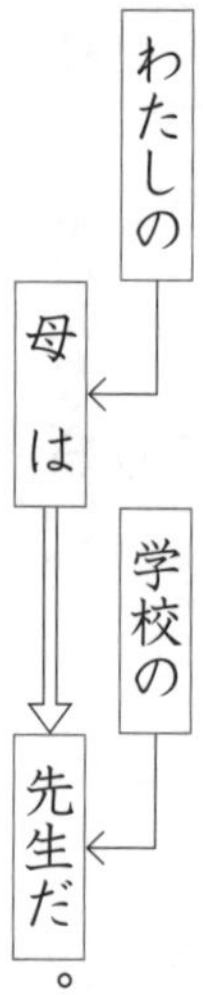


① 春に　なると　さくらの　花が　いっせいに　さき始《はじ》める。

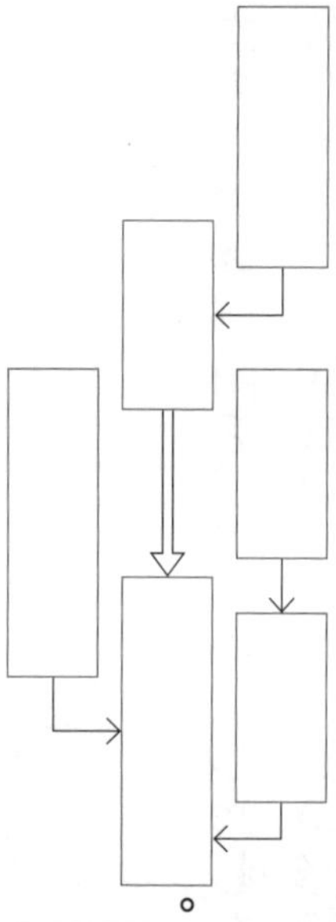

② この　古い　お寺は　平安時代の　末《まっ》期《き》に　あの　有名な　法然《ほうねん》によって　建《た》てられた。

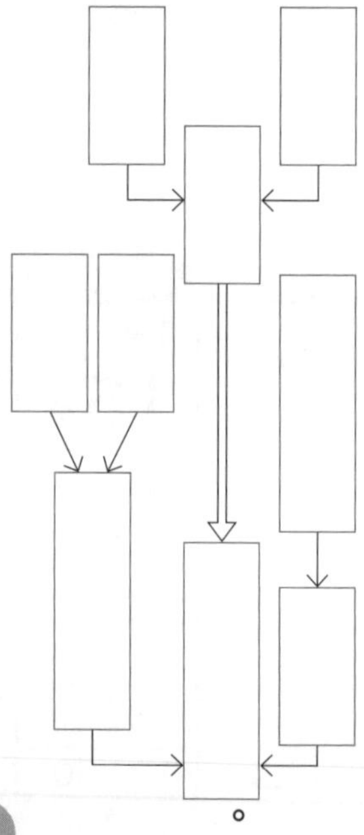

# 指示語・つなぎ言葉





時間 15分　合格 40点　得点 ／50点

学習日（　月　日）

## 1

——線の指しているものを、文中から書きぬいて答えなさい。（2点×5）

① 家を出て、集会所に向かった。今日《きょう》はそこでクリスマス会があるのだ。

② 次のレッスンは十八日です。その日までに、しっかりと練習しておくこと。

③ 学校で友達《ともだち》を泣《な》かしてしまった。家に帰ってからも、そのことがずっと気になっている。

④ 友人にマフラーをもらった。次の日、それをまいて出かけた。

⑤ 友人にマフラーをもらった。うれしくて、家に帰るとすぐにそれをお母さんに伝《つた》えた。

①（　　）　②（　　）
③（　　）こと
④（　　）
⑤（　　）こと

## 2

次の（　）に当てはまる指示語《しじご》を、後から選《えら》んで記号で答えなさい。（同じ記号は使いません）（2点×10）

① じしんが起きたら、まず（　　）したら良《よ》いでしょうか。

② 食べたらすぐに歯みがきをしなさい。（　　）しないと、虫歯になるよ。

③ （　　）まで、歩いて来ました。

④ すみません、ホールへ行くには（　　）バスに乗ればいいのですか。

⑤ 町できれいな人に会った。（　　）人は、声もきれいだった。

⑥ 人が考え事をしているのに、ああだ（　　）だと、うるさい。

⑦ 夜、ベランダに出た。（　　）から星がきれいに見えるからだ。

⑧ すみません、（　　）写真の人を知りませんか。

⑨ いくらさがしても、（　　）にもない。

⑩ （　　）にじの向こうには、何があるのだろう。

ア こう　イ そう　ウ ああ　エ どう
オ この　カ その　キ あの　ク どの
ケ ここ　コ そこ　サ あそこ　シ どこ

## 3

次の（　）に当てはまるつなぎ言葉を、後から二つずつ選んで記号で答えなさい。（同じ記号は使いません）（2点×10）

① 雨がふっている。（　　）、風もふいている。

② 問六はそれで正解《せいかい》です。（　　）、次の問題をやりましょう。

③ ふでばこをわすれた。（　　）、友達にえんぴつを借《か》りた。

④ この二本の線は平行、（　　）、どこまで行っても交わることがないのだ。

⑤ おやつを持って行ってもいいです。（　　）、二百円以内《いない》です。

ア ただし　イ それとも　ウ つまり
エ そこで　オ すなわち　カ また
キ さて　ク なぜなら　ケ なお
コ では　サ だから　シ そして

①（　　）（　　）　②（　　）（　　）
③（　　）（　　）　④（　　）（　　）
⑤（　　）（　　）

# 指示語・つなぎ言葉

1 20 40 60 80 100 120(回)

学習日〔　月　日〕

時間 15分
合格 40点
得点 　／50点

## 1

次の――線が指示語《しじご》(をふくむ言葉)ならア、つなぎ言葉ならイ、どちらでもなければ×を書きなさい。(2点×15)

① ああ、いいお湯だった。

② ああでもないこうでもないと、考える。

③ 雨がふり、風がふき、さらにカミナリまで鳴りだした。

④ いちごをおさらに取りすぎて、落としてしまった。

⑤ かわいい服をもらいました。それに合うブローチを、今から買いに行きます。

⑥ かわいい服をもらいました。それに、くつももらいました。

⑦ それ、みんなで出かけよう。

⑧ ベンチはペンキぬりたてですから、そのうえにすわらないでください。

⑨ 昨日《きのう》からせきが止まらない。そのうえ頭もいたくなってきた。

⑩ だからあの……ですから、その……ごめんなさい。

⑪ コップは、そこにならべてね。

⑫ コップは、そこの水気をよくふいてね。

⑬ 小麦粉《こむぎこ》を買ってきた。明日《あす》それでケーキを作る予定だ。

⑭ 小麦粉を買ってきた。それで、お金がなくなった。

⑮ これ、言うことを聞きなさい。

①（　　）②（　　）③（　　）
④（　　）⑤（　　）⑥（　　）
⑦（　　）⑧（　　）⑨（　　）
⑩（　　）⑪（　　）⑫（　　）
⑬（　　）⑭（　　）⑮（　　）

## 2

つなぎ言葉に注意して、（　）に入る文としてふさわしいものを後から選《えら》び、記号で答えなさい。(2点×10)

① 妹が泣《な》いている。なぜなら、（　　）。

② 妹が泣いている。でも、（　　）。

③ 妹が泣いている。また、（　　）。

④ 妹が泣いている。だから、（　　）。

⑤ 妹が泣いている。もっとも、（　　）。

ア そばに行ってなぐさめた
イ どうして泣いているのかわからない
ウ ぼくが妹のおやつを食べたからだ
エ うそ泣きなのはわかっているが
オ 弟も泣いている

⑥ うらしまたろうが玉手ばこを開けた。つまり、（　　）。

⑦ うらしまたろうが玉手ばこを開けた。すると、（　　）。

⑧ うらしまたろうが玉手ばこを開けた。しかし、（　　）。

⑨ うらしまたろうが玉手ばこを開けた。さて、（　　）。

⑩ うらしまたろうが玉手ばこを開けた。なぜなら、（　　）。

ア 何も起きなかった
イ この後どうなったかわかりますか
ウ おとひめ様との約束《やくそく》をやぶったのだ
エ そうするより他にどうしようもなかったからだ
オ 中から白いけむりがもくもくと出てきた

# 言葉の意味



**1** 次の（　）に当てはまる言葉としてふさわしいものを後から選《えら》び、記号で答えなさい。（同じ記号は使いません）（2点×10）

① きんちょうして、えがおが（　　）。
② ねている子どもの（　　）顔を見る。
③ （　　）数のホタルが飛《と》んでいる。
④ 暗くて足もとが（　　）。
⑤ 初対面《しょたいめん》の人に（　　）おじぎをする。
⑥ その記事には（　　）点がある。
⑦ （　　）門がまえの家。
⑧ （　　）思いをぶつける。
⑨ （　　）生活を送る。
⑩ （　　）字でつづられた手紙。

ア やるせない　イ うやうやしい
ウ つつましい　エ あどけない
オ おぼつかない　カ ぎこちない
キ いぶかしい　ク おびただしい
ケ つたない　コ いかめしい

**2** 次の三つの文のうち、――線の意味が他の二つとちがっているものを選び、記号で答えなさい。（2点×5）

①
ア あついおふろに入る。
イ あつい本を手に取る。
ウ あつい思いをとどける。

②
ア 二、三日とまる予定だ。
イ 二分間とまる。
ウ 時計がとまる。

③
ア 相手の手をはなす。
イ 相手の目を見てはなす。
ウ フランス語をはなす。

④
ア 新聞に大きくのった。
イ 昨日《きのう》の大会のことがのった。
ウ いそいでバスにのった。

⑤
ア 一人分の席《せき》をあける。
イ 部屋《へや》のまどをあける。
ウ 明日《あす》の時間をあける。

①（　　）②（　　）③（　　）
④（　　）⑤（　　）

**3** 次の意味に当てはまる熟語《じゅくご》を、後の□から漢字を組み合わせて書きなさい。（2点×10）

① 問題などを出してためすこと
② 品物をわり当ててくばること
③ きゅうな病人・けが人に手当すること
④ 当然《とうぜん》のこととして、強くもとめること
⑤ ほねとほねが連結《れんけつ》している部分
⑥ 物事がすっかりできあがること
⑦ 息をするときに、空気が通るくだ
⑧ 生物の体内で様々な働《はたら》きをする部分
⑨ その場所に出向いて、見ること
⑩ 悪いところがない、良《よ》いじょうたい

| | | |
|---|---|---|
| 器 | 観 | 管 |
| 救 | 験 | 試 |
| 節 | 完 | 参 |
| 健 | 配 | 成 |
| 給 | 気 | 全 |
| 要 | 急 | 求 |
| 官 | 関 | |

①（　　）②（　　）
③（　　）④（　　）
⑤（　　）⑥（　　）
⑦（　　）⑧（　　）
⑨（　　）⑩（　　）

国語

学習日（　月　日）

| | |
|---|---|
| 時間 | 15分 |
| 合格 | 40点 |
| 得点 | /50点 |

# 言葉の意味

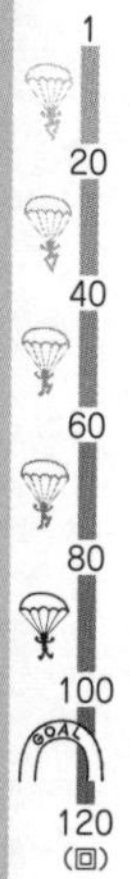


時間 15分
合格 40点
得点　　　50点

学習日［　月　日］

**1** 「良」という漢字ともう一字を使って、次の意味になる熟語《じゅくご》を作ります。後の□の中からカタカナを選《えら》んで漢字に直し、「良」と組み合わせてできた熟語を答えなさい。（2点×5）

① おだやかで、すなおなこと
② いちばん良いこと
③ 良いじょうたいであること
④ ゆたかで上品な家庭
⑤ 悪い点をあらためて、良くすること

| | | | | |
|---|---|---|---|---|
| カイ | シン | コウ | ケ | フ |
| オン | サイ | ヒン | エン | |

①（　　）②（　　）③（　　）④（　　）⑤（　　）

**2** 次のひらがなを、意味をヒントに漢字に直しなさい。（2点×10）

① とうしょ
ア 物事の、はじめのうち（　　）
イ 意見や希望《きぼう》を書いて送る（　　）

② きこう
ア 大きな工事を始めること（　　）
イ 天気のじょうたい（　　）
ウ 旅の体験《たいけん》等を書いたもの（　　）

③ こうかい
ア 広く世間に見せること（　　）
イ 船でうみをわたること（　　）

④ せいか
ア 野菜《やさい》とくだもの（　　）
イ うまれたいえ（　　）
ウ できばえ（　　）

**3** 「たつ」という言葉には、いろいろな意味があります。次の意味で使われている例文《れいぶん》を後から選び、記号で答えなさい。（2点×10）

① 低《ひく》い位置《いち》から高くのぼる。
② 建物《たてもの》などが作られる。
③ ある目的《もくてき》をもってあらわれ出る。
④ うまくやっていく。
⑤ 出発する。
⑥ 時がすぎる。
⑦ つながっているものを切りはなす。
⑧ 続《つづ》けていたことを、やめる。
⑨ 世間に知れわたる。
⑩ 自然現象《しぜんげんしょう》が起きる。

ア 八時に京都をたつ。
イ うわさがたつ。
ウ あれからもう十年がたつ。
エ 今日《きょう》から酒をたつ。
オ 土ぼこりがたつ。
カ 家がたつ。
キ くらしがたつ。
ク くさりをたつ。
ケ 高波がたつ。
コ 選挙《せんきょ》にたつ。

①（　　）②（　　）③（　　）
④（　　）⑤（　　）⑥（　　）
⑦（　　）⑧（　　）⑨（　　）
⑩（　　）

# 慣用句・敬語



時間 15分
合格 40点
得点 ／50点
学習日［　月　日］

**1** 次の文中に、体に関係《かんけい》する言葉を入れ、正しい慣用句《かんようく》を使った文を完成《かんせい》させなさい。（2点×10）

① どら息子《むすこ》のことで、（　　）がいたい。
② はずかしくて、（　　）から火が出る思いをした。
③ いつまでたっても、子どもには（　　）がかかる。
④ （　　）をこらすと、少し見えてきた。
⑤ 兄のじまんげな様子が（　　）につく。
⑥ 何にでもきょうみを持って、（　　）をつっこみたがる。
⑦ いつの間にか、公園から（　　）が遠のいてしまった。
⑧ あなたの（　　）にも入れた方がいいと思うから、教えるね。
⑨ 兄が出かけるのを、（　　）をくわえて見ていた。
⑩ 絵のうまさでは、君には（　　）が立たないよ。

**2** 次の慣用句の意味を後から選《えら》び、記号で答えなさい。（1点×10）

① 板につく（　　）
② 水を打ったよう（　　）
③ 手塩《てしお》にかける（　　）
④ ねこをかぶる（　　）
⑤ 赤の他人（　　）
⑥ 両手に花（　　）
⑦ 大目玉をくらう（　　）
⑧ だめをおす（　　）
⑨ 目と鼻の先（　　）
⑩ のどから手が出る（　　）

ア ひどくしかられる。
イ 大切に世話をし、育てる。
ウ すぐ近くのこと。
エ 大勢《おおぜい》が、しんと静《しず》まりかえった様子。
オ 動作や身なりがその人に合っている。
カ 良《よ》いものを二つ同時に手に入れる。
キ ほしくてたまらない。
ク 自分にまったく関係のない人。
ケ 念《ねん》のため、もう一度たしかめる。
コ おとなしそうに見せかける。

**3** 次の表は、相手の動作をうやまう言い方をまとめたものです。①～⑩に当てはまる言葉を書きなさい。（2点×10）

| ふつうの言い方 | ～れる ～られる | お～になる | 特別《とくべつ》な言い方 |
|---|---|---|---|
| 食べる | ① | ⑤ | めし上がる |
| する | ② | — | ⑦ |
| 待つ | ③ | ⑥ | — |
| 言う | ④ | お言いになる | ⑧ |
| 見る | 見られる | — | ⑨ |
| 行く | 行かれる | お行きになる | ⑩ |

①（　　）②（　　）
③（　　）④（　　）
⑤（　　）⑥（　　）
⑦（　　）⑧（　　）
⑨（　　）⑩（　　）

# 慣用句・敬語

1 20 40 60 80 100 GOAL 120（回）

学習日（　月　日）

時間 15分　合格 40点　得点 /50点

**1** 次の言葉の上には「お」「ご」どちらがつきますか。ふさわしい方を書き入れなさい。どちらもつかない場合は「×」を書きなさい。（1点×10）

① □たより　② □苦労《くろう》

③ □利用《りよう》　④ □出席《しゅっせき》

⑤ □ぼっちゃん　⑥ □手伝《てつだ》い

⑦ □印鑑《いんかん》　⑧ □消しゴム

⑨ □住まい　⑩ □読書

**2** 次の意味の慣用句《かんようく》となるように、（　）に当てはまる言葉を後から選《えら》び、記号で答えなさい。（2点×10）

① 相手の気に入るよう、うまく話す。

② ひみつなどをうっかり言ってしまう。

③ 最初《さいしょ》に話し出す。

④ 同じことをくり返し何度も言う。

⑤ 無口である。

⑥ 不満《ふまん》そうな顔をする。

⑦ 何人かが同じことを言う。

⑧ 悪口や文句《もんく》をずけずけと言う。

⑨ ひみつをすぐしゃべってしまう。

⑩ 食べ物をおいしく食べる。

ア 軽い　イ 合う　ウ すっぱくする

エ かたい　オ うまい　カ とがらせる

キ いたい　ク すべらす　ケ そろえる

コ 重い　サ 出す　シ 切る　ス 悪い

① 「口が（　　）」　② 「口を（　　）」

③ 「口を（　　）」　④ 「口を（　　）」

⑤ 「口が（　　）」　⑥ 「口を（　　）」

⑦ 「口を（　　）」　⑧ 「口が（　　）」

⑨ 「口が（　　）」　⑩ 「口に（　　）」

**3** 次の会話文は、自分の父親をたずねて来た男の人と、自分との会話です。（　）の言葉のうち、よりふさわしい方の言い方を選び、記号に○をつけなさい。（1点×20）

「ごめんください。①（ア 山川・イ 山川さん）の②（ア お宅《たく》・イ ご家）ですね。③（ア 父・イ お父様）は④（ア いらっしゃい・イ おり）ますか。」

「はい、⑤（ア 父・イ お父様）は今家に⑥（ア いらっしゃい・イ おり）ます。失《しっ》礼《れい》ですが、⑦（ア だれ・イ どちら様）ですか。」

「⑧（ア 失礼した・イ 失礼しました）。⑨（ア わたくし・イ おれ）、⑩（ア 父・イ お父様）の古い⑪（ア ご友人・イ 友人）で、高田と⑫（ア 言われます・イ 申します）。⑬（ア ご近く・イ 近く）まで⑭（ア 参《まい》った・イ いらっしゃった）ものですから、すこし⑮（ア あいさつ・イ ごあいさつ）をと思いまして。」

「⑯（ア 高田・イ 高田様）ですね。⑰（ア ちょっと・イ 少々）⑱（ア 待ってて・イ お待ち）ください。今⑲（ア およびになって・イ よんで）⑳（ア 参り・イ いらっしゃい）ます。」

# 送りがな・かなづかい・常体と敬体

学習日〔　月　日〕

| 時間 | 合格 | 得点 |
|---|---|---|
| 15分 | 40点 | /50点 |

**1** 次の――線を、漢字とひらがなで書きなさい。（2点×10）

① 決勝戦《けっしょうせん》でやぶれる。（　　）
② おぼれている子をすくう。（　　）
③ スープがさめてしまった。（　　）
④ 去年よりおいて見える。（　　）
⑤ みんなの要求《ようきゅう》をみたす。（　　）
⑥ 昼間、はたらきに出る。（　　）
⑦ 勝利《しょうり》をみんなでよろこんだ。（　　）
⑧ わかった人は手をあげる。（　　）
⑨ トマトをこのんで食べる。（　　）
⑩ 平和をねがう。（　　）

**2** 次の①～⑩の□には「じ」か「ぢ」を、⑪～⑳の□には「ず」か「づ」を入れて、言葉を完成《かんせい》させなさい。（1点×20）

① み□かな材料《ざいりょう》で作る。
② 夏はいち□くがおいしい。
③ そこ□からを見せる。
④ てみ□かに話す。
⑤ ねん□ゅう無休です。
⑥ 白いむ□の布《ぬの》を用意する。
⑦ □めんにあなをほる。
⑧ もみ□が赤く色づく。
⑨ はな□が出ても、あわてない。
⑩ セーターがち□んだ。
⑪ いっしょにかた□ける。
⑫ おこ□かい帳をつける。
⑬ い□れにしても、おこられる。
⑭ 遠くでいな□まが走る。
⑮ て□くりのおべんとう。
⑯ もうすぐ春がおと□れる。
⑰ 事実にもと□いた小説《しょうせつ》。
⑱ 雨の日がつ□く。
⑲ みんなにひとつ□つ配る。
⑳ 何かにつま□いて転ぶ。

**3** 次の文はア 常体《じょうたい》 イ 敬体《けいたい》のどちらか、（　）に記号を書きなさい。（1点×10）

① これはレモンの木です。（　）
② 今日《きょう》は暑いです。（　）
③ 三人で出かけた。（　）
④ もっとおやつを食べたい。（　）
⑤ あと三周《さんしゅう》走ろう。（　）
⑥ みんなで思いきり泣《な》いたのです。（　）
⑦ この問題、わかるか？（　）
⑧ 先生がいらっしゃった。（　）
⑨ いっしょに泳ぎに行きませんか。（　）
⑩ きっと来ないだろう。（　）

上級レベル100 国語⑳

# 送りがな・かなづかい・常体と敬体

時間 15分
合格 40点
得点 　　50点

学習日（　月　日）

**1** 次の□にひらがなを一字ずつ入れて、文を完成《かんせい》させなさい。（1点×20）

① ア 幸□な家庭。
　 イ 不幸中の幸□。

② ア 落□着きを取りもどす。
　 イ 落□□物を交番にとどける。

③ ア 次の曲□□角を左に進む。
　 イ はり金を曲□□。

④ ア 急にあかりが消□た。
　 イ 急いで火を消□た。

⑤ ア あいさつを交□□。
　 イ 府《ふ》道《どう》と県道が交□□場所。
　 ウ 言葉に時々方言が交□□。

⑥ ア 朝まで語り明□□。
　 イ 明□□朝早く、出発した。
　 ウ 明□□気持ちになる。
　 エ 火を見るよりも明□□だ。

⑦ ア 足もとを照□□。
　 イ 太陽がさんさんと照□。
　 ウ 冷《ひ》やかされて照□□。

⑧ ア あちこち歩□回る。
　 イ 近代日本の歩□。

**2** 次の文にかなづかいのまちがいがあれば、まちがった字に×をつけ、（　）に正しいひらがなを書きなさい。まちがいがなければ○を書きなさい。（2点×10）

① よなかに　ぢしんが　おきた。（　）
② やむおえない　りゆう。（　）
③ おにいさんと　おねえさん。（　）
④ むずかしい　もんだいだ。（　）
⑤ そうゆう　わけで　やすみます。（　）
⑥ いきどおりを　かくせない。（　）
⑦ おおきな　ひがいを　こおむる。（　）
⑧ 「こんにちわ」と　あいさつする。（　）
⑨ おおむが　鳥かごから　にげた。（　）
⑩ ゆのみ　ぢゃわんを　かう。（　）

**3** 次の常体《じょうたい》の文を敬体《けいたい》にするには、どこを書きかえればいいですか。書きかえる部分の記号を（　）に書き、正しい言い方を「　」に書きなさい。（1点×10）

例《れい》 アぼくと　イいっしょに　ウ行こう。
（ウ）「行きましょう」

① アきのうの　イテストは　ウ百点だった。
（　）「　」

② アわたしには　イわからないので、ウわかる　者に　エ代わる。
（　）「　」
（　）「　」

③ アわかっては　イいるのだが、ウどうしても　エできない。
（　）「　」
（　）「　」

# 物語（1）

時間 20分
合格 40点
得点 　　/50点

学習日〔　月　日〕

**1** 次の文章を読んで、後の問いに答えなさい。（10点×5）

太《ふとし》は右手で鼻をつまんであおむけになった。ちゃぷんと、すぐに波が顔にかかる。こわいと思った瞬間《しゅんかん》、ゴブッとしずんだ。何度やっても同じだった。

「鼻をつまむな。水が鼻に入るとか、水が口に入って息ができなくなるとか、よけいなことは考えるな。おまえはいつでもよけいなことを考えすぎる。①海を信《しん》じてみろ。」

太は、米田老人《よねだろうじん》のいっていることがわからなかった。こんな練習で、遠泳を完泳《かんえい》できるようになるのだろうか。しかし、今は信じるしかなかった。ふうっと息をはいて。うしろにたおれこむように体を横たえた。

「あごをひくな。あごをひらけ。空を見ろ。人の体は海でうくようにできておる。海から生まれた生きものじゃからな。なにも考えんで、海になるのだ。全部、力をぬけ。」

だらあんと、体中の力をぬいてみた。ういていた。

波のゆれと同じになっている。

大の字になって、もっと力をぬく。

ぷかっとういている木切れになった。

②海は太をやさしくゆらせて、大きくつつみこんでくれていた。両耳は海水の中にかくれて、耳にあたる水の音がきこえた。静《しず》かだ。③ゆっくりとした自分の呼吸《こきゅう》がきこえる。安定した心臓《しんぞう》の鼓動《こどう》もきこえる。

ゆったりと、満《み》ち足りた世界だった。見えるものは空しかなかった。空もまた、ただ青いだけの、単純《たんじゅん》そのものの静けさだった。

（横山充男《よこやまみつお》「少年の海」）

(1)「太」は、何ができるようになるために海にいるのですか。「ため。」に続《つづ》くように、文章中からぬき出しなさい。

（　　　　　　　　）ため。

(2) ――線①とは、具体的にどういうことですか。

ア 鼻や口にわざと水を入れて、海の水になれること。
イ 人の体は何もしなくても海にうくと信じること。
ウ ぜったいに泳げるようになりたいと、強く願《ねが》うこと。
エ よけいなことを考えず、海に身をまかせること。

（　　）

(3) ――線②の様子を表す言葉を、文章中から七字でぬき出しなさい。

| | | | | | | |
|---|---|---|---|---|---|---|
| | | | | | | |

(4) ――線③から、「太」がどのような気持ちでいることがわかりますか。

（　　　　　　　　　　　　　　）

(5) この文章の場面の説明《せつめい》として、ふさわしいものを選《えら》びなさい。

ア 老人の言うとおり水にうくことはできたが、太は海のおそろしさも知った。
イ 老人の教え方がたよりないので、太は自分で考えてうくことができた。
ウ 老人の教えたとおりにしたことで、体の力がぬけ、太はうくことができた。
エ 老人の教えたとおりにしても、やはり太は息ができなかった。

（　　）

# 物語（1）

時間 20分　合格 40点　得点　　／50点

学習日（　月　日）

**1** 次の文章を読んで、後の問いに答えなさい。（10点×5）

夕方象《ぞう》は小屋にいて、十把《じっぱ》のわらをたべながら、西の三日の月を見て、

「ああ、かせぐのはゆかいだねえ、さっぱりするねえ」といっていた。

「すまないが税金《ぜいきん》がまたあがる。今日《きょう》は少うし森から、たきぎを運んでくれ」オツベルはふさのついた赤いぼうしをかぶり、両手をかくしにつっ込《こ》んで、次の日象にそう言った。

「ああ、ぼくたきぎを持って来よう。いい天気だねえ。ぼくはぜんたい森へ行くのは大すきなんだ」象はわらってこう言った。

①オツベルは少しぎょっとして、パイプを手からあぶなく落としそうにしたがもうあのときは、象がいかにも愉快《ゆかい》なふうで、ゆっくりあるきだしたので、また安心してパイプをくわえ、小さなせきを一つして、百姓《ひゃくしょう》どもの仕事のほうを見に行った。

そのひるすぎの半日に、象は九百把たきぎを運び、眼《め》を細くしてよろこんだ。

晩方《ばんがた》象は小屋に居《い》て、八把のわらをたべながら、西の四日の月を見て

「ああ、せいせいした。サンタマリア」とこうひとりごとしたそうだ。

その次の日だ、

「すまないが、税金が五倍になった、今日は少うし鍛冶場《かじば》へ行って、炭火をふいてくれないか」

「ああ、ふいてやろう。本気でやったら、ぼく、もう、息で、石もなげとばせるよ」

②オツベルはまたどきっとしたが、気を落ちつけてわらっていた。

（宮沢賢治《みやざわけんじ》「オツベルと象」）

(1) ――線①とありますが、なぜ「ぎょっと」したのですか。「働《はたら》かせる」という言葉を使って書きなさい。

（　　　　）

(2) ――線②とありますが、なぜ「どきっと」したのですか。考えて書きなさい。

（　　　　）

(3) オツベルは象をどのようにあつかっていますか。「えさ」と「仕事」という言葉を使って、三十字以内《いない》で書きなさい。

(4) オツベルの言う「税金」とは、どのようなものだと考えられますか。

ア いつか象に分けてあげるお金。
イ どうしても必要《ひつよう》になるお金。
ウ 象に仕事をさせるための作り話。
エ 象にあたえるえさの量《りょう》。

（　　）

(5) この文章の「象」の特《とく》ちょうとして、ふさわしいものを選《えら》びなさい。

ア にげたり、オツベルに仕返ししたりするすきをねらっている。
イ むじゃきで、オツベルの言うままを信《しん》じている。
ウ 本当はいやなことでも、すべてがまんして楽しいふりをしている。
エ オツベルを遠回しにおどして、相手の様子を見ている。

（　　）

# 物語（2）



時間 20分
合格 40点
得点 　　　／50点

学習日〔　月　日〕

**1** 次の文章を読んで、後の問いに答えなさい。（10点×5）

タケオは、

「おじいちゃん、すいかだよ。」

と言いかけ、①おどろいて、階段《かいだん》のとちゅうで立ち止まった。

おじいちゃんは、タケオにせを向けてすわったまま、何かを読みながら、小さくかたをふるわせていた。

おじいちゃんが泣《な》いている……。タケオは、そんなおじいちゃんを見るのは初《はじ》めてだったので、どうしたらいいのかわからず、そのまま、両手でおぼんをもったまま、おじいちゃんの後ろすがたを見ていた。

すると、おじいちゃんがふり向いた。おじいちゃんも、階段の所に孫《まご》のタケオが立っているのにおどろいた様子で、

「なんだ、そんな所で、何してるんだ？」

と聞いて、自分の顔をかくすように②まどの方を向いた。

「すいかだよ。」

と、タケオは言い、階段を上って、おじいちゃんの部屋《へや》の前に立った。

そのまま、すいかを置《お》いて、階段を下りてもよかったのに、タケオはなぜか部屋に入り、

「泣いてるの？」

と聞きながら、おじいちゃんが手に持っている物をそっとのぞきこんだ。

それは、手紙だった。

おじいちゃんは、まどの外に目をやったまま、

③「男が泣いたりなんかするもんか。」

と言った。

（宮本《みやもと》　輝《てる》「手紙」）

(1) 「タケオ」は、何のためにおじいちゃんの部屋へ来たのですか。

ア 何を読んでいるのかたしかめるため。
イ 手紙の内容《ないよう》を聞くため。
ウ なぜ泣いているのか聞くため。
エ すいかをとどけるため。　（　　）

(2) ——線①とありますが、なぜおどろいたのですか。

（　　　　　　　　）

(3) ——線②のような行動をとったのは、なぜですか。

ア 泣き顔を見られたくないから。
イ 手紙の中身を知られたくないから。
ウ 孫が来たことにおどろいたから。
エ すいかが好きではないから。　（　　）

(4) ——線③からおじいちゃんがどのような人物だとわかりますか。

ア 人の気持ちを考えない人物。
イ 孫に強がりを言う、がんこな人物。
ウ 今まで一度も泣いたことがない人物。
エ うそをついても平気な人物。　（　　）

(5) この文章で、タケオの気持ちはどのように変化《へんか》していますか。四十字以内《いない》で答えなさい。

# 物語（2）

| 時間 | 合格 | 得点 |
|---|---|---|
| 20分 | 40点 | 　／50点 |

学習日（　月　日）

**1** 次の文章を読んで、後の問いに答えなさい。（10点×5）

　みかん畑の間を登りつめると、急に線路はくだりになった。しまのシャツを着ている男は、良平《りょうへい》に「やい、乗れ」といった。良平はすぐに飛《と》び乗った。トロッコは三人が乗り移《うつ》ると同時に、みかん畑のにおいをあおりながら、ひたすべりに線路を走り出した。「押《お》すよりも乗る方がずっといい」——良平は羽織《はおり》に風をはらませながら、当り前のことを考えた。①「行きに押すところが多ければ、帰りにまた乗るところが多い」——そうもまた考えたりした。

　竹やぶのあるところへ来ると、トロッコは静《しず》かに走るのをやめた。三人はまた前のように、重いトロッコを押し始めた。竹やぶはいつか雑木林《ぞうきばやし》になった。つま先上りのところどころには、②赤さびの線路も見えないほど、落葉のたまっている場所もあった。その路《みち》をやっと登り切ったら、今度は高いがけの向うに、ひろびろとうすら寒い海が開けた。と同時に良平の頭には、③あまり遠く来すぎたことが、急にはっきりと感じられた。

　三人はまたトロッコへ乗った。車は海を右にしながら、④雑木の枝《えだ》の下を走って行った。しかし良平はさっきのように、面白《おもしろ》い気もちにはなれなかった。「もう帰ってくれればいい」——彼《かれ》はそうも念《ねん》じてみた。が、行くところまで行きつかなければ、トロッコも彼らも帰れないことは、もちろん彼にもわかり切っていた。

（芥川龍之介《あくたがわりゅうのすけ》「トロッコ」）

(1) ——線①から、良平のどのような気持ちが読み取れますか。二十字以内《いない》で答えなさい。

(2) ——線②の様子から、ここがどのような場所だとわかりますか。

（　　　　）

(3) ——線③とありますが、なぜこのように感じられたのですか。

（　　　　）

(4) ——線④とありますが、良平はどのような気持ちになったのですか。

（　　　　）

(5) この文章での良平の気持ちの変化《へんか》を説明《せつめい》した文として、ふさわしいものを選《えら》びなさい。

**ア** 男の口ぶりがらんぼうだったので、とちゅうで帰りたいと思い始めた。

**イ** 帰り道のことを考えたときから、楽しさよりも不安《ふあん》を覚《おぼ》えるようになった。

**ウ** トロッコを押すことにつかれてしまい、帰りたいと考えるようになった。

**エ** 自分たちだけでトロッコに乗りたくなり、男に帰ってほしいと思い始めた。

（　　　　）

# 物語(3)

1・20・40・60・80・100・120(回)

国語

| 学習日 | 月 | 日 |
| --- | --- | --- |

| | |
| --- | --- |
| 時間 | 20分 |
| 合格 | 40点 |
| 得点 | /50点 |

**1** 次の文章を読んで、後の問いに答えなさい。

次郎《じろう》さんが①河原《かわら》に通うようになってからかれこれ七、八年もたつだろうか。

いまでは次郎さんのことを、村の衆《しゅう》はあきれた表情《ひょうじょう》や、ばかにした思いをにじませて、②石屋などと呼《よ》ぶようになった。むりもない。次郎さんの家の庭は、大小さまざまな河原の石であふれていたのだ。所どころには、山にもなっている。庭だけではない。玄関《げんかん》をあければ、また石だ。ろうかにも並《なら》んでいるし階段《かいだん》にも並んでいる。茶の間にも仏《ぶつ》だんの間にも、台所にも、便所《べんじょ》にさえ並んでいるのだった。

次郎さんは、石の入った麻《あさ》ぶくろをかついで帰ってきた。石は外の井戸《いど》で、たわしで洗《あら》う。それを干《ほ》す。洗っている最中《さいちゅう》も、ホクホクした顔で、すばらしいだとか、たまげたなどと喜《よろこ》んでいる。

「③今日《きょう》は、なんかいいものがあったかよ。」洗《せん》たく物を取りこみにきたみずえさんがきいた。

「あったあった。ホレ、こいづを見でみろ。」

「なんだそりゃ。」

「よぐ見でみろ。」

みずえさんがのぞきこんだ。

「なんぼ見だってわがらねちゃ。」

「わがらねえやつだ。教える。いいがあ、まずこれが耳だ。二本ある。これはわかるべ。前足よ。そして、からだがこうのびて、ポツンとあるのがしっぽだ。」

（最上一平《もがみいっぺい》「バッタの足」）

(1) ——線①とありますが、次郎さんはなぜ河原に通っているのですか。二十字以内《いない》で書きなさい。(15点)

(2) ——線②と呼ばれているのはなぜですか。(10点)

ア 石を売ってくらしていたから。

イ 石を動物の形に加工《かこう》していたから。

ウ 石のことなら何でも知っていたから。

エ 家の中と庭は石であふれていたから。

(3) ——線③とありますが、次郎さんの様子から、いいことがあったとわかる部分を七字でぬき出しなさい。(15点)

(4) 次郎さんとみずえさんの会話から、次郎さんが集めている石についてどのようなことがわかりますか。(10点)

ア 何の形をしているのかは、次郎さん以《い》外《がい》の人にはわからないこと。

イ どんな石を集めているのか、だれもがきょうみを持っていること。

ウ たいていの人はひとめ見れば、何の形をしている石かがわかること。

エ みずえさんも、次郎さんのように石を集めてみたいと思っていること。

# 物語(3)

学習日〔　月　日〕

| 時間 | 合格 | 得点 |
| --- | --- | --- |
| 20分 | 40点 | 　/50点 |

**1** 次の文章を読んで、後の問いに答えなさい。（10点×5）

〔巳之助《みのすけ》はランプを売って生計を立てていたが、町にはランプにかわって電気が通りはじめ、明るい電燈《でんとう》がともるようになっていた。〕

まもなく晩《ばん》になって、だれもマッチ一本すらなかったのに、とつぜん①甘酒屋《あまざけや》の店がま昼のようにあかるくなったので、巳之助はびっくりした。あまりあかるいので、巳之助は思わずうしろをふりむいて見たほどだった。

「巳之さん、これが電気だよ。」

巳之助は歯をくいしばって、長いあいだ電燈を見つめていた。かたきでもにらんでいるような顔つきであった。あまり見つめていて、目のたまがいたくなったほどだった。

「巳之さん、そういっちゃなんだが、とてもランプで太刀《たち》うちはできないよ。ちょっと②外へ首を出して、町通りを見てごらんよ。」

巳之助は③むっつりと入り口の障子《しょうじ》をあけて、通りをながめた。どこの家、どこの店にも、甘酒屋と同じようにあかるい電燈がともっていた。光は家の中にあまって、道の上にまでこぼれ出ていた。ランプを見なれていた巳之助には、まぶしすぎるほどのあかりだった。巳之助は、④くやしさに肩《かた》でいきをしながら、これも長いあいだながめていた。

ランプの、⑤てごわいかたきが出てきたわい、と思った。

（新美南吉《にいみなんきち》「おじいさんのランプ」）

(1) ——線①とありますが、なぜ巳之助はびっくりしたのですか。

（　　　　）

(2) ——線②のように言ったのは、なぜですか。「巳之助に」で始めて、続《つづ》きを二十字以内《いない》で書きなさい。

巳之助に

(3) ——線③に表れている巳之助の気持ちを、考えて書きなさい。

（　　　　）

(4) ——線④とありますが、巳之助はなぜくやしがっているのですか。三十字以内で説明《せつめい》しなさい。

(5) ——線⑤から読み取れることとして、ふさわしいものを選《えら》びなさい。

**ア** 電気の明るさにまいってしまい、ランプでは勝てないとあきらめている。

**イ** 電気がすぐれているとは思いながらも、ランプの負けをみとめていない。

**ウ** これからは電気の時代だと感じ、商売をかえることを決心している。

**エ** ランプのほうが電気よりもずっとすぐれていると、かたく信《しん》じている。

（　　）

# 物語（4）

| 時間 | 合格 | 得点 |
|---|---|---|
| 20分 | 40点 | 50点 |

学習日〔　月　日〕

## 1 次の文章を読んで、後の問いに答えなさい。（10点×5）

〔六年生の藤田《ふじた》くんは相撲《すもう》大会に出場し、午前中の試合《しあい》で高見《たかみ》という他の小学校に通う少年に負け、足にケガをしてしまった。〕

さすがの藤田くんも、今日《きょう》は「平気だよ」とは言わなかった。

代わりに、大ちゃんをじっと見つめて、「団体戦《だんたいせん》、ドクターストップだから」と言った。「オレが出られないと、五年生を出すしかない。でも、決勝まで残《のこ》っても、最後にはどうせ東小とあたるから……高見にやられたら、マジ、五年生だと大ケガしちゃうかもしれない」

①だから――。

「大ちゃん、出て！　お願《ねが》い！」

亜矢《あや》ちゃんに腕《うで》をぎゅっとつかまれた。

「藤田くんのカタキとって！」と目に涙《なみだ》を浮《う》かべた亜矢ちゃんに見つめられた。

なんだよ、それ。②大ちゃんはうつむいて、足下《あしもと》の砂《すな》をつま先で蹴《け》った。相撲ってのは、そんな個人的《こじんてき》な恨《うら》みとかカタキとかじゃないんだよ、と言ってやりたかった。

ゆっくりと息を吸《す》って、吐《は》いた。

お昼ごはんを食べていないおなかが、きゅううううっ、と鳴った。

顔を上げる。わざととぼけた声で、のんびりと、③「なにか食うものある？」と訊《き》いた。

「腹《はら》ぺこだと勝負できないから……」

亜矢ちゃんの顔がパッと輝《かがや》いた。

（重松《しげまつ》　清《きよし》「ヨコヅナ大ちゃん」）

(1) ――線①に続《つづ》けて「藤田くん」は何を言おうとしたと考えられますか。二十字以《い》内《ない》で考えて書きなさい。

(2) ――線②には「大ちゃん」のどのような気持ちが表れていますか。

ア 出場せずにすませたいと考えている。

イ 不満《ふまん》があるが、がまんしている。

ウ カタキを取る自信《じしん》がなく困《こま》っている。

エ 高見を負かす作戦《さくせん》を考えている。

（　　）

(3) ――線③のように言ったのはなぜですか。

ア 出場することに不満があるから。

イ 出場しないことを伝《つた》えたいから。

ウ 出場する決意が固《かた》まったから。

エ ほかの人が出場するから。

（　　）

(4) 「大ちゃん」のかくごが表れている一文の初《はじ》めの五字をぬき出しなさい。

(5) この文章から「大ちゃん」はどのような人物だとわかりますか。

ア たのみごとの理由や言い方に、強いこだわりのある人物。

イ どんなたのみごとでも、いやとは言えない人物。

ウ 自分の役目について、まじめに考えていない人物。

エ 相撲に対して、まっすぐな考えを持った人物。

（　　）

# 物語（4）

時間 20分　合格 40点　得点 ／50点
学習日〔　月　日〕

**1** 次の文章を読んで、後の問いに答えなさい。（10点×5）

「校長先生も君たちの年の頃《ころ》、秘密基地《ひみつきち》がものすごう好《す》きになってな……」

「とうとう裏山《うらやま》の木の上に、竹の棒《ぼう》を縄《なわ》でくくったりして小屋をつくり、そこを自分の秘密基地にしたんだよ。眺《なが》めはいいし、誰《だれ》にも秘密だし……」

ハァちゃんたちは校長先生の話につられて①身を乗り出して聴《き》いた。

「ところが、うっかり床《ゆか》を踏《ふ》みはずし、そこから落ちて背中《せなか》をしたたか打って、うーんとうなって動けなくなった」

「ほんで、校長先生大丈夫《だいじょうぶ》やったんですか」と周《しゅう》ちゃんが思わず合《あい》の手を入れる。

「いや、もうあかんかと思うくらいやったけど、折《おり》よく近所の人が通りかかり助けられたんよ」

②ここまで言って校長先生は子どもたちの顔を一人ひとり優《やさ》しい目で見て、

「なっ、秘密基地は面白《おもしろ》いけどな、やっぱり危険《きけん》ということを考えなあかん。実は校長先生は昨日《きのう》の夕方、あそこへ行ってみたよ。確《たし》かにあれは最高《さいこう》の秘密基地や。それでも危《あぶ》なすぎる。堀《ほり》に落ちて泳げへんだら溺《おぼ》れて死んでしまう。あれはやっぱりやめなさい」

子どもたちは③何と言っていいのかわからない興奮《こうふん》を感じていた。一同ペコリと頭を下げ、

「わかりました、あの秘密基地はやめます」④と心から校長先生に約束《やくそく》した。

（河合隼雄《かわいはやお》「泣き虫ハァちゃん」）

(1) ――線①には「ハァちゃん」のどのような気持ちが表れていますか。

（　　　　）

(2) ――線②のように間をおいて話したのはなぜだと考えられますか。

（　　　　）

(3) ――線③のように子どもたちが感じたのはなぜですか。三十字以内《いない》で説明《せつめい》しなさい。

| | | |
|---|---|---|
| | | |
| | | |
| | | |
| | | |
| | | |
| | | |
| | | |
| | | |
| | | |
| | | |

(4) ――線④とありますが、子どもたちが「心から」約束した理由を考えて書きなさい。

（　　　　）

(5) 校長先生が話した内容《ないよう》について、ふさわしいものを選《えら》びなさい。

ア 子どもたちの秘密基地とは、あまり関《かん》係《けい》のない話だった。

イ あまりにも危険な遊びについての話で、子どもたちをこわがらせた。

ウ 秘密基地の楽しさが本当にわかっている人でなければできない話だった。

エ 子どもたちにとって、あまりにもきびしすぎる話だった。

（　　　　）

# 伝記・脚本・意見文

**1** 次の脚本《きゃくほん》を読んで、後の問いに答えなさい。（10点×5）

惣《そう》どと運《うん》ずは、与《よ》ひょうの妻《つま》・つうがすばらしい布《ぬの》を織《お》ると聞き、その布を売って金もうけをしようとしている。与ひょうは、機織《はたお》りをしているときは部屋《へや》をのぞかないようつうに言われていた。

与ひょう　あっ、こら、いかん。のぞいてはいかん。

運ず　おい惣ど、織っとる時は見ちゃならんちゅうて……

惣ど　ええうるせえ。織っとるところを見にゃ、*ほんなもんの千羽《せんば》織《お》りかどうか……

与ひょう　いかんいかん。いかんちゅうに。つうに怒《おこ》られるだ。こおれ。

運ず　おい　惣ど……

惣ど　ええ放さんか。やい放せ。（のぞく）や、ややっ。

運ず　ど、どうしただ？

惣ど　やい　おい、見てみい。鶴《つる》だ。鶴だぞ。鶴が機を織っとる。

運ず　な、何？　鶴？（のぞく）やっ、つ、鶴だ。女房《にょうぼう》はおらんで鶴がおる。自分の羽根をくわえて、機の上をあっちゃ行ったり、こっちゃ行ったり……ふうん……

惣ど　のう運ず、①これでいよいよ間違《まちが》いなしだ。

運ず　ううん……

与ひょう　②何だ？　何がどうしただ？

惣ど　われの好《す》きなもんがいるだ。さあ運ず、これでもうあしたの③朝は布が手に入るだ。さあ、うちさ戻《もど》って待っとろう。

運ず　う、うん……

（木下順二《きのしたじゅんじ》「夕鶴《ゆうづる》」）

*ほんなもん…本物。

(1) せりふ以外《いがい》の部分をぬき出しなさい。

（　　　）

(2) ——線①とは、どういう意味ですか。

ア 与ひょうの妻の正体が鶴だとわかったということ。

イ 与ひょうがつうに怒られることが決まったということ。

ウ 部屋の中には鶴しかおらず、つうはいないことがわかったということ。

エ 売るための布が手に入ることが決まったということ。

（　　　）

(3) ——線②の様子から、与ひょうについてどんなことがわかりますか。

ア 妻の正体をまだ知らないこと。

イ 金もうけの仲間《なかま》に入っていること。

ウ 布の織りかたがわからないこと。

エ 鶴がどんな鳥か知らないこと。

（　　　）

(4) ——線③とは、何を待つのですか。十字以内《いない》で書きなさい。

| | | | | | | | | | |
|---|---|---|---|---|---|---|---|---|---|
| | | | | | | | | | |

(5) 「運ず」の行動や発言について、ふさわしいものを選《えら》びなさい。

ア 金もうけのことばかり考えている。

イ つうへのえんりょが感じられる。

ウ 与ひょうをひどくきらっている。

エ 惣どをおどしてあやつっている。

（　　　）

時間 20分
合格 40点
得点 　　　/50点

学習日〔　月　日〕

上級 レベル 110 国語㉚

# 伝記・脚本・意見文

| 時間 | 20分 |
| --- | --- |
| 合格 | 40点 |
| 得点 | /50点 |

学習日（　月　日）

## 1 次の文章を読んで、後の問いに答えなさい。（10点×2）

耳が、きこえなくなるということは、だれにとっても、つらいことですが、①とくに、音楽家にとっては、死ぬほどつらいことです。

その日から、ベートーベンは、くらいきもちにしずんだり、そうかとおもうと、いらいらと、おこりっぽくなったりしました。しかし、耳がわるくなったからといって、作曲したり、ピアノをひいたりすることは、やめませんでした。

（そうだ、わたしは、わたしのこころにひびいてくる音をきくのだ。こころの耳で、きくのだ。）

そうおもうと、さびしいあきらめのきもちではなく、かえって、②あたらしいゆうきがわきおこってくるのでした。

（伊藤佐喜雄《いとうさきお》「ベートーベン」）

(1) ――線①とありますが、なぜですか。次の空らんに当てはまる言葉を、二十字以《い》内《ない》でぬき出しなさい。

［　　　　　　　　　　］が、とてもむずかしくなるから。

(2) ――線②のようになったのは、なぜですか。文章中の言葉を使って説明《せつめい》しなさい。

（　　　　　　　　　　）

## 2 次の文章を読んで、後の問いに答えなさい。（10点×3）

人間が住みやすく快適《かいてき》な景観《けいかん》をつくるために、もともと川にあった雑草《ざっそう》や雑木《ざつぼく》が取りはらわれて、かわりに桜《さくら》やツツジなどが植えられ、芝《しば》がはられてしまった。

①こうした公園になると、昆虫《こんちゅう》や野鳥の種《しゅ》類《るい》がへってしまうばかりではない。草木に集まった虫は魚たちの大切なエサだったのに、それがいなくなってしまう。川面《かわも》は直《ちょく》射《しゃ》日光にさらされることになるので、水温が上がり、②魚たちにはとてもすみにくくなってしまう。

川周辺《しゅうへん》が公園化されると、川にもともとある自然《しぜん》の仕組みが、こうして失《うしな》われていくのだ。

（稗田一俊《ひえだかずとし》「川底《かわぞこ》の石のひみつ」）

(1) ――線①とは、どんな公園ですか。次の空らんに当てはまる言葉を、十字以内で考えて書きなさい。

［　　　　　　　　　　］公園。

(2) ――線②となるのは、なぜですか。文章中の言葉を使って書きなさい。

（　　　　　　　　　　）

(3) この文章は、何を伝《つた》えていますか。二十字以内でまとめなさい。

［　　　　　　　　　　］

# 説明文 (1)

時間 20分　合格 40点　得点 　/50点

学習日（　月　日）

**1** 次の文章を読んで、後の問いに答えなさい。

あるもの(こと)を、①ことばで表現《ひょうげん》するというのは、ところどころ穴《あな》のあいたバケツで水をすくおうとするのに似《に》ています。自分では一生懸命《いっしょうけんめい》に水をすくっているのに、知らない間に、いくらかの水は、穴からこぼれてしまっているのです。［あ］、ことばで表現すると、そのもののすべてをことばで言い表そうとしているにもかかわらず、必ず、②言い表そうとしていることの一部が、口にされたことばからこぼれ落ちてしまう、ということです。私《わたし》たちは、このことをしっかり胸《むね》にとどめておかなくてはなりません。

ことばは、心と心の通じ合い、つまりコミュニケーションの手段《しゅだん》として、人間が創《そう》造《ぞう》したすばらしい道具ですが、けっして完《かん》全《ぜん》なものではないのです。

(中略《ちゅうりゃく》)

［い］、ことばで私たちの心の通じ合いをすることは、不可能《ふかのう》なのでしょうか。

もちろん、そんなことはありません。私がここで、ことばが完全な道具ではないということを述《の》べたのは、みなさんに、このことを頭のどこかに入れておいていただきたいからです。ことばが完全な道具ではないことを知っていてことばのキャッチボールをするのと知らないでするのとでは、大きな開きがあります。ことばが完全な道具ではないことをよく理解《りかい》していれば、③より豊《ゆた》かな実りある、ことばのキャッチボールを楽しむことができ、楽しい人間関係《かんけい》を味わうことができるのです。

（斎藤美津子《さいとうみつこ》「話しことばのひみつ」）

(1) ——線①は、人間にとってどのようなものだと筆者は述《の》べていますか。文章中から七字でぬき出しなさい。（10点）

(2) ［あ］・［い］に当てはまる言葉を、それぞれ選《えら》びなさい。（5点×2）

ア では　イ つまり
ウ また　エ ところが

あ（　　）　い（　　）

(3) ——線②とは、どういうことですか。ふさわしいものを選びなさい。（10点）

ア 言おうとすることの内容《ないよう》がまちがっているということ。
イ 言おうとすることがよく聞き取れないということ。
ウ 言おうとすることがまったく伝《つた》わらないということ。
エ 言おうとすることのすべてが伝わるわけではないということ。

（　　）

(4) ——線③とは、どういうことですか。ふさわしい言葉を文章中から八字でぬき出しなさい。（10点）

(5) この文章を通じて、筆者が最《もっと》も言いたいのはどのようなことですか。文章中から十五字でぬき出しなさい。（10点）

上級レベル 112 国語㉜

# 説明文(1)

**1** 次の文章を読んで、後の問いに答えなさい。

みなさんは、山にのぼったときに、むこうの山々にむかって「オーイ、オーイ」とさけぶと、やがて「オーイ、オーイ」と、その声が①こだまになってかえってくるのを体験《たいけん》したことはありませんか。

こだまのことをエコーといいますね。

イルカは、発信《はっしん》した超音波《ちょうおんぱ》が、何かにぶつかってエコーとしてはねかえってくる音を、聞きわける能力《のうりょく》をもっているのです。この能力を②「エコロケーション」（反響定《はんきょうてい》位《い》）とよんでいます。ロケーションとは、位《い》置《ち》をきめるという意味です。

こだまになってかえってくる音のひびきで、自分のいるところや、あいてのようすを知ることができるのです。

イルカは、このエコロケーションの能力で、魚がどれくらいはなれたところにいるのか、海の底《そこ》にどんな岩がでっぱっているのかなどをさぐることができます。

実験《じっけん》によると、プールの底にいくつかのクイを立てて、③目かくしをしたイルカをいれたところ、みごとにクイをさけて泳いだのだそうです。また目かくしをしたまま、プールの底においたコインをさがさせたところ、すぐにそのコインを見つけたそうです。

イルカはエコロケーションによって、光のとどかない深い海の底でも、岩にぶつからないで、すごいスピードで泳ぐことができるし、まっ暗な夜の海でもエサの魚をとることができるのです。

（佐藤一美《さとうかずみ》「イルカの大研究」）

---

(1) ──線①とは、何がどうなることですか。説明《せつめい》しなさい。(10点)

（　　　　　　　　　　）

(2) ──線②について、次の問いに答えなさい。

①どういう意味ですか。十字程度《ていど》で説明しなさい。(10点)

□□□□□□□□□□

②これによって、どのようなことができるのですか。文章中から三十字以内《いない》でぬき出しなさい。(10点)

□□□□□□□□□□□□□□□□□□□□□□□□□□□□□□

(3) ──線③とありますが、なぜ目かくしをするのですか。(10点)

（　　　　　　　　　　）

(4) イルカについて、文章の内容《ないよう》に合うものを選《えら》びなさい。(10点)

**ア** 山びこによって、自分とものの間のきょりをはかっている。

**イ** 超音波のエコーによって、ものの位置をつかんでいる。

**ウ** 目かくしをすると、ものの位置はわかるが様子は知ることができない。

**エ** 光がとどく深さの海であれば、エサの場所を知ることができる。

（　　）

| 時間 | 合格 | 得点 |
| --- | --- | --- |
| 20分 | 40点 | 　/50点 |

学習日〔　月　日〕

# 説明文(2)



時間 20分　合格 40点　得点 　／50点

学習日（　月　日）

**1** 次の文章を読んで、後の問いに答えなさい。（10点×5）

わたしたちがふだんすっている空気の中には、目には見えませんが、ほこりや、花粉《かふん》やダニの死骸《しがい》のほか、病気のもととなるウイルスや細菌《さいきん》などがたくさんふくまれています。これらは、息をすったときに、空気といっしょに入ってきてしまいます。

しかし、そんなほこりやウイルスなどが、からだの奥《おく》に入ってきてはたいへんですから、からだの方にも、それを防《ふせ》ぐためのさまざまなしかけがあります。その一つが、①「線毛《せんもう》」という細かい毛です。鼻やのどや、その奥の肺《はい》に通じる気管《きかん》の壁《かべ》は、粘膜《ねんまく》といって、ねばりけのある液体《えきたい》でいつもしめっていますが、その表面に、線毛が②じゅうたんのようにびっしりとはえています。線毛はたえず外の方へ外の方へと、波打つように動いて、ほこりや花粉などの異物《いぶつ》*を外にかき出してしまいます。そして、もし、これらのほこりなどがうまく出せなかったり、あまりに大量《たいりょう》のほこりが入ってきたときは、それに気づいた三叉神経《さんさしんけい》という神経が、肺に③緊急連絡《きんきゅうれんらく》を出します。すると、肺は、ちょっと空気をためたあと、いきおいよく空気をはき出してほこりを吹《ふ》き飛《と》ばしてしまいます。これが健康《けんこう》なときに出る④「くしゃみ」や、「せき」の正体です。つまり、くしゃみは鼻についたものを、せきはのどや気管についたものを、いきおいよく吹き飛ばす、空気のロケットのようなものなのですね。

（細谷亮太《ほそやりょうた》「からだのふしぎ」）

＊異物…体とはまったく別《べつ》のもの。

(1) ――線①は、どのような働《はたら》きをしますか。「働き。」に続《つづ》く形で、十字以内《いない》で書きなさい。

（　　　　　　　　　　）働き。

(2) ――線②は、どのような様子をたとえていますか。

ア じっとして動かない様子。
イ 周《まわ》りをあたたかくする様子。
ウ すき間なく生えている様子。
エ いつもかわいている様子。

（　　）

(3) ――線③とは、どのような「連絡」ですか。

ア ほこりに気づきなさい。
イ 線毛を波打たせなさい。
ウ 思いきり息をすいなさい。
エ ほこりを吹き飛ばしなさい。

（　　）

(4) ――線④を別《べつ》のものにたとえた言葉を、文章中から七字でぬき出しなさい。

（　　　　　　　）

(5) 文章の内容《ないよう》に合うものを選《えら》びなさい。

ア くしゃみは、ほこりやウイルスから体を守るためのしかけの一つである。
イ くしゃみをすればほこりは体の外に出るので、線毛は役に立たない。
ウ 線毛があれば、ウイルスやほこりは体の中にまったく入ってこない。
エ 線毛はほこりを体の外に出すが、花粉は外に出すことができない。

（　　）

# 説明文(2)



時間 20分　合格 40点　得点　／50点

学習日［　月　日］

## 1 次の文章を読んで、後の問いに答えなさい。(10点×5)

①宇宙《うちゅう》は、有限《ゆうげん》(かぎりがある)か、無限(かぎりがない)か、とよくきかれます。

　しかし、宇宙がひろがりつづけているということは、有限だということです。無限に大きいなら、それいじょうひろがることはできないからです。

　でも、有限だとしたら、宇宙のはての、そのさきはどうなっているのかという疑問《ぎもん》がでてくるでしょう。そのさきには、どんな世界があるのか、ときく人もいます。

　しかし、②そのさきに世界があるなら、そこは、はてではないわけです。そうなると、ますますわからなくなってしまいます。

　有限ならば、かならず世界のはてがあると考えてしまうと、このなぞはとけません。

　地球上のことで考えてみましょう。

　アフリカ大陸《たいりく》の南のはては、*ケープタウンです。そのさきは海ですから、ここが地のはてです。

　しかし、地球ぜんたいで考えたらどうなるでしょう。ここが地球のはて、ということがあるでしょうか。

　地球の表面には、中心もなければ、はしもありません。どこまでいっても、はてがないのです。③それでいて、地球は有限です。

　つまり、地球の表面は、有限だけれど、はてがない世界です。ひとくちにいってしまえば、④宇宙も同じことなのです。

（前川《まえかわ》 光《あきら》「星と宇宙のはなし」）

＊ケープタウン…アフリカの都市の名まえ。

(1) ――線①の問いに、筆者はどう答えていますか。二十五字以内《いない》でまとめなさい。

(2) ――線②のように言えるのはなぜですか。「はて」という言葉を使って説明《せつめい》しなさい。

（　　　）

(3) ――線③を説明する上で、最《もっと》もふさわしいものを選《えら》びなさい。

ア ケープタウンは陸のはしである。
イ はてがあるのだから有限である。
ウ 陸や海の広さにはかぎりがある。
エ 地球には中心はないがはしがある。

（　　　）

(4) ――線④とは、どういうことですか。「中心」「はし」「はて」という言葉を使って説明しなさい。

（　　　）

(5) 筆者の考えに最も近いものを選びなさい。

ア「無限＝はてがない」わけではない。
イ「有限＝はてがある」わけではない。
ウ「無限＝かぎりがない」わけではない。
エ「有限＝かぎりがある」わけではない。

（　　　）

# 説明文(3)



時間 20分　合格 40点　得点　　/50点

学習日〔　月　日〕

**1** 次の文章を読んで、後の問いに答えなさい。（10点×5）

〈あ〉　日本は、水にめぐまれた国です。しかし、雨が降《ふ》るのは梅雨時《つゆどき》と、台風・秋雨《あきさめ》のシーズンにかたよっています。その上、国土の大部分が山なので、降った雨は、時に洪水《こうずい》をおこしながら、すぐに海まで流れて行ってしまいます。降らないとなると、一ヵ月以上《いじょう》も降らないことがあり、空梅雨《からつゆ》の年には、きまって深刻《しんこく》な水不足《ぶそく》におちいります。

〈い〉　①森林がなければ、ダムもその役割《やくわり》をはたすことができません。ダムにたくわえられている水は、使う量《りょう》から見ればわずかなものです。周囲《しゅうい》の山から、少しずつ、たえず水が流れこんでくるからこそ、ダムは水をたたえていることができるのです。

〈う〉　その山が荒《あ》れると、ダムは流れこんでくる土砂《どしゃ》や流木のために、②急速に浅《あさ》くなってしまいます。ダムという貯水施設《ちょすいしせつ》は、一度つくれば永久《えいきゅう》に使えるというものではありません。天竜川《てんりゅうがわ》につくられた平岡《ひらおか》ダムは、すでに九割《きゅうわり》が土砂にうまっているということです。

〈え〉　山を守らなければ、水も国土も守れません。地球環境《かんきょう》も守れません。それがわかっていながら、林業が力を失ってしまったため、山は荒れ、森はつぎつぎと消えてゆきます。

その影響《えいきょう》をうけるのは、いまの子どもである世代の人たちです。荒れている山を、じっさいにどうにかする力をもっているのは、いまおとなである人たちです。山をどう守るかは、③私《わたし》たちみんなの問題です。

（河津《かわづ》千代《ちよ》「だれが山を守るのか」）

(1) この文章には、次の一文がぬけています。元にもどす場合、〈あ〉～〈え〉のどこに入りますか。記号で答えなさい。

・そういう洪水や土砂災害《さいがい》を防《ふせ》ぎ、雨が降らない時にも水に困《こま》らないようにしてくれているのが森林です。（　　）

(2) ――線①とありますが、なぜ役割をはたせないのですか。

**ア** 森林が洪水を起こすから。

**イ** 森林が水をたくわえているから。

**ウ** ダムには十分な量の水があるから。

**エ** ダムは森林の中にあるから。（　　）

(3) ――線②とありますが、なぜ浅くなるのですか。その理由を二十字以内《いない》で書きなさい。

(4) ――線③についての説明《せつめい》として、ふさわしくないものを選《えら》びなさい。

**ア** 子どもにも大人《おとな》にも関係《かんけい》がある。

**イ** ひがいを受けるのは子どもだ。

**ウ** 力をかすべきなのは大人たちだ。

**エ** 子どもだけが力をかすべきだ。（　　）

(5) 山が荒れるのは、どうしてですか。その理由に当たる言葉を、十五字以内でぬき出しなさい。

# 説明文（3）



**1** 次の文章を読んで、後の問いに答えなさい。（10点×5）

1アフリカ大陸《たいりく》にあるサハラさばく。はてしなく続《つづ》くすなの大地を、らくだの群《む》れがもくもくと進んでいきます。これは、さばくでとれる塩《しお》を遠くはなれた町まで運ぶ、塩の＊キャラバンです。

2サハラさばくに接《せっ》するニジェール共和国《きょうわこく》のビルマ村では、塩をとり出すための池を作っています。

3この地方は、大むかし海でしたが、大地の変動《へんどう》で陸になり、そのとき、海水もいっしょにとじこめられてしまいました。そして、その海水がじょう発した後に、塩分《えんぶん》をたくさんふくんだ土地ができたのです。ですから、①あなをほり、水を注ぐだけで、まわりの土から塩分がとけ出して、こい塩水ができます。

4できた塩水は、さばくの強い日ざしとかわいた風を受けて、水分がどんどんじょう発していきます。水を池に注いでから約三か月、池の水はほとんどじょう発して、底《そこ》の方に②塩の結《けっ》しょうがたまります。

5池からとれる塩は、いったん集めてかわかし、再《ふたた》び水でしめらせ、型《かた》につめて塩のかたまりにします。五、六日も天日でかわかすと、塩のかたまりは、③岩のように固《かた》くなります。水に少しとけた塩の結しょうどうしがくっつき合って、再び結しょうするからです。

6塩のキャラバンは、この塩のかたまりを運んでいるのです。

（片平《かたひら》 孝《たかし》「海から来た宝石《ほうせき》」）

＊キャラバン…荷物を運ぶ商人の列のこと。

---

(1) 本文には、次の段落《だんらく》がぬけています。元にもどす場合、どの部分に入りますか。記号で答えなさい。

・いったい、海もないさばくに、なぜ塩があるのでしょうか。

ア 1段落の後　イ 3段落の後　ウ 4段落の後　エ 6段落の後

（　　）

(2) ――線①とありますが、なぜこのようになるのですか。文章中の言葉を使って書きなさい。

（　　）

(3) ――線②とは、どのようなものですか。「塩水」という言葉を使って二十字以内《いない》で説明《せつめい》しなさい。

(4) ――線③のようになるのは、なぜですか。文章中の言葉を使って答えなさい。

（　　）

(5) ビルマ村で塩を作る手順《てじゅん》になるように、記号をならべかえなさい。同じ記号を二度使ってもよい。

ア できた結しょうを集める。
イ 塩を水でしめらせる。
ウ あなをほって水を注ぐ。
エ 自然《しぜん》かんそうさせる。
オ 型につめてかたまりにする。

（　→　→　→　→　→　）

# 説明文(4)



学習日[　月　日]
時間 20分
合格 40点
得点 　／50点

**1** 次の文章を読んで、後の問いに答えなさい。（10点×5）

きみたちは、知らないキノコをみつけたときに、最初《さいしょ》になにを考えますか。「このキノコは食べられるかな？　それとも毒《どく》キノコかな？……」

おそらく多くの人びとにとって、キノコに対する関心《かんしん》は、[　　]かどうかということのようです。でも、まちがった毒キノコの見わけ方が、むかしから科学時代の今日《こんにち》まで、多くの人びとに信《しん》じられてきました。

キノコ中毒をなくすには、まずつぎのようなあやまった＊迷信《めいしん》をすてなければなりません。

○①くきが縦《たて》にさけるキノコは食べられる。
○②毒キノコはあざやかな毒どくしい色をしている。
○どんなキノコでもナスといっしょににれば中毒しない。
○ナメクジや虫が食べているキノコは食べられる。
○毒キノコはいやなにおいがする。

これらは、みんな科学的《かがくてき》な根拠《こんきょ》のない迷信です。③こんな見わけ方をしていたら、毒キノコのほとんどは食べられるキノコになってしまい、ほんとうにおいしい食用キノコのいくつかは毒キノコにされてしまいます。

たとえば、ほとんどの毒キノコはくきがきれいに縦にさけます。ぎゃくに食用キノコのハツタケやチチタケは、くきがきれいにさけません。

おいしい食用キノコ、タマゴタケも色があざやかで毒どくしいので、毒キノコにされてしまいます。

（伊沢正名《いざわまさな》「キノコの世界」）

＊迷信…根拠もなく信じられていること。

(1) [　　]に当てはまる言葉を、文章中から五字でぬき出しなさい。

[　　　　　]

(2) ——線①は、なぜまちがいなのですか。ふさわしいものを選《えら》びなさい。

ア くきが縦にさける毒キノコもあれば、さけない食用キノコもあるから。
イ くきがきれいにさけているかどうかは、見わけるのがむずかしいから。
ウ くきが縦にさけるかどうかよりも、においのほうが見わけやすいから。
エ くきが縦にさけるキノコの色が、毒どくしい場合もあるから。

（　　）

(3) ——線②の方法では見わけられないキノコには、何がありますか。

（　　）

(4) ——線③からわかることとして、ふさわしくないものを選びなさい。

ア 食用キノコと毒キノコは、色やにおいでは見わけがつかない。
イ 食用キノコには、たいていわずかな毒がふくまれている。
ウ 毒キノコについての迷信は、多くの毒キノコに当てはまらない。
エ 毒キノコについての迷信は、いくつかの食用キノコに当てはまる。

（　　）

(5) この文章で、筆者は何について述《の》べていますか。文章中からぬき出しなさい。

（　　　　）

# 説明文(4)

時間 20分　合格 40点　得点 ／50点

学習日（　月　日）

**1** 次の文章を読んで、後の問いに答えなさい。

[1] ハツカネズミは一日中せかせかと走り回り、ハチは一秒間で三〇〇回も羽ばたきます。私《わたし》たち人間は、あんなに素早《すばや》く行動できません。ところが、ゾウやウシはゆっくり歩き悠然《ゆうぜん》と食べ物を食べています。見ていて、なんだかまだろっこしい感じがしますね。人間に比《くら》べて、ハツカネズミやハチの時間は速く流れ、ゾウやウシの時間はゆっくり流れているかのようです。実際《じっさい》、①一秒間あたりに打つ心臓《しんぞう》の鼓動《こどう》の数を調べてみると、ハツカネズミやハチの鼓動の数は多く、ゾウやウシは少ないことがわかりました。すると、動物は種類《しゅるい》ごとに時間の流れる速さが違《ちが》い、それぞれ違った時間感《かん》覚《かく》で生きているのかもしれません。

[2] 一方、宇宙《うちゅう》は一三七億歳《おくさい》だとか、地球は四六億歳だということを耳にします。また、生命は三八億年前に生まれ、恐竜《きょうりゅう》は六五〇〇万年前に絶滅《ぜつめつ》した、という話も知っていると思います。私たちの人生はたかだか一〇〇年ですから、億年や万年という②長い時間を聞いてもピンときません。まして や、そんな長い時間をどうして測《はか》ったのか、なぜ信用《しんよう》できるのか、疑問《ぎもん》に思ってしまいます。私たちの普通《ふつう》の時間感覚《かんかく》とずれているからです。時間というものには、日常《にちじょう》の中で感じ取る時間と歴史的《れきしてき》に積《つ》み上げられた時間があると思われます。億年という時間は長すぎて感じ取るというわけにはゆきませんが、順々《じゅんじゅん》に証拠《しょうこ》を示《しめ》されると長い時間が経過《けいか》したことがわかります。

（池内《いけうち》　了《さとる》「時間とは何か」）

(1) ——線①を調べたことで、何が言えるのですか。（5点）

ア 同じ種類の動物でも、ゆっくり動くものは心臓の鼓動の数が少ないこと。

イ 心臓の鼓動の数が少ない動物は、素早く行動できること。

ウ 心臓の鼓動の数の違いが時間の流れの速さの違いかもしれないこと。

（　　）

(2) ——線②について、次の問いに答えなさい。

① ピンとこないのは、なぜですか。二十字以内《いない》でぬき出しなさい。（10点）

② このような長い時間のことを何とよんでいますか。ぬき出しなさい。（10点）

（　　）

(3) 次の問いに答えなさい。（5点）

① 何について書かれた文章ですか。

（　　）

② [1]段落《だんらく》と[2]段落の内容《ないよう》を、それぞれ三十字以内でまとめなさい。（10点×2）

・[1]段落

・[2]段落

# 最上級レベル 1

時間 20分
合格 40点
得点 　50点

学習日［　月　日］



**1** 次の――線の漢字はひらがなに、ひらがなは漢字に直して書きなさい。（2点×10）

① 卒園（　）アルバムをもらう。
② 一本の老木（　）。
③ 強固（　）なきずな。
④ 無残（　）な仕打ち。
⑤ 歴代（　）の首相。
⑥ 理想をついきゅう（　）する。
⑦ 重さを表すたんい（　）。
⑧ くしょう（　）をもらす。
⑨ にっしょう（　）時間が長くなる。
⑩ 農業のきかい（　）化が進む。

**2** 次のア・イのうち、訓読《くんよ》みをするものはどちらか、（　）に記号を答えなさい。また、熟語《じゅくご》の画数が多いのはどちらか、［　］に記号を答えなさい。（1点×10）

① ア 粉雪　イ 鉄粉　（　）［　］
② ア 残飯　イ 朝飯　（　）［　］
③ ア 野菜　イ 青菜　（　）［　］
④ ア 谷底　イ 底辺　（　）［　］
⑤ ア 節分　イ 節目　（　）［　］

**3** 次の三字熟語・四字熟語の読み方を（　）に書きなさい。また、意味を後から選《えら》んで、［　］に記号を書きなさい。（1点×20）

① 大黒柱（　）［　］
② 世間体（　）［　］
③ 衣食住（　）［　］
④ 無分別（　）［　］
⑤ 高飛車（　）［　］
⑥ 以心伝心（　）［　］
⑦ 一期一会（　）［　］
⑧ 四苦八苦（　）［　］
⑨ 日進月歩（　）［　］
⑩ 一朝一夕（　）［　］

ア 一生に一度の大切な機会《きかい》
イ 大変《たいへん》苦労すること
ウ たえず進歩すること
エ 人々に対する体面
オ 相手をおさえつけようとするたいど
カ 生活のきほんとなる事柄《ことがら》
キ 口で言わなくても心が通じている
ク 国や家の、中心人物
ケ わずかな時間
コ 後先を考えないこと

# 最上級レベル ②

時間 20分
合格 40点
得点 　　/50点

学習日［　月　日］

**1** 次の文章を読んで、後の問いに答えなさい。

勇《いさむ》は、生まれてこのかた、もう五回くらい引っこしをしていた。父さんの勤《つと》める銀行は、全国に支店《してん》があって、二、三年にいちどのわりで転勤《てんきん》しなくてはならない。

①勇は転勤がすきだった。見知らぬ町に、はじめて足をふみいれる、あのなんともいえぬきんちょう感がすきだった。

でも、一か月もすればそのきんちょう感もうすれてしまう。日本の町、それも銀行のアパートがあるような町は、だいたいおなじようなものだった。それでも勇は、新しい町に到着《とうちゃく》するたびに、心がときめいた。

勇の心のなかにいつもくすぶっている②〈なにかがしたい〉という気持ちは、どうやら父さんの転勤にも関係《かんけい》があるみたいな気がする。

その証拠《しょうこ》に、勇がなにかすごいことがしたいと感じるのは、いつも、そろそろ父さんの転勤話が出てくるころだからだ。

しかし、いまだに勇は、自分がなにをやりたがっているのか、よくわからなかった。そのくせ、なにかがやりたくていらいらした。ピアノを習ったり、書道塾《しょどうじゅく》にかよってみたり、リトルリーグの野球チームにはいったり、カブスカウトに入団《にゅうだん》したり、勇は、しょっちゅうなにかに③首をつっこんだ。

だが、それらは勇の心のなかにある、なにかとは、まるでちがっていた。

④はやく見つけなくちゃあ、もう十二歳《さい》だものなあ。勇はちかごろ、自分の年齢《ねんれい》がすごく気になる。

（那須正幹《なすまさもと》「ぼくらは海へ」）

(1) ——線①とありますが、なぜですか。（10点）

（　　）

(2) ——線②について、次の問いに答えなさい。

①どんな気持ちなのか、言葉を補《おぎな》って二十字以内《いない》で説明《せつめい》しなさい。（10点）

②なぜ「なにか」と言い表しているのですか。三十字以内で説明しなさい。（10点）

(3) ——線③とは、どういう意味ですか。（10点）

ア 周《まわ》りの子どもにいじわるばかりすること。

イ 自分から関《かか》わったり、参加《さんか》したりすること。

ウ わざときけんな行動をとって、周りの注意をひくこと。

エ 順番《じゅんばん》を守ろうとせず、横入りをすること。

（　　）

(4) ——線④とは、なにを見つけるのですか。十字以内で書きなさい。（10点）

~算　数~

## 標準レベル 1 大きな数
算数①

**解答**

❶ (1)3090000000000
(2)120507000000

❷ (1)7兆《ちょう》5000億《おく》　(2)19億9975万
(3)25億　(4)9999億5000万

❸ (1)① 20　② 563　③ 3480　④ 850
(2)10025036500256

❹ (1)1兆300億　(2)60億4000万
(3)17兆2000億　(4)4兆6000億
(5)1兆2000億　(6)5億6000万

❺ (1)987654321　(2)123456789
(3)598764321

**解説**

❶ (1)三兆九百億は一兆の位《くらい》に3、百億の位に9をあてはめて3090000000000となる。

❷ (1)750億×100＝75000億
＝70000億＋5000億＝7兆5000億となる。
(4)1兆－5000万＝9999億10000万－5000万
＝9999億5000万

❸ (1)位取りを合わせて数を書くと、

| 兆 | | | | 億 | | | | 万 | | | | | | | |
|---|---|---|---|---|---|---|---|---|---|---|---|---|---|---|---|
| 千 | 百 | 十 | 一 | 千 | 百 | 十 | 一 | 千 | 百 | 十 | 一 | 千 | 百 | 十 | 一 |
| | | 2 | 0 | 0 | 5 | 6 | 3 | 3 | 4 | 8 | 0 | 0 | 8 | 5 | 0 |

よって、1兆を20こ、1億を563こ、1万を3480こ、1を850こ合わせた数となる。

❺ (3)6億に近い数は、598764321と612345789の2つある。6億との差《さ》を考えると598764321は1235679で、612345789は12345789だから、598764321のほうが近い。

## 上級レベル 2 大きな数
算数②

**解答**

❶ (1)20005250036
(2)567080250000000

❷ (1)2兆7800億　(2)9550億
(3)5兆600億　(4)7000万　(5)75億
(6)1000億1000万

❸ (1)2000000000990
(2)9000001000

❹ (1)9876543210　(2)1023456789
(3)8853086421　(4)2987654310

**解説**

❶ (1)10億×20＝200億、100万×5＝500万、1万×25＝25万、1×36＝36だから、20005250036
(2)10兆×56＝560兆、
10億×7080＝70800億＝7兆800億、
100万×250＝25000万＝2億5000万だから、
567080250000000

❷ (1)9800億＋1兆8000億＝9800億＋18000億
＝27800億＝2兆7800億
(2)10兆－9兆450億＝100000億－90450億
＝9550億
(4)7000億÷10000＝70000000万÷10000
＝7000万
(6)10兆10億÷100＝100000億100000万÷100＝1000億1000万

❸ (1)1兆－10＋1兆＋1000＝2兆990
(2)100億と10億の差は、100億－10億＝90億
10億よりさらに1000小さい数との差だから、
90億＋1000＝90億1000

❹ (4)30億に近い数は、2987654310と3012456789で、近いのは2987654310のほうである。

## 標準レベル 3 がい数
算数③

**解答**

❶ (1)380　(2)7500　(3)450000
(4)230000　(5)200000　(6)45000

❷ 左から順《じゅん》に、
(1)2400、61000、900000
(2)2000、61000、899000

❸ (1)800　(2)2900　(3)479500

❹ (1)750　(2)10000　(3)12000

❺ いちばん小さい数－265
いちばん大きい数－274

❻ (1)1404万人　(2)525万人
(3)2538万人

**解説**

❶ (　)の中の位までのがい数にするときは、(　)の中の位の1つ下の位を四捨五入《ししゃごにゅう》する。
(1)一の位を四捨五入すると、380になる。
(2)十の位を四捨五入すると、7500になる。
(5)十の位を四捨五入すると、200000になる。

❷ 上から2けたのがい数にするときは、上から3けた目を四捨五入する。
(1)2356は5を四捨五入して2400、60897は8を四捨五入して61000となる。

❸ 切り捨《す》てのしかたで、百の位までのがい数にするときは、十の位以下《いか》を切り捨てる。

❹ 切り上げのしかたで、上から2けたのがい数にするときは、上から3けた目以下を切り上げる。

❺ 一の位を四捨五入して270になる整数のうちで、最《さい》小《しょう》の数は265、最大の数は274である。

❻ 千の位を四捨五入して万の位までのがい数にして計算する。

## 上級レベル 4 がい数 算数④

**解答**

❶ (1)① 4500　② 5499
(2)① 750　② 850
(3)① 3850　② 3950

❷ 最《もっと》も大きいとき－1349
最も小さいとき－251

❸ エベレスト、キリマンジャロ、マッターホルン、富士山《ふじさん》の順《じゅん》に、
(1) 8800 m、5900 m、4500 m、3800 m
(2) 88 cm、59 cm、45 cm、38 cm

❹ 最も低いとき－1150 m
最も高いとき－1249 m

**解説**

❶ (1)四捨五入《ししゃごにゅう》して千の位《くらい》までのがい数にするから、百の位を四捨五入する。よって、その整数は4500から5499までである。
(2)○以上《いじょう》は○をふくみ、△未満《みまん》は△をふくまない。十の位を四捨五入して800になる数は、750から849.999…となる。よって、849.999…を850未満と表して、750以上850未満

❷ けんじさんの書いた整数は、最小《さいしょう》で1150、最大で1249、ちあきさんの書いた整数は、最小で1500、最大で2499である。よって、差《さ》が最《もっと》も大きいのは2499－1150＝1349、最も小さいのは、1500－1249＝251である。

❸ (2) 100 mが1 cmだから、8800 mが88 cm

❹ 100 mを1 cmにするので、100 m未満を四捨五入して1200 mになるのは、1150 mから1249 mまでである。

## 標準レベル 5 わり算の筆算 (1) 算数⑤

**解答**

❶ (1) 4　(2) 18　(3) 45あまり5　(4) 5
(5) 18　(6) 3あまり16　(7) 31　(8) 4
(9) 8あまり4　(10) 23あまり7
(11) 20あまり8

❷ (1) 4　(2) 6　(3) 0

❸ 13本できて、3 cmあまる

❹ 23こ

❺ 20円

❻ 14台

**解説**

❶ (3)

```
    45
 7)320
   28
    40
    35
     5
```

(10)

```
     23
 34)789
    68
    109
    102
      7
```

❷ (1) 14×6＝84だから、4
(2) 118×7＝826だから、6
(3) 45×56＝2520だから、0

❸ 120÷9＝13あまり3　よって、13本できて、3 cmあまる。

❹ ボールだけの重さは、821－200＝621(g)これをボール1この重さでわると、621÷27＝23(こ)である。

❺ 1こ360円で12こ買うと、360×12＝4320(円)これが4080円になったから、12こで4320－4080＝240(円)安くなった。よって、240÷12＝20(円)

別解　ケーキ1このねだんは4080÷12＝340(円)になったから、1こは、360－340＝20(円)安くなった。

❻ 480÷35＝13あまり25より、25人あまるが、この25人が乗るためにもバスはもう1台必要《ひつよう》だから、全部で13＋1＝14(台)

## 上級レベル 6 わり算の筆算 (1) 算数⑥

**解答**

❶ (1) 4253　(2) 57あまり14
(3) 96あまり16
(4) 102　(5) 950　(6) 827あまり23

❷ (1) 2、8　(2) 3　(3) 0、5

❸ (1) 77　(2) 203

❹ (1)

```
    86
 7)602
   56
    42
    42
     0
```

(2)

```
      865
 19)16435
    152
     123
     114
       95
       95
        0
```

❺ 364日と23時間

❻ 商－25　あまり－27

❼ 1人分－3200円　学校－500円

**解説**

❸ (1) 5117－84×60＝77
(2)(13624－23)÷67＝203

❹ (1) 56÷7＝8、次に7のだんの九九で一の位《くらい》が2になるのは、7×6＝42だから6
(2) 152÷19＝8、114÷19＝6、19×5＝95と考える。

❺ 1日は24時間だから、8759÷24＝364あまり23

❻ ある数は、48×29＋35＝1427だから、1427÷56＝25あまり27

❼ 48500÷15＝3233あまり5
よって、1人分は3200円だから、
学校からは、48500－3200×15＝500(円)

## 標準レベル 7 計算のきまり
算数⑦

**解答**

❶ (1) 13 (2) 24 (3) 34 (4) 57
(5) 8 (6) 2 (7) 12 (8) 10 (9) 10

❷ (1)式−(27+96)÷3 答え−41
(2)式−(127−67)×5 答え−300
(3)式−(12+3)×(27−15) 答え−180

❸ (1)式−240×5+50 答え−1250円
(2)式−12×30÷9 答え−40人
(3)式−(3960−120×6)÷6
または、3960÷6−120
答え−540円
(4)式−500−(15×12+25×8)
答え−120こ

**解説**

❶ かけ算、わり算、( )の計算からする。
(1) 20−(15−8)=20−7=13
(2) 18+2×3=18+6=24
(3) 40−24÷4=40−6=34
(4)(36−17)×3=19×3=57
(6) 28÷(7×2)=28÷14=2
(7) 6×8−12×3=48−36=12
(9)わり算とかけ算の順《じゅん》じょを入れかえると、計算しやすくなる。5÷6×12=5×12÷6=60÷6=10

❷ (1) 27と96の和を先に計算してから、3でわるから、27と96の和に( )がつく。
(2) 127と67の差《さ》に( )をつける。
(3) 12と3の和、27と15の差にそれぞれ( )をつける。

❸ (3) 3960円からお茶代をひいて、べん当代だけにする。
(4)子どもに分けるおはじきは、15×12(こ)、おとなに分けるおはじきは、25×8(こ)

## 上級レベル 8 計算のきまり
算数⑧

**解答**

1 (1) 432 (2) 5 (3) 88 (4) 7

2 (1)式−(875−25×18)÷25 答え−17
(2)式−48−18÷3×6 答え−12

3 (1)式−2000−(120×5+150×6)
答え−500円
(2)式−(300−5×24)÷4 答え−45こ
(3)式−(3500+100)÷12 答え−300円
(4)式−150−{13600−(300−100)×8}÷120 答え−50円

**解説**

1 (1) 36×(17−90÷18)=36×(17−5)=36×12=432
(2) 54÷9×3−(72÷8+4)=6×3−(9+4)=18−13=5
(3) {324÷(18÷2)}×3−{42÷7+(35−42÷2)}=(324÷9)×3−{6+(35−21)}=36×3−(6+14)=108−20=88
(4) {(23−17)×4−3×(5+13)÷3}÷2+4={6×4−3×18÷3}÷2+4=(24−18)÷2+4=6÷2+4=3+4=7

2 (1)「875から25と18の積をひいて」は875−25×18で、これに( )をつける。
(2)「18を3でわった商に6をかける」は18÷3×6で、これを48からひくので、48−18÷3×6となる。

3 (4)まず子どもの入園料《にゅうえんりょう》の合計を求める。
13600−(300−100)×8が子どもの入園料の合計で、これを120人でわって、150円との差をみる。

## 標準レベル 9 わり算の筆算 (2)
算数⑨

**解答**

❶ (1) 27 (2) 52 (3) 108 (4) 504
(5) 84あまり71 (6) 13
(7) 43あまり230 (8) 313あまり170
(9) 308 (10) 4070 (11) 51あまり50
(12) 960

❷ (1)

```
           8 [5]
378)[3][2][1][3] 0
    [3][0][2][4]
       [1][8][9] 0
       [1][8][9][0]
                 0
```

(2)

```
           7 [8]
903)[7][0][4][3] 4
    [6][3][2][1]
       [7][2][2] 4
       [7][2][2][4]
                 0
```

❸ (1) 5倍と606 m (2) 876倍と616 m

❹ 505こ

**解説**

❷ (1) 378×8=3024、378×□の答えの一の位《くらい》が0になるのは□が0か5のときだが、0では4けたの整数にはならない。よって、□は5になる。
378×5=1890 30240+1890=32130
(2) 903×7=6321、903×□の答えの一の位が4になるのは□が8のときである。903×8=7224
63210+7224=70434

❸ (2) 556 km=556000 mだから、
556000÷634=876あまり616
よって、876倍と616 m

❹ 636 kg300 g=636300 gだから、
636300÷1260=505(こ)

## 上級レベル 10 わり算の筆算 (2)　算数⑩

### 解答

1 (1) 13　(2) 707　(3) 63 あまり 57
2 (1) 24　(2) 7　(3) 22
3 22 あまり 60
4 46
5 56 こ
6 (1) 540 円
(2) 396 人
(3) 85 人

### 解説

2 (1) □ = (3010 − 58) ÷ 123 = 24
(2) □ = (11696 + 1489) ÷ 879 − 8 = 7
(3) □ = 2400 ÷ (577 − 97) + 17 = 22

3 □を使って式をつくると、
□ ÷ 488 = 27 あまり 18 だから、
□ = 488 × 27 + 18
よって、□ = 13194
13194 ÷ 597 = 22 あまり 60

4 □を使って式をつくると、
24400 ÷ (□ + 15) − 123 = 277 だから、
□ = 24400 ÷ (277 + 123) − 15 = 46

5 プラスチックの入れもの 1 こには 12 × 9 = 108(箱)のべん当が入る。
よって、6048 ÷ 108 = 56(こ)

6 (1) 124200 ÷ 230 = 540(円)
(2) 102960 ÷ 260 = 396(人)
(3) ハンバーガーは、119020 ÷ 220 = 541(人) が食べたことになる。ハンバーガーを食べたおとなは、
541 − 396 = 145(人)
よって、ハンバーガーを食べなかったおとなは、
230 − 145 = 85(人)

## 標準レベル 11 小数のたし算とひき算　算数⑪

### 解答

1 (1) 7.9　(2) 17.6　(3) 11.6　(4) 45.5
(5) 16.06　(6) 100.67
2 (1) 4.2　(2) 0.2　(3) 19.6　(4) 2.76
(5) 9.87　(6) 0.29
3 (1) 11.474　(2) 25.47　(3) 1.316
4 0.9 L
5 2.995 km
6 お寺の前を通っていく方が 0.15 km 近い、150 m

### 解説

1 小数点の位置《いち》に注意して、位《くらい》をそろえる。

(2)
```
   5
+ 12.6
  17.6
```
(5)
```
   3.5
+ 12.56
  16.06
```

2 小数点の位置に注意して、位をそろえる。

(2)
```
  4
− 3.8
  0.2
```
(5)
```
  31.87
− 22
   9.87
```

4 2 L のペットボトル 2 本だから、
水の量《りょう》は 2 × 2 = 4(L)
ひろしさんの水とうに 1.6 L、みきさんの水とうに 1.5 L 入れたから、残《のこ》りは、4 − (1.6 + 1.5) = 0.9(L)

5 小数点の位置に注意して、位をそろえる。

```
  42.195
− 39.2
   2.995
```

6 家から病院の前を通って学校に行くときの道のりは、
1.24 + 0.87 = 2.11(km)
家からお寺の前を通って学校に行くときの道のりは、
0.56 + 1.4 = 1.96(km) よって、家からお寺の前を通って学校に行くほうが近く、その道のりの差《さ》は、
2.11 − 1.96 = 0.15(km) = 150(m)

## 上級レベル 12 小数のたし算とひき算　算数⑫

### 解答

1 (1) 23.88　(2) 21.5　(3) 11.48
(4) 8.45　(5) 0.273　(6) 0.411
2 (1) 120 cm　(2) 500 g　(3) 3005 m
(4) 3.15 kg　(5) 0.48 km　(6) 0.78 t
3 (1) 1.88　(2) 2.592　(3) 1.114　(4) 642
4 (1) 8.508　(2) 0.144　(3) 2.225

### 解説

1 小数点の位置に注意して、筆算をする。
(2) 0.058 + 18 + 3.442 = 0.058 + 3.442 + 18
= 3.5 + 18 = 21.5

2 次の基本単位《きほんたんい》を利用《りよう》する。
(1) 1 m = 100 cm だから、1.2 m = 120 cm
(2) 1 kg = 1000 g だから、0.5 kg = 500 g
(3) 1 km = 1000 m だから、3 km5 m = 3005 m
(4) 1 kg = 1000 g だから、3150 g = 3.15 kg
(5) 1 km = 1000 m だから、480 m = 0.48 km
(6) 1 t = 1000 kg だから、780 kg = 0.78 t

3 (1) 2.6 km + 780 m − 1.5 km
= 2.6 km + 0.78 km − 1.5 km = 1.88 km
(2) 10 cm + 2.5 m − 8 mm = 0.1 m + 2.5 m − 0.008 m
= 2.592 m
(3) 0.58 L − 1.5 dL + 684 mL
= 0.58 L − 0.15 L + 0.684 L = 1.114 L
(4) 1.44 kg − 8 g × 100 + 1 mg × 2000
= 1440 g − 800 g + 2 g = 642 g

4 (1) □ = 3.001 + 10.587 − 5.08 = 8.508
(2) □ = 7 − 4.88 − 1.976 = 0.144
(3) □ = (5.87 + 12.78 + 3.6) ÷ 10 = 2.225

## 標準レベル 13 小数のかけ算
算数⑬

### 解答

❶ (1) 0.8　(2) 1.8　(3) 2　(4) 22.2
(5) 0.24　(6) 0.3　(7) 4.92　(8) 0.056
(9) 0.04　(10) 9.45　(11) 6.2　(12) 2.135

❷ (1) 2543.2　(2) 254.32　(3) 25.432

❸ (1) 9.6　(2) 29　(3) 53.6　(4) 101.4
(5) 364.8　(6) 360.4　(7) 21　(8) 17.8
(9) 44

❹ 23.8 m

❺ 89.6 $m^2$

### 解説

❶ (3) $0.4\times5=4\times5\div10=20\div10=2$
(7) $1.23\times4=123\times4\div100=492\div100=4.92$
(11) $1.24\times5=124\times5\div100=620\div100=6.2$
(12) $0.305\times7=305\times7\div1000=2.135$

❷ (1) $37.4\times68=374\times68\div10=25432\div10=2543.2$
(2) $3.74\times68=374\times68\div100=25432\div100$
$=254.32$
(3) $0.374\times68=374\times68\div1000$
$=25432\div1000=25.432$

❸ (4)
7.8
× 13
234
78
101.4

(5)
6.4
× 57
448
320
364.8

(9)
0.8
× 55
40
40
44.0

❹ $0.85\times28=23.8$ (m)

❺ 長方形の面積《めんせき》＝たて×横 だから、
$12.8\times7=89.6$ ($m^2$)

## 上級レベル 14 小数のかけ算
算数⑭

### 解答

❶ (1) 8.26　(2) 49.92　(3) 44.9
(4) 238.76　(5) 812.6　(6) 544.5

❷ (1) 114　(2) 1256

❸ (1) 133　(2) 152.49　(3) 75.04
(4) 86.64

❹ (1) 260　(2) 31.2　(3) 1551
(4) 12.7806

❺ 169.2 L

❻ 5510 $cm^2$

### 解説

❷ (1) $7.6\times28-7.6\times13=7.6\times(28-13)$
$=7.6\times15=114$
(2) $12.56\times32+12.56\times68=12.56\times(32+68)$
$=12.56\times100=1256$

❸ (1) $4.75\times4\times7=19\times7=133$
(2) $0.782\times13\times15=0.782\times15\times13$
$=11.73\times13=152.49$
(4) $20.56+9.44\times7=20.56+66.08=86.64$

❹ (1) $(1.8+8.6)\times25=10.4\times25=260$
(2) $7.35\times(1.25\times8)-42.3=7.35\times10-42.3$
$=73.5-42.3=31.2$
(3) $70.5\times(3.76+18.24)=70.5\times22=1551$
(4) $(1.2-0.8957)\times42=0.3043\times42=12.7806$

❺ $3.6\times23+1.8\times48=82.8+86.4=169.2$ (L)

❻ 長方形のシール 1 まいの面積は、$4.6\times7=32.2$ ($cm^2$) だから、
450 まいは、$32.2\times450=14490$ ($cm^2$) となる。
2 $m^2$＝20000 $cm^2$ だから、シールのはられていないかべの面積は、
$20000-14490=5510$ ($cm^2$)

## 標準レベル 15 小数のわり算
算数⑮

### 解答

❶ (1) 0.8　(2) 0.7　(3) 2.7　(4) 7.7
(5) 0.16　(6) 0.145　(7) 3.75　(8) 0.75
(9) 0.125

❷ (1) 3.8 あまり 0.4　(2) 0.4 あまり 0.1
(3) 1.3 あまり 0.8　(4) 1.6 あまり 1.1
(5) 2.0 あまり 1.4　(6) 1.2 あまり 0.2

❸ (1) 4.6　(2) 2.2　(3) 7.1

❹ 0.8倍

❺ 4 ふくろできて、0.8 kg あまる

❻ 14 本できて、2.14 L あまる

### 解説

❷ (4)あまりの小数点の位置《いち》に気をつける。

1.6
19 ) 31.5
19
125
114
1.1

❸ (1)小数第二位を四《し》捨五入《しゃごにゅう》する。

4.61
21 ) 97.00
84
130
126
40
21
19

❹ オレンジジュースの量をもとにして考える。
$2.4\div3=0.8$ (倍)

❺ $12.8\div3=4$ あまり 0.8 より、4 ふくろできて、0.8 kg あまる。

❻ A のようきと B のようきに入っている牛にゅうの合計は、$15.48+28.66=44.14$ (L)。
これを 3 L ずつに分けるから、
$44.14\div3=14$ あまり 2.14 より、
14 本できて、2.14 L あまる。

## 上級レベル 16 小数のわり算
算数⑯

### 解答

**1** (1) 0.046　(2) 1.47　(3) 3.1728
(4) 0.785　(5) 0.025　(6) 0.48

**2** (1) 0.19 あまり 0.02　(2) 0.90 あまり 0.05
(3) 0.25 あまり 0.07　(4) 0.60 あまり 0.29
(5) 0.12 あまり 0.47　(6) 2.67 あまり 0.01
(7) 1.88 あまり 0.36　(8) 2.70 あまり 0.56
(9) 0.25 あまり 2.59

**3** (1) 8.604　(2) 16.43

**4** 0.68 kg

**5** ある数－267.9
正しい答え－4.7

### 解説

**2** あまりの小数点の位置《いち》に注意する。

(2)
```
     0.90
 9)8.15
   81
   0.05
```

(6)
```
      2.67
 27)72.10
    54
    181
    162
     190
     189
     0.01
```

(7)
```
        1.88
 123)231.60
     123
     1086
      984
     1020
      984
      0.36
```

**3** (1)(23.58＋19.44)÷(0.4×3＋0.6×4＋0.2×7)
＝43.02÷(1.2＋2.4＋1.4)＝43.02÷5＝8.604
(2)(12.3×8＋1.08÷6)÷(1.25×4＋1)
＝(98.4＋0.18)÷(5＋1)＝98.58÷6＝16.43

**4** 計量《けいりょう》カップで取り出したお米の重さは、
18.6－2.96＝15.64(kg)
これが計量カップ 23 はい分だから、
1 ぱい分は、15.64÷23＝0.68(kg)

**5** ある数は、15270.3÷57＝267.9 だから、
正しい答えは、267.9÷57＝4.7

## 標準レベル 17 角の大きさ
算数⑰

### 解答

**1** (1) 180　(2) 45

**2** (1) 43°　(2) 62°

**3** (1)ア－60°　イ－120°
(2)ウ－72°　エ－216°

**4** (1) 135°　(2) 75°　(3) 15°　(4) 45°

**5** (1)長いはり－6°　短いはり－0.5°
(2)長いはり－60°　短いはり－5°
(3)長いはり－240°　短いはり－20°

### 解説

**1** 1 直角＝90°
(1) 2 直角＝90°×2＝180°
(2) $\frac{1}{2}$ 直角＝90°÷2＝45°

**2** 交わる 2 直線でできる向かい合う角の大きさは等しい。

**3** (1) 360°の 6 等分＝60°（1 つ分の角度）
(2) 360°の 10 等分＝36°（1 つ分の角度）

**4** 三角じょうぎの角度は下の図のようになっている。

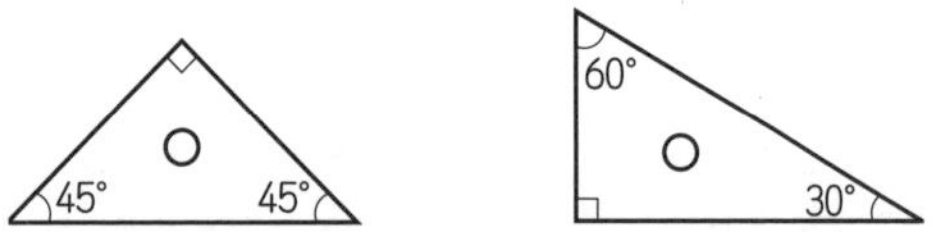


(1) 45°＋90°＝135°
(2) 30°＋45°＝75°
(3) 60°－45°＝15°
(4) 90°－45°＝45°

**5** (1)時計の長いはりは 1 時間で 360°まわるので 1 分では、360°÷60＝6°まわる。
時計の短いはりは 1 時間で 30°まわるので 1 分では、30°÷60＝0.5°まわる。
(2) 6°×10＝60°、0.5°×10＝5°
(3) 6°×40＝240°、0.5°×40＝20°

## 上級レベル 18 角の大きさ
算数⑱

### 解答

**1** (1) 71°　(2) 105°　(3) 75°

**2** (1) 32°　(2) 103°

**3** (1) 120°　(2) 75°　(3) 125°

**4** (1) 85°　(2) 95°　(3) 35°

**5** 109°

### 解説

**1** (1) 90°－(45°－26°)＝71°
(2)三角形の 3 つの角の和は 180°になるので、
180°－30°－45°＝105°
(3) 180°－45°－60°＝75°
交わる 2 直線でできる向かい合う角の大きさは等しいので、
ア＝75°になる。

**2** (1) 112°－(260°－180°)＝32°
(2) 180°－52°－(180°－130°)÷2＝103°

**3** (2)右の図で、アの角度は時計の短いはりが 30 分で動く角度だから、
0.5°×30＝15°
よって、求《もと》める角度は、
90°－15°＝75°

(3)右の図でイの角度は時計の長いはりが 10 分で動く角度だから、
6°×10＝60°　ウの角度は時計の短いはりが 10 分で動く角度だから、
0.5°×10＝5°
よって、求める角度は、
180°－60°＋5°＝125°

**4** 多角形の外角の和は 360°になる。このことを使って角度を求める。
(1) 360°－135°－140°＝85°

(2) 360° − 110° − 100° − 55° = 95°

(3) 360° − 72° − 54° − 77° − 47° − 75° = 35°

**5** ○+○+●+● = 180° − 38° = 142°

だから、○+● = 142° ÷ 2 = 71°

よって、ア = 180° − 71° = 109°

## 標準レベル 19 垂直・平行と四角形
算数⑲

### 解答

**1**

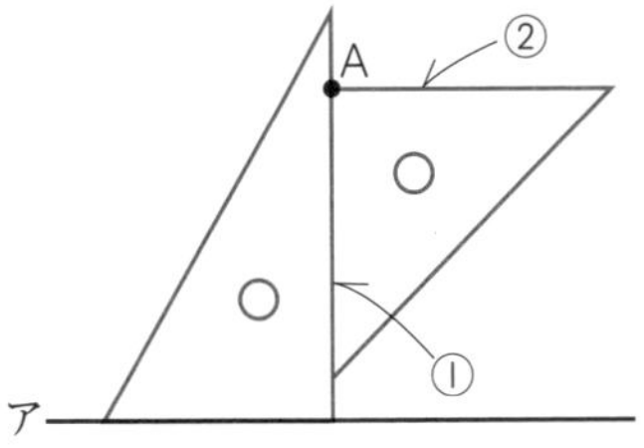


**2** (1) 58°

(2) 70°

**3** ア−62°　イ−62°　ウ−66°

**4** ア−55°　イ−110°

**5** (1)正方形、ひし形

(2)正方形、長方形、ひし形、平行四辺形

(3)正方形、長方形

### 解説

**2** 同じ印《しるし》の角の大きさは等しい。

(1)

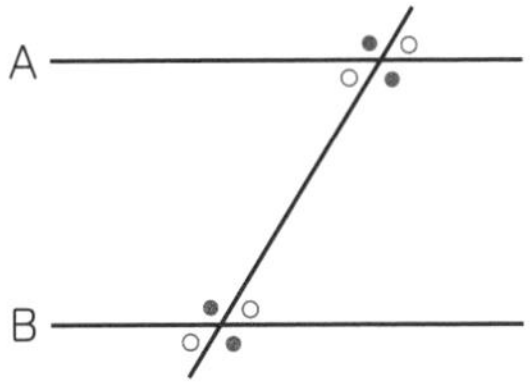


(2)平行線をひいて考える。

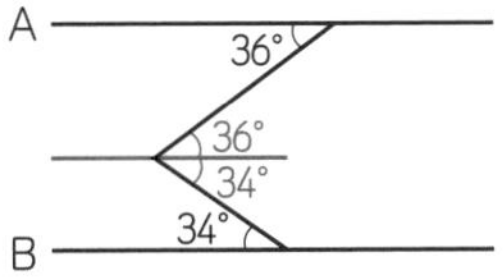


ア = 36° + 34° = 70°

**4** 同じ印の角の大きさは等しい。

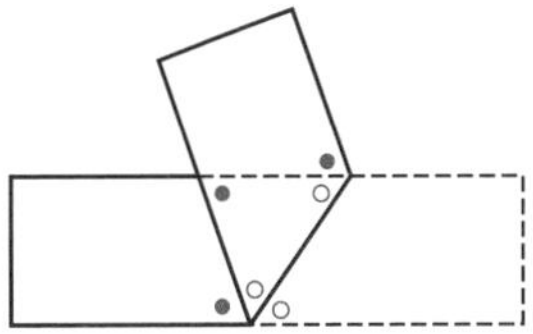

ア = (180° − 70°) ÷ 2 = 55°

イ = 180° − 70° = 110°

## 上級レベル 20 垂直・平行と四角形
算数⑳

### 解答

**1** (1) 42°　(2) 37°　(3) 27°　(4) 33°

**2** 96°

**3** 40°

**4** (1)正方形　(2)ひし形

### 解説

**1** (2)平行線をひいて考える。下の図より、

ア = 18° + 19° = 37°

(4)下の図より、ア = 33°

(2)

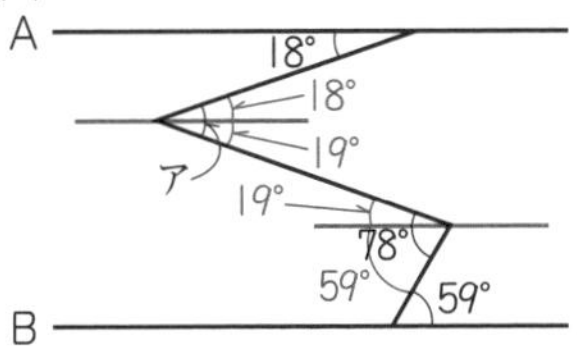


(4)

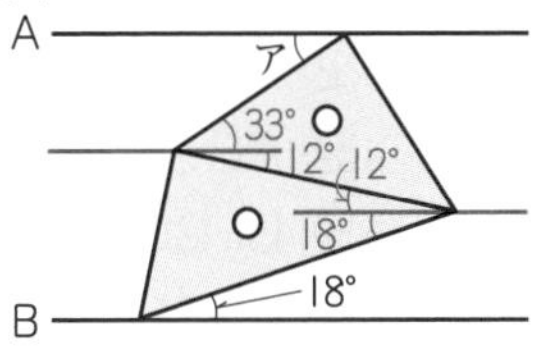


**2** 右の図のように、折《お》り返した図形をもどして考える。

ア = 48° + 48° = 96°

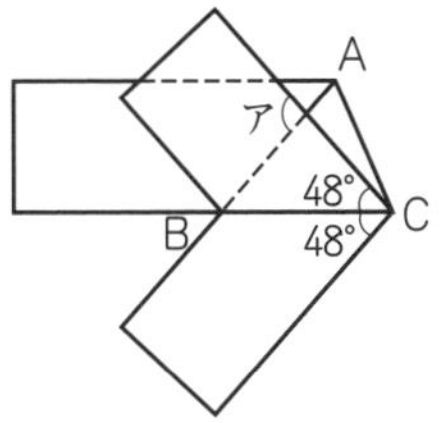


**3** 折り返した図形だから、65°を利用《りよう》する。あとは三角形の3つの角の和が180°、一直線の角は180°を利用する。

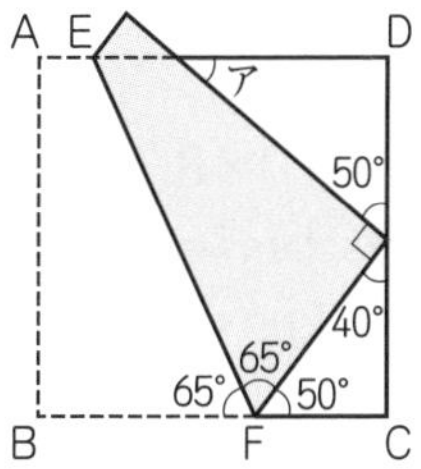


**4** (1)

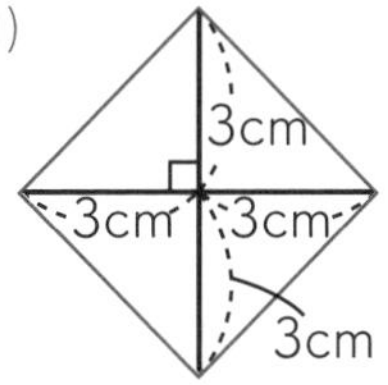


(2)

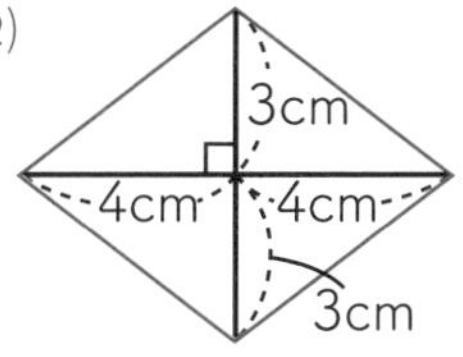


## 標準レベル 21 面　積
算数㉑

### 解答

**1** (1) 96 $cm^2$　(2) 196 $m^2$　(3) 168 $km^2$

(4) 96 $cm^2$　(5) 125 $cm^2$　(6) 64 $m^2$

**2** (1) 10000　(2) 1000000　(3) 100

(4) 100、10000　(5) 5000000

(6) 8400

**3** 1440000 $m^2$、14400 a、144 ha、1.44 $km^2$

**4** 10 cm

### 解説

**1** 長方形の面積《めんせき》 = たて × 横、正方形の面積 = 1 辺 × 1 辺

(1) 8 × 12 = 96($cm^2$)

(2) 14 × 14 = 196($m^2$)

(3) 2つの長方形に分けて考える。

12 × 6 + 8 × (18 − 6) = 168($km^2$)

(4) 2つの長方形と1つの正方形に分けて考える。

12 × 4 + 8 × 4 + 4 × 4 = 96($cm^2$)

解答 算数

(5) 5 つの正方形 = 5 × 5 × 5 = 125(cm$^2$)

(6)長方形 − 長方形 − 正方形

= 10 × 8 − 2 × 6 − 2 × 2 = 64(m$^2$)

❷ 1 m$^2$ = 100 cm × 100 cm = 10000 cm$^2$

1 km$^2$ = 1000 m × 1000 m = 1000000 m$^2$

1 a = 10 m × 10 m = 100 m$^2$

1 ha = 100 m × 100 m = 10000 m$^2$ = 100 a

(5) 5 km$^2$ = 5 × 1000000 m$^2$ = 5000000 m$^2$

(6) 84 a = 84 × 100 m$^2$ = 8400 m$^2$

❸ 2400 m × 600 m = 1440000 m$^2$

これを❷を利用《りよう》して単位《たんい》をかえる。

❹ もとの長方形の面積は、18 × 35 = 630(cm$^2$)

新しい長方形の横は、630 ÷ (18 − 4) = 45(cm)

よって、長くする長さは、45 − 35 = 10(cm)

## 上級レベル 22 面　積 算数㉒

**解答**

1 (1) 80 m$^2$ (2) 116 m$^2$

2 (1) 416 m$^2$ (2) 440 m$^2$

3 (1) 3500000

(2) 4.8

(3) 0.75

(4) 840

4 6 m

5 144 cm$^2$

**解説**

1 (1)(1 辺《ぺん》が 12 m の正方形) − (1 辺が 8 m の正方形)

= 12 × 12 − 8 × 8 = 80(m$^2$)

(2)(たて 13 m、横 20 m の長方形) − (たて 9 m、横 16 m の長方形) = 13 × 20 − 9 × 16 = 116(m$^2$)

2 下の図のように、道をはしによせて考える。

(1)は、(20 − 4) × (30 − 4) = 16 × 26 = 416(m$^2$)

(2)は、(20 − 4) × (30 − 4) + 4 × 6 = 416 + 24 = 440(m$^2$)

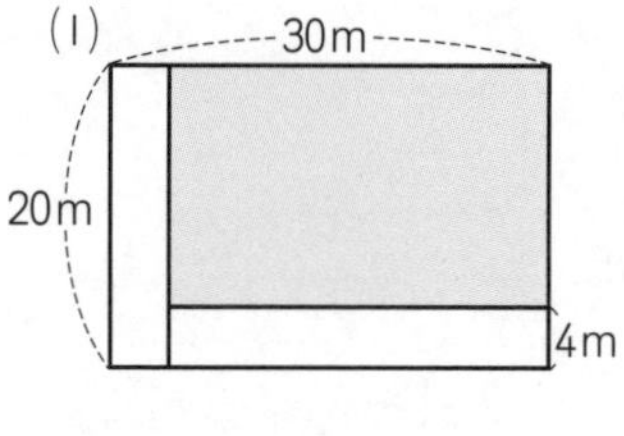


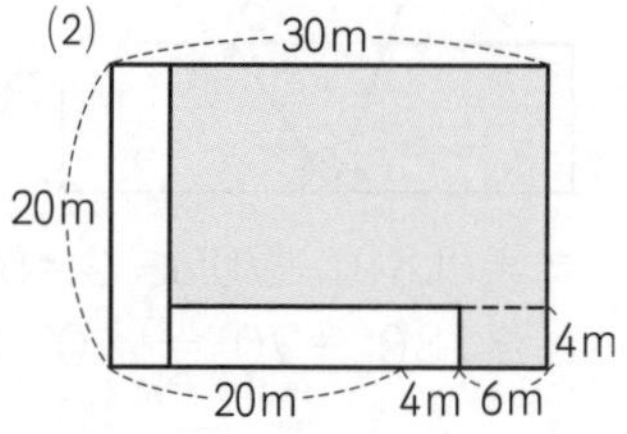


4 長方形の面積《めんせき》は、4 × 9 = 36(m$^2$)

正方形の面積 = 1 辺 × 1 辺、6 × 6 = 36 より、1 辺は 6 m

5 長方形のたて + 横は、120 ÷ 2 = 60(cm)で、

長方形の横は、60 − 18 = 42(cm)だから、

長方形の面積は、18 × 42 = 756(cm$^2$)

正方形の 1 辺は、120 ÷ 4 = 30(cm) だから、

正方形の面積は、30 × 30 = 900(cm$^2$)

よって、正方形のほうが 900 − 756 = 144(cm$^2$) 広い。

## 標準レベル 23 直方体と立方体 算数㉓

**解答**

1 (1)辺《へん》BC、辺 FG、辺 EH

(2)辺 AE、辺 HE、辺 BF、辺 GF

(3)辺 EF、辺 FG、辺 GH、辺 HE

(4)辺 AD、辺 BC、辺 FG、辺 EH

(5)面 BFGC

(6)面 ABCD、面 DCGH、面 HGFE、面 ABFE

(7)辺 FG、辺 EH、辺 CG、辺 DH

2 (1)面 KFGJ

(2)面 ANCB、面 MLKN、面 JGFK、面 CFED

(3)点 J

(4)点 D、点 H

(5)辺 JI

(6)辺 AB、辺 ML、辺 NK、辺 NC、辺 IH、辺 JI

(7)面 NKFC、面 JIHG

(8)面 NKFC、面 CDEF

**解説**

1 (1)辺 AD に平行な辺は右の図の○のついた 3 本

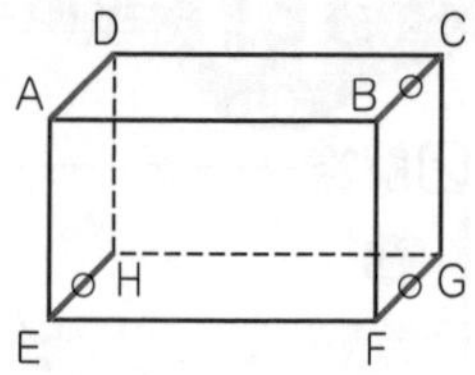


(2)辺 EF に垂直《すいちょく》な辺は右の図の○のついた 4 本

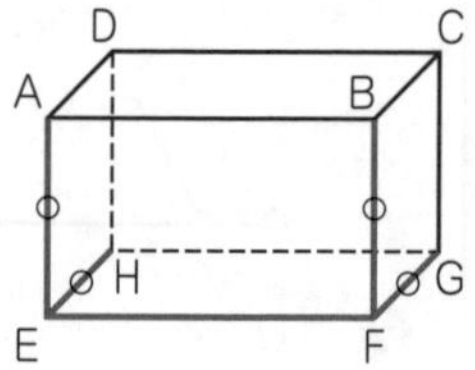


(3)面 ABCD に平行な辺は右の図の○のついた 4 本

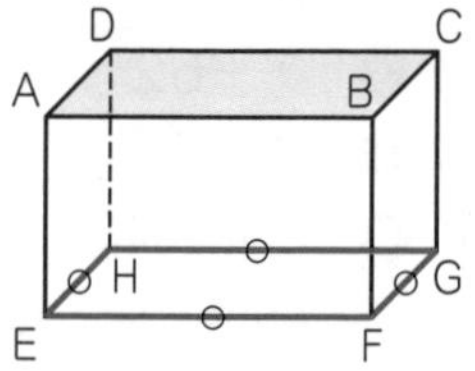


(4)面 AEFB に垂直な辺は右の図の○のついた 4 本

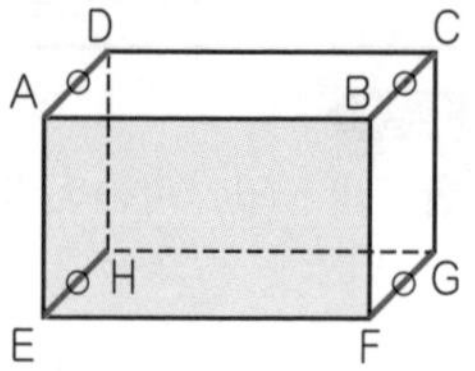


(5)面 AEHD と平行な面は右の図の、四角形 BFGC の面

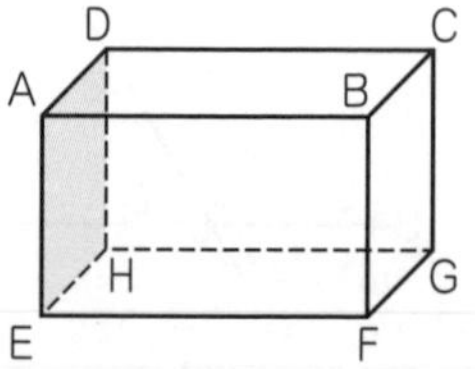

(6)面 AEHD に垂直な面は右の図の、四角形 ABCD、CDHG、HEFG、AEFB の 4 つの面

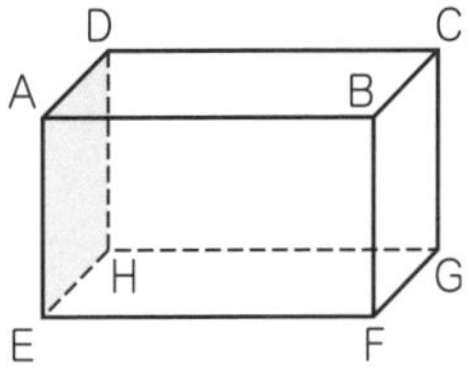


(7)辺 AB と平行でも垂直でもない辺は右の図の○のついた 4 本

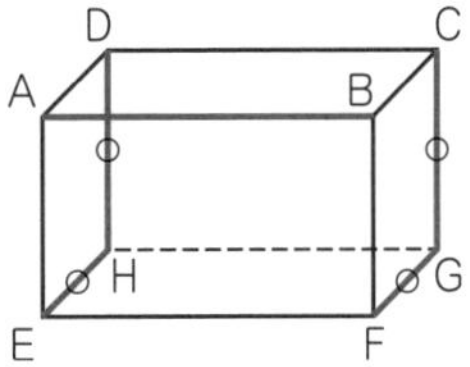


❷ てん開図を、右の図のように、組み立てて考える。

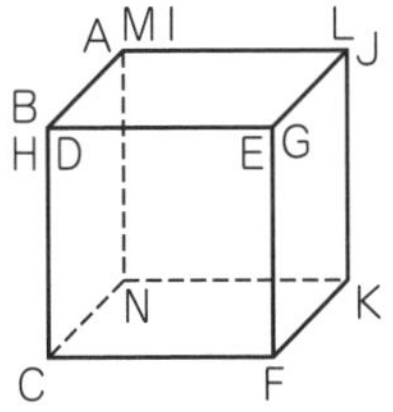


## 上級レベル 24 直方体と立方体

算数㉔

**解答**

❶ イ、オ

❷ (1)

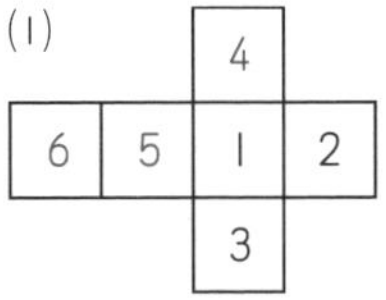


(2)

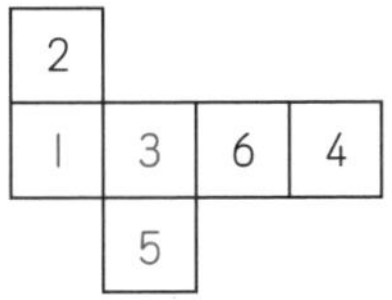


(3)

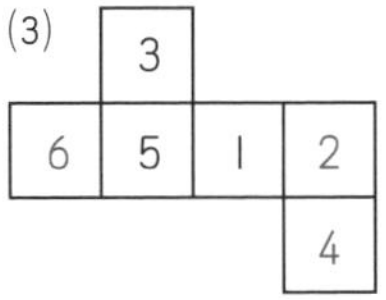


(4)

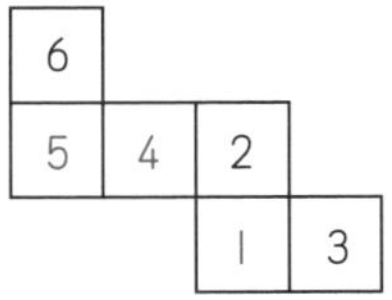


❸ (1) $5200\,cm^2$ (2) 245 cm

❹ (1) 12 こ (2) 6 こ

**解説**

❶ イとオは、右の図の色のついた部分が重なるので、立方体にはならない。

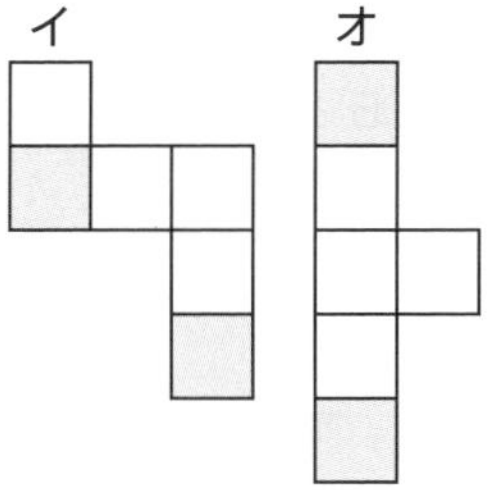


❷ (1)〜(4)のそれぞれで、立方体を組み立てて、向かい合う面の数の和が 7 になるように数字を入れる。

❸ (1)はった紙の面積《めんせき》は、この直方体の表面の面積と等しいから、

$30\times40\times2+20\times(30+40+30+40)$

$=5200(cm^2)$

(2)ひもの長さは、$40\times2+30\times2+20\times4+25$

$=245(cm)$

❹ 3 つの面が赤い立方体は、角の 8 こ。2 つの面が赤い立方体は、各面《かくめん》の真ん中の列の両はしの 12 こ。1 つの面が赤い立方体は、各面の真ん中の 6 こ。

## 標準レベル 25 位置の表し方

算数㉕

**解答**

❶ B (横 5、たて 3)、C (横 1、たて 6)、
D (横 7、たて 7)、E (横 4、たて 0)

❷ B (横 5 cm、たて 8 cm、高さ 0 cm)
E (横 5 cm、たて 0 cm、高さ 6 cm)
G (横 0 cm、たて 8 cm、高さ 6 cm)
H (横 7 cm、たて 0 cm、高さ 0 cm)
I (横 7 cm、たて 2 cm、高さ 0 cm)
J (横 5 cm、たて 2 cm、高さ 0 cm)
N (横 5 cm、たて 2 cm、高さ 2 cm)
M (横 7 cm、たて 2 cm、高さ 2 cm)

❸ (1) B (横 2、たて 1)、C (横 0、たて 6)、
X (横 6、たて 0)
(2) D (横 0、たて 3)、E (横 4、たて 0)、
F (横 0、たて 2)、G (横 4、たて 0)、
X (横 0、たて 2)

❹ B (横 3、たて 0、高さ 3)、
C (横 4、たて 2、高さ 0)、
D (横 0、たて 2、高さ 3)、
E (横 3、たて 2、高さ 3)

**解説**

❶ 横は点 O から右に数え、たてはそこから上に数える。
(1)点 B は点 O から右に 5 つ、そこから上に 3 つのところにあるので、(横 5、たて 3)と表す。

❷ 横は点 O から右に数え、たてはそこからおくに数え、高さはそこから上に数える。
(1)点 B は点 O から右に 5 cm、おくに 8 cm、上に 0 cm のところにあるので、
(横 5 cm、たて 8 cm、高さ 0 cm)と表す。

❸ (1) O → B は右に 2(横 2)、上に 1(たて 1)より、
(横 2、たて 1)
B → C は右に 0(横 0)、上に 6(たて 6)より、
(横 0、たて 6)
C → X は右に 6(横 6)、上に 0(たて 0)より、
(横 6、たて 0)
(2) O → D は右に 0(横 0)、上に 3(たて 3)より、
(横 0、たて 3)
D → E は右に 4(横 4)、上に 0(たて 0)より、
(横 4、たて 0)
E → F は右に 0(横 0)、上に 2(たて 2)より、
(横 0、たて 2)
F → G は右に 4(横 4)、上に 0(たて 0)より、
(横 4、たて 0)
G → X は右に 0(横 0)、上に 2(たて 2)より、
(横 0、たて 2)

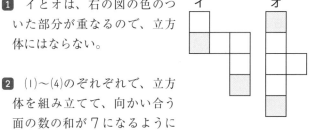

❹ O→Bは、右に3、おくに0、上に3だから、
（横3、たて0、高さ3）
O→Cは、右に4、おくに2、上に0だから、
（横4、たて2、高さ0）
O→Dは、右に0、おくに2、上に3だから、
（横0、たて2、高さ3）
O→Eは、右に3、おくに2、上に3だから、
（横3、たて2、高さ3）

## 上級レベル 26 位置の表し方
算数㉖

### 解答

**1** C（4、1）、H（5、7）、L（6、7）

**2** (1)（横5cm、たて0cm、高さ0cm）
(2) 10cm
(3)（横5cm、たて4cm、高さ4cm）

**3** (1)（横4、たて5）
(2)（横20、たて10）
(3)（横52、たて29）
(4)① 55cm
②（横25、たて11）

### 解説

**1** 点C、点H、点Lの位置《いち》は、右の図のようになる。

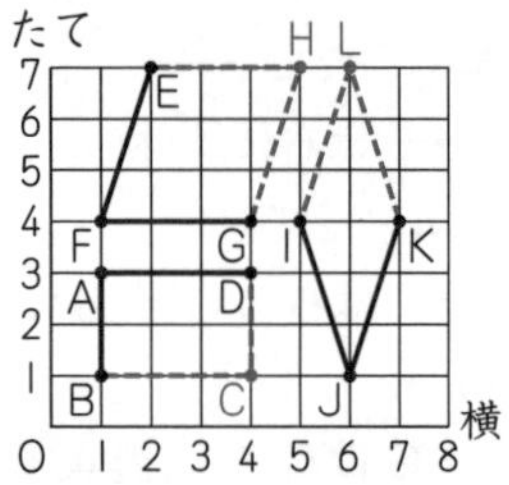


**2** (1)点Oと点Aのまん中の点は、点Oから横に5cmのところ。
よって、（横5cm、たて0cm、高さ0cm）である。
(2)点Oと点Gのまん中の点は
（横0cm、たて4cm、高さ4cm）、
点Eと点Bのまん中の点は
（横10cm、たて4cm、高さ4cm）で、
下の図の太い線が求《もと》めるきょりになる。たてと高さは同じ数だから、そのきょりは10cm

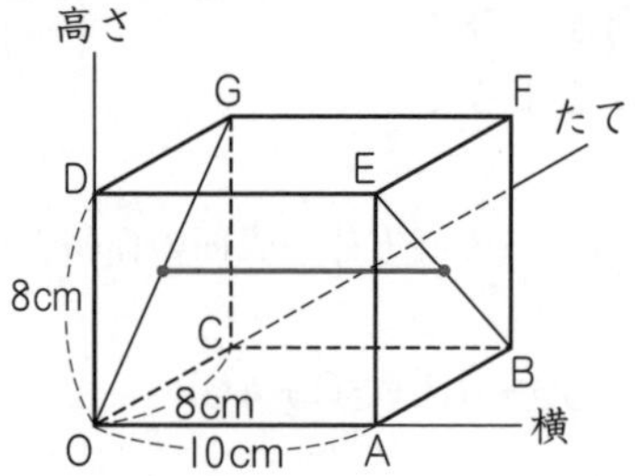


**3** (2)、(3)は4秒間かくで同じ動きをしていることに注目する。4秒後（2、1）、8秒後（4、2）、…となるので、規則性《きそくせい》を利用《りよう》して考える。
(4)① 4秒で3＋4＋1＋3＝11（cm）動く。
よって、20秒では20÷4＝5だから、
11×5＝55（cm）動く。
② 124cm動くのに、124÷11＝11あまり3cmとなり、4×11＝44（秒）とあと3cm動くのに1秒かかる。44秒後に点Pは
（横2×11、たて1×11）→（横22、たて11）まで動く。
よって、あと3cm右に動くので、点Pは
（横22＋3、たて11）で、（横25、たて11）の位置まで動く。

## 標準レベル 27 折れ線グラフ
算数㉗

### 解答

❶ (1) 8点
(2) 3回目
(3) 2回目から3回目、7点

❷

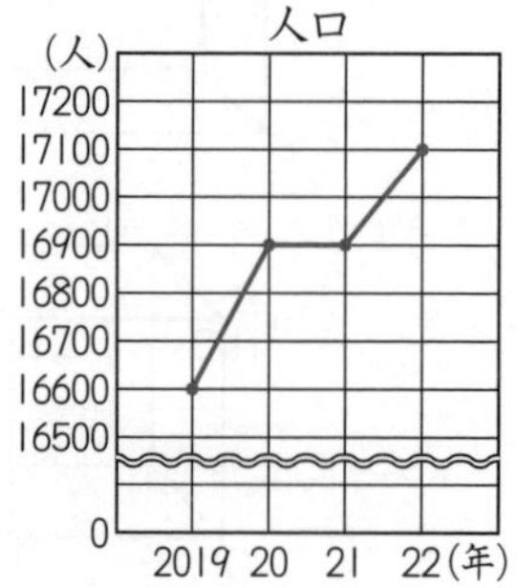


❸ (1) 0.2度
(2)水曜日で39.8度
(3)金曜日から土曜日、2.2度

❹ ぼうグラフ－イ、ウ、エ
折れ線グラフ－ア

### 解説

❶ (1) 1目もりが1点だから、4回目の得点《とくてん》は8点
(2) 3回目が9点でいちばん得点が高い。
(3) 2回目から3回目が最《もっと》も得点が上がっている。
2回目が2点、3回目が9点。よって、7点上がっている。

❷ 2019年は16600人、2020年は16900人、2021年は16900人、2022年は17100人。これを折《お》れ線グラフに表す。

❸ (1) 1度が5つに分けられているので、1目もりは0.2度

❹ **ア**日本という1つの国の変化《へんか》のようすをみるので、折れ線グラフがよい。**イ**～**エ**は他とのちがいを見るので、ぼうグラフがよい。

## 上級レベル 28 折れ線グラフ

算数㉘

**解答**

1

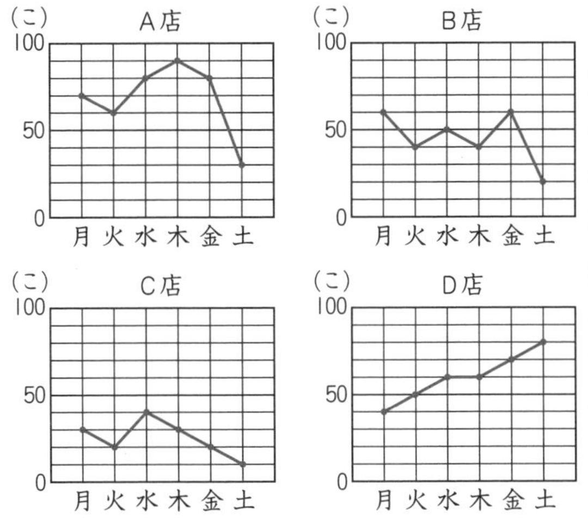


2 (1) D 店

(2) B 店と C 店は水曜日から木曜日で売り上げこ数がへっているが、A 店は売り上げこ数がふえている。

(3) C 店

(4) A 店

(5) 土曜日、70 個

**解説**

2 (1) A 店、B 店、C 店は、土曜日がいちばん売り上げこ数が少ないが、D 店は土曜日の売り上げがいちばん多い。

(2) 月曜日から火曜日は A 店、B 店、C 店とも売り上げは落ちている。火曜日から水曜日は A 店、B 店、C 店とも売り上げは上がっている。水曜日から木曜日は、A 店は売り上げが上がっているが、B 店と C 店は売り上げが落ちている。

(5) 土曜日の D 店は 80 こ、C 店は 10 こで、この日の差《さ》が最《もっと》も大きく、その差は 70 こである。

## 標準レベル 29 整理のしかた

算数㉙

**解答**

1 (1) アー10　イー7　ウー17　エー7
オー4　カー11　キー17　クー11

(2) アー2 問とも正かいした人
イー第 1 問はまちがえて、第 2 問は正かいした人

2 えい画館の入場者数(人)

| | 男 | 女 | 計 |
|---|---|---|---|
| おとな | 41 | 34 | 75 |
| 子ども | 82 | 51 | 133 |
| 計 | 123 | 85 | 208 |

3 旅行アンケートの結果《けっか》(人)

| | 男 | 女 | 計 |
|---|---|---|---|
| 海外 | 10 | 15 | 25 |
| 国内 | 12 | 5 | 17 |
| 計 | 22 | 20 | 42 |

4 (1) 79 人　(2) 522 人

**解説**

1 (1) アは第 1 問、第 2 問の両方正かいした人だから、表から第 1 問○、第 2 問○の人を数える。
出席《しゅっせき》番号 1、4、6、8、10、15、19、22、24、26 の 10 人
同様に、イ、エ、オを表から読みとり、
そのあと合計であるウ、カ、キ、クをうめる。

2 まず表のおとなの合計 75、子どもの合計 133、男の合計 123、女の合計 85 をうめる。
次に男の子どもの 82 をうめると、女の子どもの部分、おとなの男、おとなの女の部分が順《じゅん》にうまる。

4 表をつくって、数を書きこんでから考える。
表のこう目は男、女、マスクをしている、マスクをしていないの 4 つ

## 上級レベル 30 整理のしかた

算数㉚

**解答**

1 お肉と魚の好《す》ききらい調べ（人）

| | 好き | きらい | 計 |
|---|---|---|---|
| お肉 | 121 | 65 | 186 |
| 魚 | 134 | 67 | 201 |
| 計 | 255 | 132 | 387 |

2 サルの生息数　（ひき）

| | 親 | 子ども | 計 |
|---|---|---|---|
| おす | 23 | 67 | 90 |
| めす | 38 | 44 | 82 |
| 計 | 61 | 111 | 172 |

3 (1) 5 でわり切れる数－21 こ
8 でわり切れる数－13 こ

(2) 70 こ

4 (1) 17 人　(2) 5 人

5 (1) 40 人

(2) 3 番のみ正かい、1 番と 2 番だけ正かい

(3) 3 番だけできた人－10 人
2 番ができた人－16 人

**解説**

3 右のような図をかいて考える。

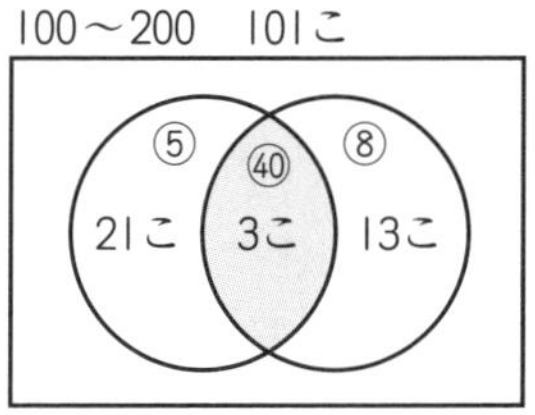


(1) 5 でわり切れる数は 20 番目の 100 から 40 番目の 200
よって、40－20＋1
＝21(こ)

(2) 100 から 200 までで数は 101 こある。5 または 8 でわり切れる数は、21＋13－3＝31(こ)ある。
よって、5 でも 8 でもわり切れない数は、
101－31＝70(こ)

# 標準レベル 31 変わり方

算数㉛

## 解答

❶ (1)○＝□×4　(2)4ずつふえる
(3)625 $cm^2$

❷ (1)□＋○＝12　(2)□が2のとき－10
□が8のとき－4　(3)1ずつへる

❸ (1)① 460　② 440　③ 420　④ 400
⑤ 380
(2)○＝500－20×□　(3)19まい

❹ (1)○＝3×□＋1　(2)19まい

## 解説

❶ (1)正方形は4つの辺《へん》の長さが等しい。
よって、○＝□×4
(2)□が1のとき、○＝4、□が2のとき、○＝8
よって、8－4＝4ずつふえる。
(3)□×4＝100より□＝25
1辺が25 cmの正方形の面積《めんせき》は、
25×25＝625($cm^2$)

❷ (1)長方形のまわりの長さの半分がたてと横の和になる。
よって、□＋○＝24÷2＝12

❸ (1)画用紙を2まい買うと、
おつりは、500－20×2＝460(円)、3まい買うと、
おつりは、500－20×3＝440(円)
(2)1まい20円の画用紙を□まい買うと、その代金は
20×□(円)
よって、おつり○円は、○＝500－20×□
(3)500－20×□＝120より、20×□＝500－120
□＝(500－120)÷20＝19(まい)

❹ (1)長方形の紙を1まいふやすと、テープの長さは
3 cmふえる。1まいのとき4 cmだから、
○＝3×□＋1
(2)3×□＋1＝58より、□＝(58－1)÷3＝19(まい)

# 上級レベル 32 変わり方

算数㉜

## 解答

❶ (1)① 20　② 12　③ 30　④ 24　⑤ 40
(2)12分　(3)15分後

❷ (1)白いご石－16こ　黒いご石－20こ
(2)○＝□×□　(3)△＝(□＋1)×4

❸ (1)7　(2)642

## 解説

❶ (1)アは1分間に4 L、イは1分間に6 Lの水が出るので、アとイを同時に使うと、1分間で10 Lの水が入る。
(2)水そうには120 Lの水が入るから、
120÷10＝12(分)でいっぱいになる。
(3)満水《まんすい》になる2分前まではアとイで水を入れるので、入った水の量は10×(12－2)＝100(L)
よって、あと120－100＝20(L)の水が入る。
アは1分間に4 Lの水を入れるので、20 L入れるのに20÷4＝5(分)かかる。よって、入れ始めてから
(12－2)＋5＝15(分後)

❷ (1)白いご石は1番目が1×1＝1(こ)、
2番目が2×2＝4(こ)、3番目が3×3＝9(こ)、
よって、4×4＝16(こ)
黒いご石は、1番目が(1＋1)×4＝8(こ)、
2番目が(2＋1)×4＝12(こ)、
3番目が(3＋1)×4＝16(こ)、
よって、(4＋1)×4＝20(こ)

❸ (1)4つで同じ数がくり返されている。よって、
99÷4＝24あまり3だから、くり返されている数の前から3つ目の数になるので、7
(2)4つの数の和は、5＋6＋7＋8＝26
このかたまりが24ことあと3つの数の和だから、
26×24＋5＋6＋7＝642

# 標準レベル 33 分数のたし算とひき算

算数㉝

## 解答

❶ (1)$\frac{5}{7}$　(2)1　(3)$1\frac{2}{5}$　(4)$1\frac{8}{9}$　(5)$3\frac{4}{7}$
(6)$5\frac{1}{5}$

❷ (1)$\frac{1}{9}$　(2)$3\frac{3}{7}$　(3)$1\frac{2}{8}$　(4)$\frac{1}{6}$　(5)$2\frac{2}{9}$
(6)$1\frac{2}{11}$　(7)$\frac{2}{3}$　(8)$2\frac{3}{5}$　(9)2

❸ (1)$\frac{4}{7}$　(2)$1\frac{2}{9}$　(3)0　(4)$\frac{4}{13}$　(5)2
(6)$\frac{2}{11}$

❹ 2 m

❺ $17\frac{1}{7}$ m

❻ (1)$2\frac{6}{9}$　(2)$1\frac{2}{11}$

## 解説

❶ (5)$2\frac{5}{7}+\frac{6}{7}=2\frac{11}{7}=3\frac{4}{7}$
(6)$1\frac{2}{5}+3\frac{4}{5}=4\frac{6}{5}=5\frac{1}{5}$

❷ (4)$1-\frac{5}{6}=\frac{6}{6}-\frac{5}{6}=\frac{1}{6}$　(8)$3\frac{2}{5}-\frac{4}{5}=2\frac{7}{5}-\frac{4}{5}=2\frac{3}{5}$

❸ (4)$1-\frac{2}{13}-\frac{7}{13}=\frac{13}{13}-\frac{2}{13}-\frac{7}{13}=\frac{4}{13}$
(6)$6\frac{3}{11}-2\frac{7}{11}-3\frac{5}{11}=5\frac{14}{11}-2\frac{7}{11}-3\frac{5}{11}=\frac{2}{11}$

❹ $\frac{4}{5}+\frac{3}{5}+\frac{3}{5}=\frac{10}{5}=2$(m)

❺ $5\frac{5}{7}+5\frac{5}{7}+5\frac{5}{7}=15\frac{15}{7}=17\frac{1}{7}$(m)

❻ (1)□$=3\frac{1}{9}-\frac{4}{9}=2\frac{10}{9}-\frac{4}{9}=2\frac{6}{9}$
(2)□$=2\frac{3}{11}+\frac{5}{11}-1\frac{6}{11}=1\frac{2}{11}$

## 上級レベル 34 分数のたし算とひき算
算数㉞

### 解答

❶ (1) 6　(2) 4　(3) $3\frac{4}{15}$　(4) $2\frac{2}{4}$　(5) 3

(6) $1\frac{6}{8}$

❷ (1) 7 kg　(2) $\frac{3}{7}$

❸ $\frac{4}{8}$ km

❹ 192 mL

❺ (1) $3\frac{5}{7}$ cm　(2) $33\frac{5}{7}$ cm

### 解説

❶ (1) $3\frac{1}{2}+\frac{5}{2}=3\frac{6}{2}=6$　(2) $\frac{7}{3}+\frac{5}{3}=\frac{12}{3}=4$

(3) $\frac{32}{15}+1\frac{2}{15}=1\frac{34}{15}=3\frac{4}{15}$

(4) $7\frac{1}{4}-\frac{19}{4}=6\frac{5}{4}-4\frac{3}{4}=2\frac{2}{4}$

(6) $\frac{41}{8}-3\frac{3}{8}=\frac{41}{8}-\frac{27}{8}=\frac{14}{8}=1\frac{6}{8}$

❷ (1) $\frac{5}{3}+\frac{7}{3}+\frac{9}{3}=\frac{21}{3}=7$(kg)

(2)残《のこ》りは 3 kg だから $\frac{3}{7}$

❸ $7-1\frac{5}{8}-4\frac{7}{8}=5\frac{16}{8}-1\frac{5}{8}-4\frac{7}{8}=\frac{4}{8}$(km)

❹ 360÷5＝72(mL) 飲んだから、
残りは、360－72＝288(mL)
288÷3＝96(mL) を飲んだから、
残りは、288－96＝192(mL)

❺ (1) $10\frac{2}{7}-6\frac{4}{7}=9\frac{9}{7}-6\frac{4}{7}=3\frac{5}{7}$(cm)

(2) $6\frac{4}{7}+10\frac{2}{7}+6\frac{4}{7}+10\frac{2}{7}=32\frac{12}{7}=33\frac{5}{7}$(cm)

## 標準レベル 35 文章題特訓 (1)
算数㉟

### 解答

❶ えん筆－120円　ノート－220円
❷ 300 g
❸ 240 mL
❹ 106 こ
❺ 280
❻ 84 人
❼ (1) 35 kg　(2) 89 kg　(3) 20 kg

### 解説

❶ えん筆 1 本を㋓、ノート 1 さつを㋨とすると、
㋓×1＋㋨×1＝340…①　㋓×3＋㋨×4＝1240…②
①×3 より、㋓×3＋㋨×3＝1020…③
②、③より、㋨＝220 円　①より、㋓＝120 円

❷ A×2＋B×3＝900…①　A×3＋B×4＝1300…②
①、②より A＋B＝400…③
③×2 より、A×2＋B×2＝800
これと①より、B＝100 g　③より、A＝300 g

❹ (26＋14)÷(12－8)＝10(人)　8×10＋26＝106(こ)

❺ A＋B＋C＝550…①　A＝B＋120…②
B＝C＋50…③　②、③より、A＝C＋170…④
①、③、④より、C＝(550－50－170)÷3＝110
よって、A＝110＋170＝280

❻ 長いすは 6×2＝12(人分)のあまりがあったことになるから、(20＋12)÷(6－4)＝16(きゃく)
6×(16－2)＝84(人)

❼ (1)体重の軽い順《じゅん》の A と B の和だから、A＋B＝35 kg
(2) C＋D＝54 だから、A＋B＋C＋D＝89(kg)
(3) A＋B＝35 で A＋C＝39 だから、C－B＝4
B＋C＝44 または B＋C＝45　C が整数になるのは、B＋C＝44 のときで、2×C＝48 より、C=24 kg
よって、B＝20 kg

## 上級レベル 36 文章題特訓 (1)
算数㊱

### 解答

❶ ケーキ－330円　シュークリーム－180円
❷ 90円
❸ 600円
❹ 12まい
❺ 89こ
❻ 3000円
❼ 80こ
❽ 100まい

### 解説

❶ すべてシュークリームを買ったとすると、
1890－150×3＝1440(円)
よって、シュークリーム 1 こは、
1440÷(3＋5)＝180(円)
ケーキ 1 こは、180＋150＝330(円)

❷ りんご 1 こを㋷、かき 1 こを㋕、みかん 1 こを㋯とすると、㋷×3＋㋕×6＝660…①、
㋕×3＋㋯×9＝465…②、㋷×1＝㋯×3 だから、
①より、㋯×9＋㋕×6＝660…③
②、③より、㋕×3＝195 となり、
㋕＝65 円 これと①より、
㋷×3＝270 だから、㋷＝90 円

❸ B は、(2220＋240－60)÷4＝600(円)

❹ A は、(114＋6)÷10＝12(まい)

❺ A のグループの子ども全員に 7 こずつ配ると、
7×6＋2＝44(こ)不足《ふそく》する。
よって、(13＋44)÷(7－4)＝19(人) だから、
キャンディーのこ数は、4×19＋13＝89(こ)

❻ C は、(20000＋1000)÷(1＋2＋4)＝3000(円)

❼ A は、(500＋50＋100＋150)÷(1＋2＋3＋4)
＝80(こ)

❽ Cのまい数＝AとBのまい数の和だから、このとき、C、A+Bはそれぞれ、240÷2＝120(まい)
よって、Cにコインをあげなければ、
A+Bは、120+40+25＝185(まい) になるから、
Aは、(185+15)÷2＝100(まい)

## 標準レベル 37 文章題特訓 (2)

算数㊲

### 解答

❶ (1) 23人 (2) 37人 (3) 5人
❷ 式－286－(287÷□+65)＝180
答え－7
❸ 16本
❹ 2 cm
❺ (1) 40本 (2) 120本
❻ 72本

### 解説

❶ 右のような図をかいて考える。
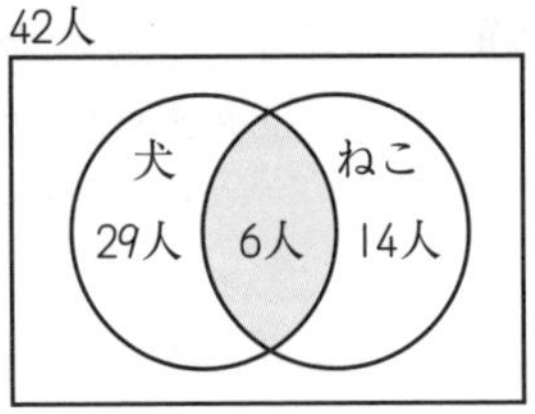

(1) 29－6＝23(人)
(2) 29＋14－6＝37(人)
(3) 42－37＝5(人)
❷ 286－(287÷□+65)＝180
287÷□+65＝286－180＝106
よって、□＝287÷(106－65)＝7
❸ 180÷12＋1＝16(本)
❹ 10×20＝200、(200－162)÷(20－1)＝2(cm)
❺ (1)間の数と木の数は等しくなることから、480÷12＝40(本)
(2) 12 mの間に3 m間かくでつつじの木を植えるので、図のように3本必要《ひつよう》になる。
よって、全部で、3×40＝120(本)
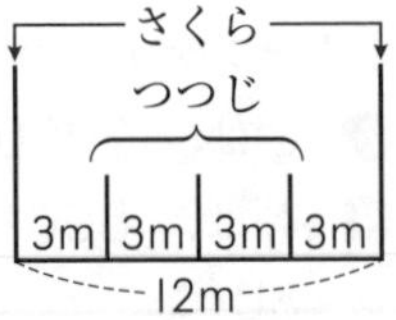


❻ 内側《うちがわ》の木の本数は、(30＋50)×2÷5＝32(本)
外側の木の本数は、(40＋60)×2÷5＝40(本)
よって、全部で、32＋40＝72(本)

## 標準レベル 38 文章題特訓 (2)

算数㊳

### 解答

❶ (1) 33こ (2) 67こ
❷ 20人
❸ 13
❹ 103
❺ (1) 124 $cm^2$
(2)全部のまい数－58まい
青色のまい数－12まい
❻ (1) 12 m (2) 46本

### 解説

❶ (1) 4でわり切れる数は25こ、6でわり切れる数は16こ、12でわり切れる数は8こある。
よって、4または6でわり切れる数は、
25＋16－8＝33(こ)
(2) 100－33＝67(こ)
❷ 右のような図をかいて考える。
③＝46－15－16＝15(人)
よって、①＝5人となり、2番を正かいした人は20人
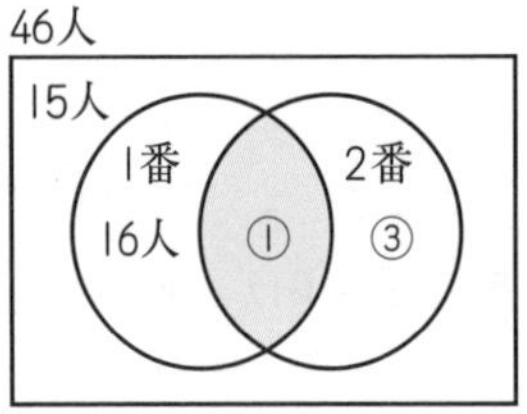

❸ □÷64＝○あまり45、
□＝64×○＋45、この□を16でわると、64×○は16でわり切れるから、45÷16のあまりと同じになる。
よって、あまりは13
❺ (1)長方形1まいの面積《めんせき》は、4×7＝28($cm^2$)
長方形が1まいふえると、面積は、4×6＝24($cm^2$)ふえるので、5まいつなぐと、
28＋24×(5－1)＝124($cm^2$)
(2)面積が24 $cm^2$ の長方形が、
(1396－28)÷24＝57(まい)使われているから、
全部で、57＋1＝58(まい)
赤、白、青、黄、緑の5まいを1組で考えると、
58÷5＝11あまり3 だから、
青は、11＋1＝12(まい)
❻ (1) 120 mと156 mの両方《りょうほう》がわれる最大《さいだい》の数は12 m
(2)長方形のまわりの長さは、
(120＋156)×2＝552(m)より、552÷12＝46(本)

## 39 最上級レベル 1

算数㊴

### 解答

1 (1) 950 (2) 56あまり312
(3) 882あまり100 (4) 100.01
(5) 6.78 (6) 8.72
2 (1)① 53500 ② 54499 (2) 3293
(3) 17 (4) 1870
3 62こ
4 (1) 9876543120 (2) 1023456879
(3) 5012346789
5 120まい

### 解説

1 (3)
```
        882
950)838000
    7600
     7800
     7600
      2000
      1900
       100
```

**2** (2)$\square=76\times43+25=3293$

(3)$\square=(301-12)\div17=17$

(4)2000 m－□ m＋50 m＋800 m＝980 m より、

$\square=2000+50+800-980=1870$

**3** おはじきは全部で、$24+15+54=93$(こ)ある。A さんが B さんの 2 倍になるように分けるから、B さんは、$93\div(1+2)=31$(こ)

よって、A さんは、$31\times2=62$(こ)

**4** (1)いちばん大きい数は 9876543210、2 番目は 9876543201、3 番目は 9876543120 となる。

(2)いちばん小さい数は 1023456789、2 番目は 1023456798、3 番目は 1023456879 となる。

(3)50 億《おく》をこえない整数でいちばん大きいものは 4987653210、50 億をこえる整数でいちばん小さいものは 5012346789 である。

$5000000000-4987653210=12346790$、

$5012346789-5000000000=12346789$ より、5012346789 のほうが 50 億に近い。

**5** A は B の 2 倍、C は A の 3 倍だから、C は B の 6 倍になるように分けた。

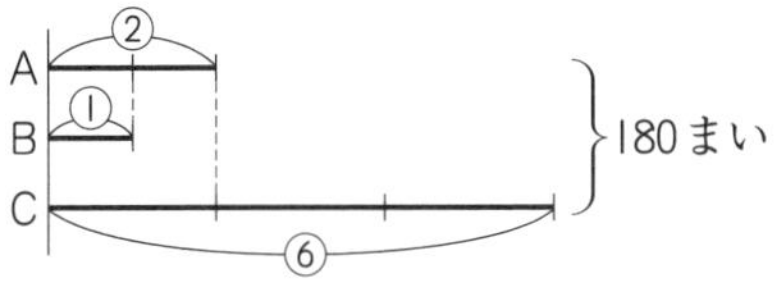


よって、B は $180\div(2+1+6)=20$(まい) だから、

C は、$20\times6=120$(まい)

# 40 最上級レベル ②

算数㊵

## 解答

**1** (1) 135 (2) 6276

(3) 19.035 (4) 15.7

(5) 2.01 あまり 0.05

(6) 0.20 あまり 0.2

**2** (1) 28° (2) 20°

(3) 9 本

**3** (1) 32 cm (2) 平行四辺形《へいこうしへんけい》

(3) 24°

**4** (1) 6 人 (2) 9 人

## 解説

**2** (1) A と B に平行な直線をひいて考える。右の図より、

$ア=40°-12°=28°$

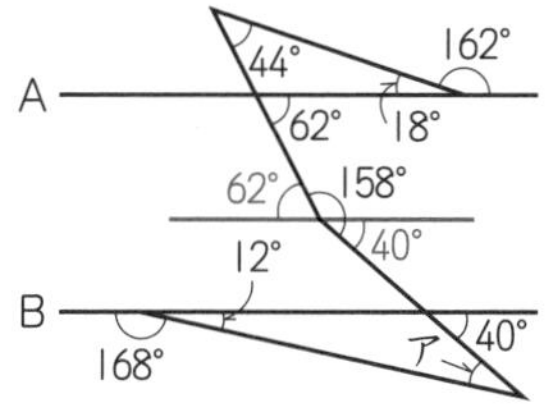


(2)時計の短いはりは 1 分で 0.5° 動くから、

$0.5°\times40=20°$

(3)全部ボールペンを買ったとすると、

$(200\times15-1920)\div(200-80)=9$(本)

**3** (1)正方形とひし形だから、○のついた辺の長さは全部等しい。

よって、ひし形のまわりの長さは、$8\times4=32$(cm)

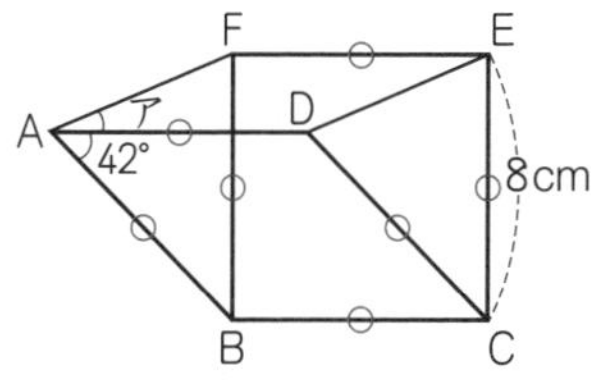


(2) AD と FE は長さが等しく平行だから、四角形 ADEF は平行四辺形

(3)角 DCB＝42° で、角 $DCE=90°-42°=48°$ となる。

三角形 CED は二等辺三角形だから、

角 CED は、$(180°-48°)\div2=66°$ である。四角形 ADEF は平行四辺形だから、

$ア=角 DEF=90°-66°=24°$

**4** (1)サッカーが好《す》きだけど野球は好きではない人は、$26-15=11$(人)、野球が好きだけどサッカーは好きではない人は、$20-15=5$(人)となるので、サッカーだけが好きと答えた人は、野球だけが好きと答えた人より、

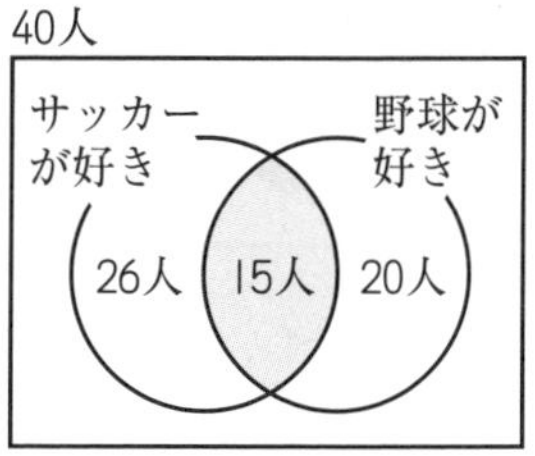


$11-5=6$(人)多い。

(2)サッカーまたは野球が好きと答えた人は、

$26+20-15=31$(人)

よって、サッカーも野球も好きではないと答えた人は、

$40-31=9$(人)

## 標準レベル 41　生き物の1年、人のからだ

理科①

**解答**

❶ (1)イ
(2)①ア　②ア→ウ→イ　③ア、キ、ケ

❷ (1)エ　(2)関節《かんせつ》
(3)ウ　(4)ア
(5)きん肉《にく》　(6)けん

**解説**

❶ (1)シロツメクサの花がさいており、ツバメが巣《す》をつくっていることから「春」になる。

(2)①オオカマキリは木の枝《えだ》などにうみつけられたたまごで冬をこす。

②オオカマキリは、たまご→よう虫《ちゅう》→成虫《せいちゅう》の順《じゅん》に育つ。このような育ち方を不完全変《ふかんぜんへん》たいという。

③ヒマワリ、ホウセンカ、ヘチマ、アサガオは夏、コスモスは秋、サザンカは冬に花をさかせる。

❷ (1)人のからだは、約《やく》200このほねが組み合わさってできている。

(2)よく動かす手あしのほねは関節によってつながっている。関節は2つのほねのはしがじょうぶなふくろ(じん帯《たい》という)によってつなぎあわされていて、ふくろの中には、ほねとほねのすべりがよくなるようにえき体が入っている。

(3)一方のほねの先はまるく、もう一方のほねの先はくぼんでおり、うまくはまるようになっている。

(4)頭のほね(頭《ず》がい骨《こつ》)は大切なのうを守るため、かたいほねが組み合わさった形になっており、やわらかいほねはない。

> **注意**　こん虫の育ち方は、モンシロチョウやカブトムシのように、たまご→よう虫→さなぎ→成虫と変化《へんか》する完全変《かんぜんへん》たいと、オオカマキリやコオロギのようにたまご→よう虫→成虫と変化する不完全変たいに分かれる。

## 上級レベル 42　生き物の1年、人のからだ

理科②

**解答**

❶ (1)ウ　(2)イ、ウ
(3)ウ　(4)ア

❷ (1)イ
(2)①のび(る)　②ちぢむ
(3)ウ　(4)ウ
(5)きん肉

**解説**

❶ (1)ア・イは冬、エは夏のようすである。

(2)アは冬、エは夏のようすである。

(3)春になるとツバメは南の国からやってくる。このように、春に南の国からやってくる鳥を夏鳥《なつどり》という。

(4)日本の春の季節《きせつ》には食べ物となる虫などがたくさんいるのでひなを育てるのにてきしている。

❷ (1)せなかのほねは、頭をささえる。手のほねは手を動かす。ろっこつは心ぞうや内ぞうを守り、頭のほねはのうを守る。

(2)うでをのばすとき、下のきん肉であるbがちぢんでうでがのびる。このとき、上のきん肉であるaはのびる。

(3)きん肉とほねをつなげている、細くてじょうぶな部分をけんという。例《たと》えば、アキレスけんはかかとの上で、きん肉とかかとのほねをつなげている。

(4)ほねは、それだけで動くことはできず、きん肉の助けをかりて動く。

(5)顔にもきん肉があり、きん肉が動くことによって、いろいろな表じょうができる。

> **注意**　ツバメは春になると日本にわたってくる夏鳥である。このように季節によって日本や他の国にうつる鳥を、わたり鳥という。

## 標準レベル 43　電気のはたらき

理科③

**解答**

❶ (1)②直列つなぎ　③へい列つなぎ
(2)④直列つなぎ　⑤へい列つなぎ
(3)②ウ　③イ　④ア　⑤イ
(4)⑤　(5)②エ　③イ

❷ (1)①　(2)③、④　(3)ウ　(4)ア

**解説**

❶ (3)②のように豆電球を2こ直列につなぐと明るさは1このときとくらべて暗《くら》くなるが、③のように豆電球をへい列につないでも明るさは1このときと変《か》わらない。また、④のようにかん電池2こを直列につなぐと明るさは明るくなるが、⑤のようにへい列につないでも明るさは1このときと変わらない。

(4)かん電池をへい列につなぐと、かん電池1こから流れ出る電流の強さは弱くなるので、かん電池は長持ちする。

(5)直列つなぎでは、豆電球を1こはずすと、他の豆電球も消えるが、へい列つなぎでは1こはずしても、他の豆電球はついたままである。

> **ポイント**
> 電気の通り道を回路という。通り道が一本の道になっているものが「直列回路」、いくつもの道に分かれて通るのが「へい列回路」である。家の電気の通り道は「へい列回路」である。勉強部屋の電気のスイッチを切っても他の部屋の電気はついたままになることでわかる。

❷ (1)①はかん電池が正しくつながっていないため、回らない。

(2)かん電池2こを直列につなぐと、1このときよりモーターが速くまわる。

(3)(4)かん電池の向きをぎゃくにすると、電流の強さは変わらないが電流の向きが変わるため、モーターの回る速さは変わらないが回る向きはぎゃくになる。

## 上級レベル 44 電気のはたらき
理科④

解答

**1** (1)①イ　②ウ　③エ
(2)①ク　②キ

**2** (1)右図
(2)③

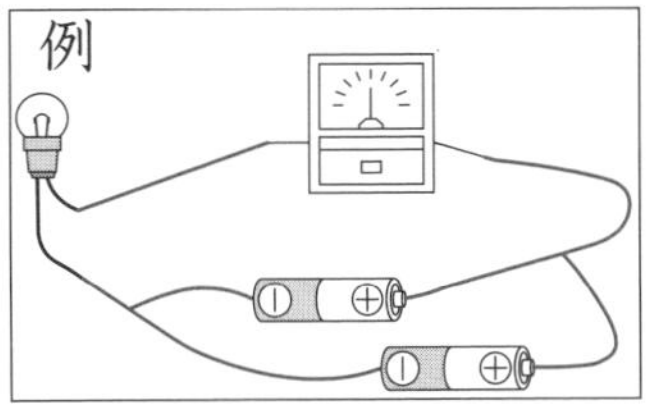


解説

**1** (1)①かん電池2こを直列につなぐと、1このときより明るくつく。
②かん電池2こをへい列につないでも、明るさは1このときと変《か》わらない。
③このようにつなぐと豆電球はつかない。かん電池の＋極《きょく》と－極を直せつどう線でつなぐと、かん電池が発熱《はつねつ》してきけんである。このようなつなぎ方をショート(短らく)という。
(2)①かん電池を直列、豆電球をへい列につないだときに、明るくつく。
②かん電池と豆電球どちらも直列につないだとき、明るさは1このときと変わらない。

**2** (1)解答の図のように、かん電池をへい列になるようにつなげば、全体に流れる電流の大きさは変わらないので豆電球の明るさは変わらない。
(2)アとイを流れる電流は同じで、2つ合わせてかん電池1こ分の電流の大きさになっている。よって、アとイはそれぞれウの半分しか流れていない。

## 標準レベル 45 天気のようす、雨水のゆくえと地面
理科⑤

解答

**1** (1)①よい　②百葉箱《ひゃくようばこ》　③大きい
(2)ウ
(3)ウ
(4)イ

**2** (1)小石
(2)イ

解説

**1** (1)①②気温は風通しのよい日かげではかる。そのじょうけんをみたしているものを百葉箱という。百葉箱の中には温度計・しつ度計・気あつ計などが入っている。
③晴れた日は、地面は太陽からの熱《ねつ》を多く受けるが、地面から出ていく熱も多いので、一日の気温の変化《へんか》は大きくなる。反対にくもりの日や雨の日は気温の変化は少なくなる。
(2)地面から1.2～1.5mくらいの高さになると、空気の温度は地面からの熱のえいきょうを受けにくくなる。
(3)太陽の熱がまず地面をあたため、そのあと地面からの熱で空気があたためられるので、太陽が最《もっと》も高くなる正午ごろより少しおそい午後2時ごろに気温が最も高くなる。
(4)地面からの熱は一日中空気中に出されているので、太陽の熱を受けるようになる前の、日の出ごろに気温が最も低《ひく》くなる。

**2** (1)(2)ねん土は水があまりしみこんでおらず、水受けにも少ししか水がたまっていない。また小石とすなをくらべると、水のしみこみやすさはほぼ同じだが、水受けにたまった水の量《りょう》は、小石のほうが多い。これらのことから小石、すな、ねん土の順《じゅん》で水を通しやすい。これは、つぶの大きさが大きい方が、つぶとつぶのすきまを水が通りぬけやすいからである。

## 上級レベル 46 天気のようす、雨水のゆくえと地面
理科⑥

解答

**1** (1)①百葉箱　②イ、エ　③エ
(2)①ウ　②ウ

**2** ①×　②×　③○　④○

解説

**1** (1)②百葉箱は、日光をよく反しゃするように、白くぬってある。また、風通しをよくするために、かべやとびらがよろい戸になっている。戸を開けても直しゃ日光がさしこまないように、とびらは北向きになっており、地面からの熱のえいきょうを少なくするために、しばふの上に建《た》てられている。
③地面からの熱のえいきょうを受けないようにするため、気温は、地面から1.2～1.5mぐらいの高さではかる。
(2)①太陽の高さは正午ごろ最も高くなり、その熱で地面があたたまるため、午後1時ごろ地温が最高《さいこう》になる。その後地面からの熱で空気があたたまるため、午後2時ごろ気温が最も高くなる。
②雲が地面からの熱が上空ににげるのをさえぎる役目をするため、くもりや雨の日は晴れの日とくらべて一日の気温の変化が小さくなる。

**ポイント**
百葉箱…学校の百葉箱の中身を先生といっしょに調べてみよう。そのとき、とびらがどの向きにあるか、風通しをよくするためにどのようなつくりになっているか、中身の温度計の地面からの高さなどをしっかり観察《かんさつ》しておくこと。

**2** つぶの小さな土よりつぶの大きい土のほうが、すきまが大きいので水がしみこみやすい。しみこめなくなると雨水は地面の高い方から低い方へ流れるので、土をふくんで、にごった色になる。また、夕立のような強いふり方の雨では、地面は大きくけずられる。

## 標準レベル 47 月・星の動き

理科⑦

### 解答

❶ (1)D→B→A→C→E

(2)A－満月《まんげつ》　B－上《じょう》げんの月

C－下《か》げんの月　D－三日月《みかづき》

(3)A　(4)東

(5)ア　(6)南

(7)A　(8)イ

❷ (1)オリオン座《ざ》

(2)A－ベテルギウス　B－リゲル

(3)ア、ウ

(4)ウ

(5)イ

**解説**

❶ (1)日本では右側《がわ》から満《み》ちて、右側から欠《か》けていく。

(2)右側が光って見えるのが上げんの月、左側が光って見えるのが下げんの月である。

(3)新月《しんげつ》→上げんの月→満月→下げんの月→新月の間はおよそ7日間ずつである。

(4)満月は午後6時ごろ東の空からのぼる。

(5)(6)下げんの月は南の空にきたとき、最も高さが高くなる。それは明け方ごろである。

(7)(8)満月は明け方ごろ西の空にしずむ。

❷ (1)オリオン座は真ん中に3つ星があるのが特《とく》ちょうである。

(2)オリオン座をたてに見たとき、左上がベテルギウス、右下がリゲルである。

(3)星の色のちがいは星の表面温度のちがいで、青白色の星ほど表面温度が高くなる。

(4)星は東からのぼっていき、南の空を通り、西の空にしずんでいく。

(5)およそ半日後の明け方ごろにしずむ。

## 上級レベル 48 月・星の動き

理科⑧

### 解答

1 (1)ウ　(2)クレーター　(3)三日月《みかづき》

(4)エ　(5)イ

2 (1)①B、C、E

②C－さそり座　E－はくちょう座

③夏　④イ　(2)ア

**解説**

1 (1)月が満《み》ち欠《か》けするのは、太陽と月と地球の位置《いち》のちがいによって起こる。1日に月と太陽が動いて見えるのは、どちらも地球の自転《じてん》が原いんである。また、月は太陽の光を反しゃして光っている。

(2)クレーターはいん石がしょうとつしたあとだといわれている。

(3)右側《がわ》が少し光っている月を三日月という。

(4)三日月は夕方西の空に見えて、20時ごろにしずむ。

(5)欠けた部分を上にしてしずむ。

2 (1)①Aのカシオペヤ座とDの北《ほく》と七星《しちせい》には1等星《とうせい》はない。

②Bはオリオン座で、Dの北と七星はおおぐま座の一部である。

③Bのオリオン座は冬、Cのさそり座は夏、Aのカシオペヤ座とDの北と七星は北の空で一年中見ることができる。

④北の空の星は、反時計回りに1時間に15°ずつ動く。よって、6時間では $15^\circ \times 6 = 90^\circ$ 動くので、イのようになる。

(2)星座早見は、まどが広がっている方角が南で、東と西は逆に書かれている。観察《かんさつ》するときは、観測《かんそく》したい方角を下にして持つ。

**ポイント**

星座の観察…都会ではなかなか星座を観察できないが、季節《きせつ》の代表的な星座を覚《おぼ》えるようにしよう。プラネタリウムに行くとよい。

## 標準レベル 49 空気と水のせいしつ

理科⑨

### 解答

❶ (1)イ　(2)ウ　(3)イ

❷ (1)右　(2)左　(3)左

(4)ア　(5)ウ　(6)ウ

**解説**

❶ (1)ゴムの板なら、形が変《か》わりにくく、注しゃ器《き》がこわれることもない。

(2)ピストンをおすと、注しゃ器の中の空気はおしちぢめられるが、水はおしちぢめられない。したがって1のままである。

(3)せっけん水のあわは小さくなるが、手をはなすとピストンがもとの位置にもどるので、あわももとにもどる。

❷ (1)～(3)空気はあたためると体積《たいせき》がふえ、冷《ひ》やすと体積がへる。したがって、(1)では、色水が右に動き、(2)と(3)では色水が左に動く。

(4)フラスコを大きくすると、中の空気もふえるので、体積のふえ方も大きくなり、色水は大きく動く。

(5)ガラス管《かん》を太くすると、ふえた空気が広がるので、色水の動き方は小さくなる。

(6)水は空気とくらべて、体積の変化《へんか》が小さいので、色水の動き方は小さくなる。

**注意**　空気や水の体積の変化…空気はおしちぢめられるが、水はおしちぢめられない。このことと、あたためたり、冷やしたときに体積が変化することをまちがえないようにしよう。

空気→おしちぢめられる。あたためると体積がふえ、冷やすと体積がへる。

水→おしちぢめられない。あたためると体積がふえ、冷やすと体積がへる。空気ほど変化が大きくない。

## 上級レベル 50 理科⑩ 空気と水のせいしつ

### 解答

**1** (1)ウ
(2)イ
(3)イ

**2** (1)①A－上　B－下　②上　③小さい
(2)イ

### 解説

**1** (1)発ぽうポリスチレン(発ぽうスチロール)には小さなあなが多くあり、空気をにがしてしまう。したがって、玉に使う材料《ざいりょう》にはふさわしくなく、空気を通しにくい材料を選《えら》ぶようにする。

(2)空気がおしちぢめられると、空気はもとの体積《たいせき》にもどろうとする。そのもどろうとするいきおいで前の玉が飛《と》び出す。

(3)水にすると、空気とちがっておしちぢめられないので、もとにもどろうとする力がはたらかず、すぐに落ちる。

**2** (1)①空気はあたためると体積がふえ、冷《ひ》やすと体積がへるので、Aでは上にあがり、Bでは下にさがる。
②水も空気と同じようにあたためると体積がふえ、冷やすと体積がへる。
③空気と水では、空気のほうが、あたためたり、冷やしたときの体積の変化《へんか》が大きいので、空気のほうがピストンの動き方は大きくなる。

(2)アは、ピンポン玉の中の空気があたためられて、体積が大きくなり、もとにもどる。
金ぞくもあたためると体積が大きくなるので、イでは金ぞく(線路)のつなぎ目があたってレールが曲がらないようにすきまをつくり、ウでは、ガラスはあたためられても体積がほとんど変《か》わらないが、金ぞくのふたの体積が大きくなるので、ふたがあく。

## 標準レベル 51 理科⑪ もののあたたまり方と水のすがた

### 解答

**1** (1)a－固体《こたい》　b－えき体　c－気体
(2)①イ　②A、C
(3)①D　②C
(4)水→水じょう気－ふえる　水→氷－ふえる

**2** (1)ウ→イ→ア
(2)ウ　(3)エ

### 解説

**1** (1)氷のように、形と体積(かさ)が決まっているものを固体、水のように、形は決まらないが体積が決まっているものをえき体、水じょう気のように、形も体積も決まっていないものを気体という。

(2)①氷→水、水→水じょう気になるときは、温度が上がり、反対に水じょう気→水、水→氷になるときは、温度が下がる。
②氷→水や水→氷の変化をするときは、温度が0℃になっている。また、水→水じょう気、水じょう気→水の変化をするときは、温度が100℃になっている。
(3)①湯気《ゆげ》は水じょう気が空気中で冷やされ、水てきとなって、うかんでいるものである。
②しも柱は、土の中などの水が冷やされ、氷となって、地面から出てきたものである。
(4)水が水じょう気に変化するとき、体積は約《やく》1700倍になる。また、水が氷に変化するとき、体積は約1.1倍になる。

**2** (1)(2)金ぞくなどの固体を熱《ねっ》したとき、熱《ねつ》は熱した所から順《じゅん》に遠くに伝《つた》わる。このような熱の伝わり方を伝《でん》どうという。
(3)水や空気は、あたためられた水や空気が上へあがり、そのあと冷《つめ》たい水や空気が下へさがって、全体が少しずつあたたまる。このような熱の伝わり方を対流《たいりゅう》という。

## 上級レベル 52 理科⑫ もののあたたまり方と水のすがた

### 解答

**1** (1)エ　(2)100℃　(3)イ
(4)A－水じょう気　B－湯気

**2** (1)①C　②A、D　③伝《でん》どう　(2)ウ　(3)対流

### 解説

**1** (1)はじめに出てくる小さなあわは、水にとけていた空気で、あとに出てくる大きなあわは、水が水じょう気に変化《へんか》したものである。
(2)(1)のようになることをふっとうといい、水がふっとうする温度は100℃である。
(3)水が水じょう気に変化するのに熱が使われるので、すべて水じょう気に変化するまでは、温度は100℃のままである。
(4)Aは水じょう気で、気体なので目に見えない。Bは水じょう気が冷やされて水(えき体)となった湯気なので、見える。Cはじょう発して、ふたたび水じょう気になったので見えない。

**2** (1)①②金ぞくでは、熱したところに近いところからマッチぼうが落ち、はなれているきょりが同じだと、ほとんど同時に落ちる。
③熱した所から順に熱が伝わる伝わり方を伝どうという。
(2)熱した所で上にあがり、はなれた所で下にさがる。
(3)このような水や空気の熱の伝わり方を対流という。

**注意**　3つの熱の伝わり方
伝どう…鉄のぼうを熱したときのように、熱した所から順に伝わっていくもの。
対流…あたたまった水が上にあがり、冷たい水が下にさがっていき、そこであたためられて上にあがっていく。このようにして順に流れるようにして伝わっていくもの。
ほうしゃ…空気が太陽の熱であたたまるような熱の伝わり方。

# 53 最上級レベル 1

理科⑬

## 解答

1 (1)ウ
(2)イ
(3)イ
(4)イ

2 (1)①へい列つなぎ　②ア　③A、B
(2)①直列つなぎ
②最《もっと》も明るい：キ　2番目に明るい：エ
③イ

## 解説

1 (1)オオカマキリがたまごを産《う》むのは秋である。たまごのまま冬をすごし、春になるとたまごからよう虫《ちゅう》が生まれてくる。

そのあと、オオカマキリはさなぎにはならずによう虫から成虫《せいちゅう》になる。

(2)ツバメが南のほうの国へわたりをはじめるのは、秋である。春になるとふたたび日本へ来る。

このツバメなどのように、春になると日本へやって来て、日本で夏をすごし、秋になると南のほうへわたって、冬をこすような鳥を夏鳥《なつどり》という。

(3)ナナホシテントウがたまごを産むのは、春である。アゲハは、秋にさなぎになったものがそのまま冬をすごす。春になるとさなぎから成虫が出て、たまごを産む。たまごからよう虫がかえり、さなぎから成虫になり、またたまごを産むことを夏に何度かくり返す。

(4)ハルジオンは、地面にはりつくような葉を広げたすがたで冬をすごす。このようなじょうたいをロゼットという。春になると長いくきがのびて、葉をつけ、花をさかせる。夏には種子《しゅし》を残《のこ》してかれるが、種子は冬になる前に芽《め》を出して、地面にはりつくような葉を広げる。

2 (1)①豆電球**イ**を流れる電流と豆電球**ウ**を流れる電流は、豆電球**ア**を流れていた電流が2つに分かれたものである。このように、電流の通り道が2つに分かれるようなつなぎ方をへい列つなぎという。

②豆電球**イ**を流れる電流と豆電球**ウ**を流れる電流を合計した強さの電流が豆電球**ア**を流れる。

③電流計は、電流の強さをはかろうとする部分に対して直列につなぐ。豆電球**ア**と直列になっている位置《いち》はAとBである。CとDは分かれたあとなのでてき当てはない。

(2)①豆電球**オ**と**カ**を流れる電流のように、電流が1本道を流れるつなぎ方を直列つなぎという。

②豆電球**キ**を流れている電流は豆電球**エ**を流れていた電流と、豆電球**オ**と豆電球**カ**を流れていた電流の合計になるので、豆電球**キ**を流れる電流が最も強いといえる。つぎに、豆電球**オ**と豆電球**カ**は直列につながれているので、この道すじは豆電球**エ**を通る道すじより電流が流れにくくなっている。したがって、2番目に強い電流が流れるのは豆電球**エ**である。

(別解《べっかい》)豆電球1こをかん電池1こにつないだときの明るさを1とすると、**エ**では、かん電池3こ直列につないだので、1×3＝3の電流が流れる。また、**オ**と**カ**では豆電球が2こ直列につながれているので、電流は流れにくくなり、3÷2＝1.5の電流が流れる。豆電球**キ**を流れている電流は豆電球**エ**を流れていた電流と豆電球**カ**を流れていた電流の合計になるので、3＋1.5＝4.5になる。

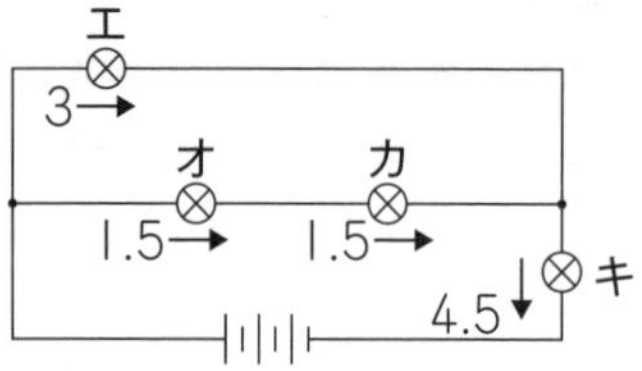


③豆電球**カ**が切れると、豆電球**カ**と直列につながれている豆電球**オ**にも電流が流れなくなって消え、右の図のように、豆電球**エ**と豆電球**キ**が直列につながった回路になる。

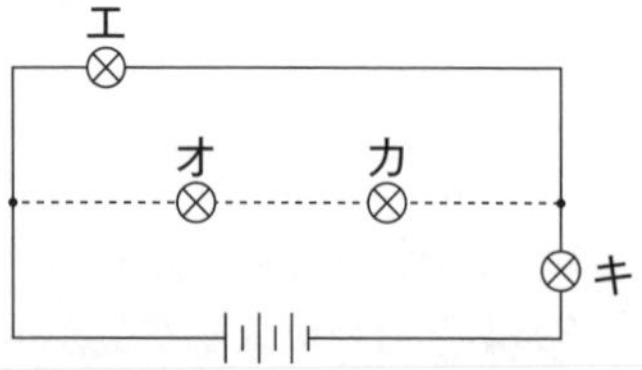


へい列に豆電球をつなぐと電流は流れやすくなるが、へい列部分が豆電球**エ**1こになるので、豆電球**キ**に流れる電流は弱くなる。また、豆電球**オ**と豆電球**カ**の部分の電流が流れなくなるということは、この部分の豆電球の数を直列にふやしていってほとんど電流の流れをなくしたときと、ほぼ同じじょうたいである。この部分の豆電球の数を直列にふやしていくほど豆電球**エ**に流れる電流は強くなっていくので、同じようにこの部分に電流が流れなくなっても豆電球**エ**を流れる電流は強くなり、豆電球**エ**は明るくなる。よって、豆電球**キ**は暗《くら》くなる。

(別解)図のように、豆電球**カ**が切れると、豆電球**オ**も切れるので、豆電球**エ**と豆電球**キ**が直列につながれたじょうたいになる。これは、かん電池1こを豆電球1ことつないだときの明るさを1とすると、3÷2＝1.5となるので、豆電球**キ**の明るさは暗くなる。

# 54 最上級レベル ②

理科⑭

## 解答

**1**
(1)O－北極星《ほっきょくせい》　A－北《ほく》と七星《しちせい》
(2)O－こぐま座《ざ》　A－おおぐま座
(3)約《やく》5倍
(4) 35度
(5)ア
(6)エ
(7) 11か月後

**2**
(1)水じょう気
(2)①ア～イまでの間　②ウ
③a－0℃　b－100℃
(3)へった

## 解説

**1** (1)Aの7つの星の集まりは、北の空に見られることとひしゃくのような形から北と七星であることがわかる。また、星Oは、時間がたってもほとんど動かなかったということから、北極星であることがわかる。

(2)北極星はこぐま座の一部の2等星《とうせい》、北と七星はおおぐま座の一部である。

(3)北と七星のaの部分をさらに5倍のばした位置《いち》に北極星が見られる。こぐま座の星はそれほど明るくなくて目立たないので、北極星をさがすときは、このように北と七星の位置から見ると、すぐに見つけることができる。また、カシオペヤ座の位置からも北極星を見つけることができる。(下図参照)。

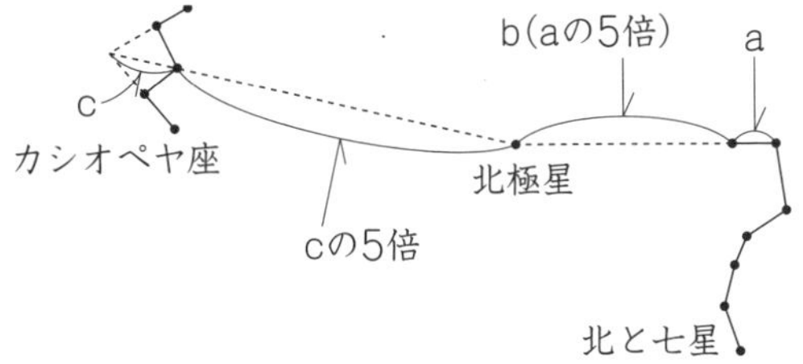


(4)北極星の見える高さは、その土地のい度の高さと等しくなる。この問題に出てくる京都《きょうと》は北い35度なので、35度の高さに見える。

(5)北の空の星は時間とともに、北極星を中心にして反時計回りに動いて見える。

(6)**ア**はカシオペヤ座で、左下の図のように、北極星や北と七星とともに北の空に見える。**イ**はさそり座で、夏の夜空に見える星座である。**ウ**はおとめ座で、春の夜空に見える星座である。**エ**はオリオン座で、冬の夜空に見える星座である。

(7)星は1時間に15度反時計まわりに動くので、2時間では15°×2＝30°動く。また、同じ時こくに見られる星の位置は1日につき1度反時計回りに動く。したがって、1か月で、1°×30＝30°動く。もとの位置にもどるには330度動かないといけないので、330°÷30°＝11か月後 になる。

(別解)同じ位置に同じ星が見られる時こくは、1か月で約2時間ずつはやくなる。午後8時から午後10時になるということは2時間おそくなっているので、約1か月前ということになる。

問題では「何か月後ですか」と聞かれているので、11か月後ということになる。

**2** (1)水は、熱《ねっ》すると気体の水じょう気になり、冷《ひ》やすと固体《こたい》の氷に変化《へんか》する。

空気中には、目に見えない水じょう気がふくまれているので、ビーカーのまわりの空気にふくまれる水じょう気がビーカーの中の氷によって冷やされて水になり、ビーカーの外側《そとがわ》につく。

(2)右上のグラフのように、氷を加熱《かねつ》すると、0℃で氷がとけはじめて水に変化する(**ア**の点)。氷がすべてとけて水になると(**イ**の点)、しだいに温度があがり、100℃で水がふっとうしはじめて水じょう気に変化する(**ウ**の点)。水はどんなに加熱しても温度は100℃より高くならない。水じょう気に変化した水がどんどん空気中へ出ていっている(**エ**の点)。

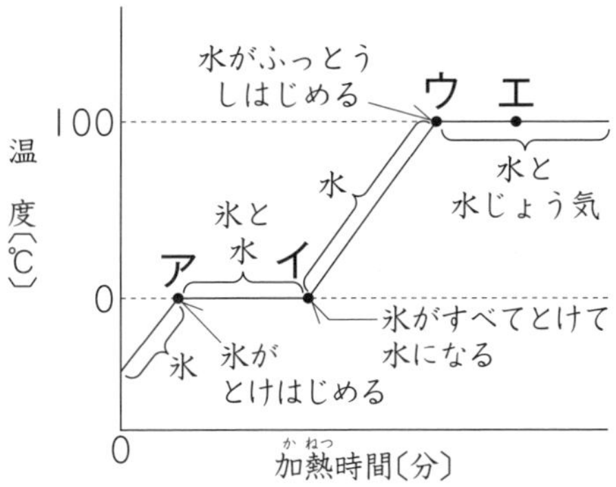


①**ア**から**イ**までの間は、氷が水に変化しているので、温度は0℃のままであがらない。

②水の入ったビーカーの底《そこ》から大きなあわが出ているじょうたいを、ふっとうという。水は100℃でふっとうして、水じょう気に変化する。大きなあわは水じょう気である。

③物しつが固体からえき体に変化する温度とえき体から気体に変化する温度は、物しつによってことなる。

(3)水が冷やされて氷になるとき、体積《たいせき》は大きくなる。反対に、氷があたためられて水になると、体積は小さくなる。水が冷やされて氷になると、体積は約1.1倍になる。

## 標準レベル 55 都道府県と県庁所在都市

社会①

### 解答

❶ (1)都—1　道—1　府《ふ》—2　県—43

(2)本州《ほんしゅう》→北海道《ほっかいどう》→九州《きゅうしゅう》→四国《しこく》

(3)①ア　②イ　③ウ　(4)8　(5)エ

(6)㋐福島《ふくしま》県　㋑神奈川《かながわ》県　㋒長野《ながの》県

㋓京都《きょうと》府　㋔岡山《おかやま》県　㋕熊本《くまもと》県

(7)㋖水戸《みと》市　㋗神戸《こうべ》市　㋘松江《まつえ》市

㋙高松《たかまつ》市

(8)①福井《ふくい》　②松山《まつやま》

(9)三重《みえ》(県)

### 解説

❶ (2)4つの島の面積比《めんせきひ》は本州：北海道：九州：四国＝12：4：2：1となっている。なお、日本の総面積《そうめんせき》は約《やく》38万km$^2$である。

(4)海に面していない都道府県(内陸県《ないりくない》)は関東《かんとう》地方に3つ(栃木《とちぎ》県、群馬《ぐんま》県、埼玉《さいたま》県)、中部《ちゅうぶ》地方に3つ(山梨《やまなし》県、長野県、岐阜《ぎふ》県)、近畿《きんき》地方に2つ(滋賀《しが》県、奈良《なら》県)の合計8つ。内陸県には漁《ぎょ》かく量《りょう》が少ない、輸入原料《ゆにゅうげんりょう》にたよる金属《きんぞく》工業や化学工業があまり発達《はったつ》しないなどの特《とく》ちょうがみられる。将来的《しょうらいてき》に統計《とうけい》の読み取りをするとき便利《べんり》なので、覚《おぼ》えておこう。

(5)面積の大きい都道府県は1位《い》北海道、2位岩手《いわて》県、3位福島県、小さい都道府県は1位香川《かがわ》県、2位大阪《おおさか》府、3位東京《とうきょう》都である。東日本の県の方が西日本の県よりも面積が大きい傾向《けいこう》にある。また、人口上位3都道府県は1位東京都、2位神奈川県、3位大阪府で、面積の小さい県に人口が集中しているといえる。

(8)①「ふ」で始まって、「い」で終わる都道府県をさがす。

**注意**　都道府県と県庁所在《けんちょうしょざい》都市は、社会科の基本《きほん》。くり返し復習《ふくしゅう》して、完全《かんぜん》に定着させておこう。

## 上級レベル 56 都道府県と県庁所在都市

社会②

### 解答

1 (1)㋐群馬《ぐんま》(県)　㋑滋賀《しが》(県)

㋒福岡《ふくおか》(県)

(2)㋓盛岡《もりおか》(市)　㋔金沢《かなざわ》(市)

㋕高知《こうち》(市)

(3)㋒、㋕

(4)関東《かんとう》(地方)

(5)①×　②○　③×

(6)6

(7)①長野《ながの》(県)　②8

③愛知《あいち》(県)　名古屋《なごや》(市)、

山梨《やまなし》(県)　甲府《こうふ》(市)

(8)記号—ア　県名—香川《かがわ》県

### 解説

1 (5)九州《きゅうしゅう》地方で県名と県庁所在《けんちょうしょざい》都市名とが異《こと》なるのは沖《おき》縄《なわ》県(那覇《なは》市)だけ。

①九州地方では、鹿児島《かごしま》県の面積《めんせき》が最《もっと》も大きい。

③沖縄県以外《いがい》に大分《おおいた》県と宮崎《みやざき》県の2県でも、新幹線《しんかんせん》は通っていない。沖縄県は新幹線だけでなく、ＪＲ《ジェイアール》の運《うん》営《えい》する鉄道もないため、那覇市内には、「ゆいレール」とよばれるモノレールが運行されている。

(6)県名に「山」の漢字を使うのは、山形《やまがた》県、富山《とやま》県、山梨県、和歌山《わかやま》県、岡山《おかやま》県、山口《やまぐち》県の6県。

(7)長野県は、群馬県、埼玉《さいたま》県、山梨県、静岡《しずおか》県、愛知県、岐阜《ぎふ》県、富山県、新潟《にいがた》県の8県と接《せっ》しており、接する県の数が日本で最も多い。

(8)イは大阪府《おおさかふ》、ウは神奈川《かながわ》県、エは山梨県である。

**注意**　都道府県名と県庁所在都市名とを覚《おぼ》えることができたら、次は地図帳で都道府県の形や、県庁所在都市の位置《いち》もかくにんしてみよう。

## 標準レベル 57 地図の見方

社会③

### 解答

❶ (1)等高線

(2)①㋐—イ　㋑—ウ　②断面《だんめん》(図)

③ア

❷ (1) 1(cm)

(2) 2万5000(分の1の地形図)

(3)①オ　②イ　③ウ

### 解説

❶ (2)①等高線の間かくが広いほど、かたむきはゆるやかである。ぎゃくに間かくがせまいほど急である。また、等高線が山頂《さんちょう》の方につき出している(はり出している)部分はまわりより低《ひく》い谷、低い方へつき出している(はり出している)部分はまわりより高い尾根《おね》となっている。

③図の等高線には数値《すうち》がいっさい書かれていないが、山頂が記《しる》されていることと、引かれている等高線の本数からA山の方が高いと判断《はんだん》できる。また、A山とB山との間に等高線が引かれていない(間かくの広い)部分があり、その部分は平たんな地形とわかるので、ウもあやまりと判断できる。

**ポイント**

等高線が何mおきに引かれているかによって、その地形図の縮尺《しゅくしゃく》を知ることができる。例《たと》えば、等高線(細い実線の主曲線)が10mおきに引かれていれば2万5000分の1の地形図、20mおきならば、5万分の1の地形図である。

❷ (1)実際《じっさい》のきょりで500mのとき、地形図上では何cmかということを考える。500m＝50000cmなので、5万分の1の地形図では、1cmとなる。

(2)縮尺の分母が小さくなればなるほど、よりくわしい地形図になる。

## 上級レベル 58 地図の見方

社会④

### 解答

1 (1)エ　(2)ウ

2 (1)南東《なんとう》

(2) C —老人《ろうじん》ホーム　D —交番　E —消防署《しょうぼうしょ》

(3)西新町《にししんまち》(二丁目)

(4) 750(m)

(5)①×　②×

### 解説

1 (1)ア．かたむきが急→ゆるやかのあやまり。イ．尾根《おね》(周囲《しゅうい》より高いところ)→谷(周囲より低《ひく》いところ)のあやまりである。ウ．等高線が交わることは決してない。

(2)ウ．一辺《いっぺん》の長さが 2 倍になるため、面積《めんせき》は 2 × 2 = 4 倍になる。

2 (1)この地形図には方位《ほうい》記号が記されていないため、上を北として考えればよい。

(3)それぞれのまちの正確《せいかく》な標高《ひょうこう》はわからなくても、周辺の等高線や標高を表す数値《すうち》から判断《はんだん》できる。西新町は、高台にできた新しい住宅《じゅうたく》地と考えられる。

(4)等高線(主曲線)が 10m おきになっていることから、この地形図の縮尺《しゅくしゃく》は 2 万 5000 分の 1。求《もと》めるきょりは 3(cm) × 25000 = 75000(cm) = 750(m)である。

(5)①上富野《かみとみの》三丁目のあたりはななめの線になっており、住宅などが密集《みっしゅう》した市街地《しがいち》とわかる。

②果樹園《かじゅえん》ではなく、針葉樹林《しんようじゅりん》と広葉《こうよう》樹林である。

注意　地形図の問題は、なれていないと、解《と》くのに、非常《ひじょう》に時間がかかってしまう。そのため、問題になれることが必要《ひつよう》。いろいろな地形図の問題に取り組み、限《かぎ》られた時間内に解けるように練習しておこう。

## 標準レベル 59 わたしたちのくらし (1) (たいせつな水)

社会⑤

### 解答

1 (1)①○　②×　③○

(2)緑のダム　(3)琵琶《びわ》(湖)

(4)(歯をみがくときには、)

水を出しっぱなしにしない。

じゃ口をこまめに閉《し》める。など

2 (1)ウ　(2)ウ　(3)イ→ウ→ア　(4)低《ひく》い

### 解説

1 (1)②日本は季節《きせつ》によって降水量《こうすいりょう》にばらつきがあるため、場所によっては深刻《しんこく》な水不足《ぶそく》におちいることもある。

(2)雪もまた、たいせつな水資源《しげん》なので、「緑のダム」に対し、雪の多い地域《ちいき》では、山に積《つ》もった雪を「白いダム」とよぶことがある。

注意　(1)③日本は農業よりも工業がさかんなため、農業用水よりも工業用水の使用量の方が多いと、思いこみがちなので、気をつけよう。農業はコストをさく減《げん》したくても工業のようにくり返し同じ水を利用《りよう》するなどの節約《せつやく》ができないことが、使用量が多くなる原因《げんいん》のひとつである。

2 (2) A．ダムは山にふった雨水をたくわえるので、川の上流の山間部につくられる。

B．下水処理《しょり》場は、使用後の水をきれいに処理するしせつである。

C．取水口から取り入れる前の水をためておく場所を貯水池《ちょすいち》という。

(3)先に取りのぞきやすい大きなかたまりのごみから取りのぞき、消毒《しょうどく》は最後《さいご》にすると考えればよい。

(4)日本の下水道ふきゅうりつは地域間での格差《かくさ》が大きく、全国平均《へいきん》で約《やく》 81%と、先進国の中では低いといえる。(2021 年 9 月現在《げんざい》)

## 上級レベル 60 わたしたちのくらし (1) (たいせつな水)

社会⑥

### 解答

1 (1)① 30　②白い

(2)ウ

(3)農業用水→生活用水→工業用水

(4)①中水《ちゅうすい》(中水道)　②ウ　③ウ

(5)①イ　②ウ　③ア

### 解説

1 (1)①木が生えている山では地下水に 35%となっているが、木が生えていない山では 5%しかない。

(2)(1)でもわかるように木には雨水をたくわえる働《はたら》きがあるので、木の生えていない山では水害《すいがい》や土砂災害《どしゃどしゃ》が起こりやすい。地しんの発生には木の有無《うむ》は関係《かんけい》ない。

(3)かつては、工業用水が生活用水を上回っていたが、げんざいは逆転《ぎゃくてん》している。

(4)②問題文中にあるように、中水とは一度使用した水をある程度《ていど》まできれいに処理《しょり》したものであるため、直接《ちょくせつ》わたしたちの口に入る料理《りょうり》には、家庭であっても使用できない。

③ウ．ミネラルウォーターを使用しても節水《せっすい》にはならない。

(5)じょう水場は使用前の水、下水処理場は使用後の水をきれいに処理するしせつなので、どちらも最後《さいご》は塩素《えんそ》による消毒《しょうどく》が必要《ひつよう》である。じょう水場の水は配水池に送られ、下水処理場の水は川や海へ流される。どちらも市町村によって管理《かんり》されている。

ポイント

森林《しんりん》には、水資源《しげん》をたくわえる働き以外《いがい》にも、土砂くずれやこう水《ずい》の防止《ぼうし》、地球温暖化《おんだんか》の防止、材木《ざいもく》をつくる、野生動物のすみかになる、などいろいろな働きがある。

## 標準レベル 61 わたしたちのくらし (2)(ごみのゆくえ)
社会⑦

### 解答

❶ (1)①ア、ケ　②イ、ウ
③オ、コ　④エ、カ
⑤キ、ク
(2)①市町村　②うめ立て地
③中央制《せい》ぎょ室
❷ (1)リサイクル　(2)エコマーク

### 解説

❶ (1)市町村によって、ごみの分類《ぶんるい》の仕方や出し方は異《こと》なるが、住んでいる市町村のルールに従《したが》って種別《しゅべつ》に分類し、決まった時間、決まった曜日に決まった場所に出さなくてはいけない。ただし近年は、マンションなどの集合住《じゅう》宅《たく》では、24 時間いつでもごみ出し可能《かのう》なところもある。
(2)③それぞれの場所について、たしかめておくこと。
・プラットホーム→ごみ収集車《しゅうしゅうしゃ》が集めてきたごみを投入する。
・クレーンそう作《さ》室→ごみを焼《しょう》きゃくろに移《うつ》すためのクレーンをそう作する。
・焼きゃくろ→ごみを燃《も》やす。24 時間高温で燃やし続《つづ》ける。
・はいガス処理《しょり》そう置《ち》→ごみを燃やした後に出るガスから人体に有害《ゆうがい》なものを取り除《のぞ》く。

❷ (1)「3R《アール》」の内容《ないよう》をかくにんしておくこと。これに、ごみになりそうなものを最初《さいしょ》からことわるリフューズ(Refuse)と、修理《しゅうり》をして使い続けるリペア(Repair)を加《くわ》えて「5R」ともいう。

**ポイント**
(1)「3R」…一度使用したものを資源《しげん》にもどして新たな製品《せいひん》をつくるリサイクル(Recycle)、何回もくり返し使用するリユース(Reuse)、ごみをへらすリデュース(Reduce)。

## 上級レベル 62 わたしたちのくらし (2)(ごみのゆくえ)
社会⑧

### 解答

1 (1)①リユース　②リデュース　③リサイクル
(2)じゅんかん型《がた》(社会)
(3)イ　(4)ア　(5)①×　②×
(6)イ→ウ→エ→ア　(7)エ

### 解説

1 (1)①そのままのかたちでもう一度使うことができるので、リユース(再使用《さいしよう》)である。
②最後《さいご》まで使い切ることで、ごみの量《りょう》をへらすことができるので、リデュース(へらす)である。
③一度使用したものを新《あら》たな資源《しげん》にして、新しい製品《せいひん》につくり変《か》えるので、リサイクル(再生利用《りよう》)である。

(3)イの割《わ》れたとうじ器《き》(焼《や》き物)は不燃《ふねん》ごみとして出さなくてはならない。エの段《だん》ボールもリサイクルできるので、右のようなマークがつけられることがある。

ダンボール

(4)ア～エは資源の分別《ぶんべつ》やリサイクルのそく進を目的《もくてき》にそれぞれの容器包装《ようきほうそう》につけられる識別表示《しきべつひょうじ》マークである。

(5)①は古紙を再生利用した製品につけられるグリーンマーク、②は市中で回収されたペットボトルを再利用した製品につけられるマークである。

**ポイント**
ケニア人女性《じょせい》のマータイさんは、「もったいない」ということばを、かん境《きょう》を守る世界共通語《きょうつうご》として提唱《ていしょう》し、ノーベル平和賞《しょう》を受賞した。このことばは海外でも「MOTTAINAI」として広まっている。

## 標準レベル 63 自然災害から人々を守る
社会⑨

### 解答

❶ (1)ア
(2)①○　②○　③×　④×
❷ (1)ハザード(防災《ぼうさい》)(マップ)
(2)ア
(3)A○　B×　C×

### 解説

❶ (1)きん急地しん速報《そくほう》は、地しんのゆれの伝《つた》わり方の特《とく》ちょうをいかして、いちばん早く伝わるゆれの波をとらえて速報として知らせるもの。最初《さいしょ》のゆれの波をとらえてから、数秒後にゆれが起こる。テレビやラジオ、インターネットで発信《はっしん》されるほかに、けいたい電話やスマートフォンに自動的に配信するサービスもある。
(2)海ばつとは、海から地面までの高さのこと。津波《つなみ》は、地しんによって、海底《かいてい》が上下に動き、それが波に伝わることによって起こる。地しんが起こったときは、津波が発生するのか・しないのかもあわせてニュースとして発信される。予測《よそく》されている津波の高さから、海ばつ何メートルのひなん場所に、にげておけば安心かがわかる。

❷ (1)過去《かこ》に起きた災害《さいがい》をくわしく調べると、今後どこでどのような災害が起こるかや、ひ害のようすを予測することができる。それを地図上にまとめたものをハザード(防災)マップという。
(2)地しんなどの災害が起こったときに、どのように対応《たいおう》するのかまとめたものを「防災《ぼうさい》計画」という。ひなん場所の指定や、警察《けいさつ》・消防《しょうぼう》との連けいをどのようにするのかをあらかじめ取り決めている。
(3)資料 1・2 は津波が発生したときにどのくらいしん水が予測《よそく》されるかを示している。資料 2 より、ひなん所 B、C は、しん水してしまうはんいにあるため、ひなん場所に向いていない。

## 上級レベル 64 社会⑩ 自然災害から人々を守る

### 解答

**1** (1)①ア　②イ　③ア　④ア　⑤ア
(2)イ、エ

**2** ①台風　②市町村　③ていぼう
④広げる　⑤増水《ぞうすい》

### 解説

**1** (1)①国や市町村は電話会社と協力《きょうりょく》して、「災害用伝言《さいがいようでんごん》ダイヤル」をもうけている。災害用伝言ダイヤルとは、災害が発生し、ひ害があった場所に住む人への電話やメッセージなどの通信《つうしん》がふえすぎてつながりにくくなったときに電話会社が提供《ていきょう》するサービス。「171」に電話をかけ、自分や相手の電話番号を入力することで、伝言を残《のこ》したり、相手がその伝言を聞いたりすることができる。
②災害が起きたときに、家族がどこに集合するのか、どのように連《れん》らくをとるのかをあらかじめ話し合っておくことが大切である。
③④⑤国や市町村は防災《ぼうさい》計画にそって、ひなん所の設置《せっち》やひじょう用食料《しょくりょう》のたくわえを決めている。また、それらをパンフレットにして住民《じゅうみん》に配ったりしている。近年、都道府《ふ》県や市町村が配信《はいしん》する防災アプリもふえている。

**2** ①災害には、地しんや津波《つなみ》のほかに台風や大雨による風水害もある。②③④⑤国や市町村が、ハザードマップを調べ、ひ害の予測《よそく》をしている。ひ害が予測される地域《ちいき》にある河川《かせん》にはていぼうをつくったり、川はばを広げたりして、川の水があふれて住宅《じゅうたく》地のしん水ひ害が出ることを防《ふせ》ごうとしている。

**ポイント**

風水害から地域の人たちのくらしを守るために、国や市町村が取り組んでいることを調べておこう。河川の工事は、その代表的《てき》なものである。

## 標準レベル 65 社会⑪ 受けつがれてきたもの、地域の発展につくした人々

### 解答

**1** (1)絵①―ひな祭り　絵②―七夕《たなばた》
絵③―節分《せつぶん》　絵④―端午《たんご》の節句《せっく》
(2)③→①→④→②
(3)①
(4)③

**2** (1)①秋　②おぼん
(2)ウ
(3)イ

### 解説

**1** (1)絵①は、女の子の誕生《たんじょう》とすこやかな成長《せいちょう》を願《ねが》うひな祭り(3月3日)、絵②は、短冊《たんざく》に願い事を書き、笹《ささ》にかざる七夕(7月7日)、絵③は、としの数だけ豆を食べ、豆まきをして悪いものをはらう節分(2月3日)、絵④は、男の子の誕生とすこやかな成長をいわう端午の節句(5月5日)である。なお、行事で行う内容や言い伝《つた》えは、地域《ちいき》によって異《こと》なる。

**2** (1)米が主食である日本では、米がたくさんとれるかどうかが、人々の生活にとってたいせつであった。そのため、豊作《ほうさく》を願う春の祭りや豊作に感謝《かんしゃ》する秋の祭りが各地《かくち》で古くから行われている。
(2)アの一里塚《づか》とは昔、大きな道に約《やく》4kmごとにおかれていた道しるべである。地域に古くから残《のこ》る建物《たてもの》や石ひ、昔からある地名などから地域の歴史《れきし》を調べることができる。

**ポイント**

昔から伝わる年中行事について調べ、同時に由来やこめられた願いについても考えてみよう。また、年中行事を月ごとにまとめる取り組みもしてみよう。

## 上級レベル 66 社会⑫ 受けつがれてきたもの、地域の発展につくした人々

### 解答

**1** (1)年中(行事)
(2)時代祭《じだいまつり》

**2** (1)除夜《じょや》(のかね)　108(回)
(2)ウ
(3)記号―イ
名まえ―節分《せつぶん》
(4)イ

**3** ①○　②○　③×　④○

### 解説

**1** (1)毎年決まった時期に古くから行われている行事を年中行事といい、地域《ちいき》によってさまざまな年中行事がある。
(2)京都《きょうと》市の年中行事のなかで、5月の葵《あおい》祭、7月の祇園《ぎおん》祭、10月の時代祭は京都三大祭りとよばれ、毎年多くの観光客《かんこうきゃく》でにぎわう。

**2** (1)さまざまな説《せつ》があるが、108は人間のなやみの数といわれている。
(2)アのちとせあめは七五三、イの月見だんごは十五夜、エのかしわもちは端午《たんご》の節句《せっく》に関係《かんけい》が深い食べ物である。
(3)アの門松《かどまつ》、ウのしめ縄《なわ》は、年神さまを家にむかえ新年をいわうためにかざる正月かざり。イは柊鰯《ひいらぎいわし》で、節分のときに門口にかざり、おにを追い払《はら》う。また、節分の日に恵方《えほう》(その年の良《よ》い方角)を向いて巻《ま》き寿司《ずし》を食べると、健康《けんこう》になるといわれている。
(4)地域の文化財《ぶんかざい》や祭り、芸能《げいのう》をひとつひとつ正しく理解《りかい》し、地域全体で伝《つた》え受けつぐ取り組みをすることがたいせつである。

**3** 実際《じっさい》に地域のことにくわしい人に会ったり、歴史《れきし》ある場所に足を運んだりして、地域にどんなことが起こり、だれが発展《はってん》のために努力《どりょく》したのかを調べることがたいせつである。

## 標準レベル 67 特色ある地域のくらし

社会⑬

### 解答

❶ (1)①ウ　②イ　③ア
(2)エ　(3)エ　(4)ア
(5)アイヌ(民族《みんぞく》)

❷ (1)イ　(2)ウ　(3)四国《しこく》(地方)

❸ (1)京都府《きょうとふ》　(2)きよみずやき
(3)エ

### 解説

❶ (1)①沖縄《おきなわ》県は降水量《こうすいりょう》は多いが、大きな山や川がないため、ふった雨がすぐに海に流れこんでしまい、雨水をたくわえることができず、水不足《ぶそく》になることがある。水不足にそなえて沖縄県の家には、貯水《ちょすい》タンクが設置《せっち》されている。北海道《ほっかいどう》は梅雨《つゆ》や台風のえいきょうを受けにくく、年間を通して降水量が少ない。
(2)アは石川《いしかわ》県、イは京都府、ウは高知《こうち》県の伝統的工芸品《でんとうてきこうげいひん》である。
(3)さとうきびはあたたかい気候《きこう》でよく育ち、強風や水不足などの自然災害《しぜんさいがい》に強いため、沖縄県では昔からさいばいされてきた。

❷ (1)各地《かくち》で気候を生かした野菜《やさい》づくりがみられる。
(2)長野《ながの》県には高さ 3000m 級の山々があり、内陸県《ないりくけん》で夏と冬の気温差《さ》が大きく、雪が積《つ》もりやすい。首都けんからも近く、スキー場をつくるにはじょうけんが良《よ》い。

**ポイント**
(1)夏もすずしい気候の長野県の高原→夏にレタス、はくさいなど葉物《はもの》野菜をつくる。冬も暖《あたた》かい気候の高知県や宮崎《みやざき》県→冬にきゅうり、トマト、ピーマンなど実のなる野菜をつくる(早作り)。

❸ (3)エ．昔は身近にある原料《げんりょう》を使い、生産《せいさん》していたが、近年では原料を輸入《ゆにゅう》することも少なくない。

## 上級レベル 68 特色ある地域のくらし

社会⑭

### 解答

1 (1)①ため池
②讃岐《さぬき》
③徳島《とくしま》
(2)①エ
②神戸《こうべ》(港)
③ア
(3)①濃尾《のうび》(平野)
②こう水《ずい》
③ア
(4)①リアスまたはリアス式(海岸)
②工芸品《こうげいひん》—ウ　県—宮城《みやぎ》県
(5)湖—八郎潟《はちろうがた》　作業—干《かん》たく

### 解説

1 (2)③イは中華人民共和国《ちゅうかじんみんきょうわこく》、ウはイギリス、エは大韓民《だいかんみん》国《こく》の国旗《こっき》である。
(3)①美濃国《みののくに》(げんざいの岐阜《ぎふ》県の一部)から尾張国《おわりのくに》(げんざいの愛知《あいち》県の一部)に広がる平野なので、それぞれの古い国名から「濃」「尾」の１文字ずつをとって名付《づ》けられた。
②写真は水屋《みずや》とよばれるしせつで、ひなん用のボートがそなえられている。ふだん生活している家は母屋《おもや》という。この地域《ちいき》は輪中地帯《わじゅうちたい》とよばれ、集落の周囲《しゅうい》をていぼうでかこみ、こう水からくらしを守る工夫《くふう》をしている。
③イは石川《いしかわ》県、ウは愛知県、エは岡山《おかやま》県の伝統的工芸品《でんとうてきこうげいひん》である。
(4)①波がおだやかで良《よ》い漁港《ぎょこう》ができるが、地しんのときに起こる津波《つなみ》のひ害《がい》が大きくなる。
②アはうすいスギの板でつくった容器《ようき》(お弁当《べんとう》の箱など)で、秋田《あきた》県の大館《おおだて》市の工芸品。イは山形《やまがた》県の天童《てんどう》市を代表する工芸品である。ウは宮城県大崎《おおさき》市鳴子温泉《なるこおんせん》のこけしが有名。
(5)米の生産量《せいさんりょう》をふやすために八郎潟の干たくが行われた。現在《げんざい》、日本で２番目に面積《めんせき》が大きい湖は、茨城《いばらき》県の霞ヶ浦《かすみがうら》である。

**注意** (2)③日本と外国とのつながりをくわしく学習する中で取りあつかう国の国旗については、学習のたびにかくにんするようにするとよい。

# 69 最上級レベル ①

社会⑮

## 解答

**1**

(1)山梨《やまなし》(県)甲府《こうふ》(市)

(2)①ⓐイ

ⓑエ

②下水処理《しょり》場

③こう水《ずい》や土砂《どしゃ》くずれを防《ふせ》ぐ。

地球温暖化《おんだんか》を防止《ぼうし》する。

材木《ざいもく》をつくる。などから１つ。

(3)九州《きゅうしゅう》(新幹線《しんかんせん》)

(4)活火山

(5)イ

(6)イ→ウ→ア→エ

(7)ア

## 解説

**1** (1)〈A〉のカードの下線部㋐の日本一高い山とは、富士《ふじ》山《さん》である。2013年に世界遺産《いさん》に登録《とうろく》された、静岡《しずおか》県と山梨県にまたがる山であるが、カードに「もも、ぶどうの生産《せいさん》がさかん」とあるので、カードが説明《せつめい》している県は、山梨県とわかる。山梨県の甲府盆地《ぼんち》のせん状地《じょうち》には、かつてくわ畑が広がっており養蚕《ようさん》がさかんであったが、げんざいは果樹園《かじゅえん》にかわっている。もも、ぶどうは、ともに日本一の生産をほこっており、ぶどうを使ったワイン(ぶどう酒)の生産もさかんである。

(2)①分別《ぶんべつ》をてっ底《てい》できれば、ごみの量《りょう》をへらすことができ、じゅんかん型《がた》社会の実現《じつげん》に近づける。各《かく》市町村によって、ごみの出し方のルールはちがうが、ごみ処理《しょり》には多《た》額《がく》の費用《ひよう》がかかる上に処理場の不足《ふそく》も深刻《しんこく》なので、ごみをへらす取り組みはたいせつである。

②安心して水を利用《りよう》できるように、使用前の水をきれいに処理するしせつがじょう水場、使用後のよごれた水をきれいに処理し、川や海に流すしせつが下水処理場である。

③森林《しんりん》には解答《かいとう》にあげたもの以外《いがい》にも、動物のすみかになる、ハイキングや森林浴《よく》の場になるなど、たくさんの働《はたら》きがある。また、じょう水場では近年、きれいなだけでなく、より安全でおいしい水をつくるよう努力《どりょく》している。おいしい水道水にするためにも水源《すいげん》である森林を管《かん》理《り》することが必要《ひつよう》で、水道水のもとになるきれいな水をはぐくみ、土砂《どしゃ》がダムに流れこむことをふせぐという働きも森林にはあるといえる。

(3)〈B〉は「くまモン」と阿蘇山《あそさん》から熊本《くまもと》県とわかる。阿蘇山は、火山のふん火によってできたくぼ地であるカルデラがあることで有名である。福岡《ふくおか》県の博多《はかた》駅と鹿児島《かごしま》県の鹿児島中央駅とを結《むす》ぶ九州新幹線は、福岡県、佐賀《さが》県、熊本県、鹿児島県を通っている。

(5)〈C〉は北海道《ほっかいどう》の説明である。イ．北海道は１年を通して降水量《こうすいりょう》は少ないが、冬の寒さがきびしく、ふった雪がとけずに残《のこ》るため、雪の重みで家がつぶされないように屋根のかたむきを急にしている。近年は電熱線《でんねつせん》を通して雪が積《つ》もらないようにした屋根もある。なお、アは沖縄《おきなわ》県の伝統的《でんとうてき》な家屋、ウは輪中地帯《わじゅうちたい》の水屋《みずや》についての説明である。

(6)アは福島《ふくしま》県、イは北海道、ウは岩手《いわて》県、エは長野《ながの》県の地図である。

(7)ア．北海道の十勝《とかち》平野では畑作がさかんである。にんじん以外にもたまねぎ、じゃがいも、てんさい、小麦、大豆《だいず》、あずき、いんげんなど全国一の生産量をほこる農作物がたくさんある。平均《へいきん》して他県の約《やく》10倍もある広大な耕地《こうち》を使って農業を行うので、生産量が多くなる。また、まわりを海にかこまれているので、漁港《ぎょこう》も多く、漁かく高も全国一である。原料《げんりょう》となる農作物や水産物が豊富《ほうふ》なので、食料品工業がさかんなことも北海道の特色《とくしょく》である。

イ．みかんは、冬もあたたかい気候《きこう》の和歌山《わかやま》県、愛媛《えひめ》県、静岡県、熊本県で生産量が多い。

ウ．レタスは、長野県で生産量が多い。長野県の高原では、夏でもすずしい気候を利用して、ふつうなら冬によく生育するレタス、はくさいなどの葉物野菜《はものやさい》を夏につくり、高原野菜として出荷《しゅっか》している。

エ．ピーマンは近こう農業(大都市周辺《しゅうへん》で行う農業。安い輸送費《ゆそうひ》で新せんな野菜を出荷できる)がさかんな茨城《いばらき》県の生産量が多いが、野菜の早作りがさかんな宮崎《みやざき》県も有名である。

### ポイント

地域《ちいき》ごとに気候の特色をかくにんしよう。

- 北海道の気候…冷帯《れいたい》(亜寒帯《あかんたい》)に属《ぞく》しており、梅《つ》雨《ゆ》や台風のえいきょうをあまり受けないため、降水量は年間を通して少ない。また、冬の寒さがきびしく、平均気温が０度を下回る月が４か月ほど続《つづ》く。
- 太平洋側《がわ》の気候…夏は南東《なんとう》の季節風《きせつふう》のえいきょうを受け、梅雨や台風のえいきょうも受けやすくなるので、降水量が多い。ぎゃくに、冬は北西《ほくせい》の季節風が山にさえぎられるため、晴れた日が続く。
- 日本海側の気候…北西の季節風が沖合《おきあい》を流れる暖流《だんりゅう》の対馬《つしま》海流のしめった空気を運んでくるので、冬に雨や雪が多くなる。
- 中央高地(内陸性《ないりくせい》)の気候…まわりを山にかこまれているので、年間を通して降水量が少ない。夏と冬、昼と夜の気温差《さ》が大きい。
- 瀬戸内《せとうち》の気候…夏の季節風は四国《しこく》山地に、冬の季節風は中国《ちゅうごく》山地にさえぎられるため、年間を通して降水量は少ない。海のえいきょうで、冬でも比《ひ》かく的《てき》あたたかいといえる。
- 南西諸島《しょとう》の気候…亜熱帯《あねったい》に属しており、冬でも平均気温が16度以上あり、温暖な気候である。また、台風の通り道になることも多く、降水量が多い。

# 70 最上級レベル ②

社会⑯

## 解答

**1** (1)①ハザード

②防災《ぼうさい》

(2)①おいしい水、より安全な水　など

②中水道《ちゅうすいどう》

(3)ア

(4)①イ

②大阪府《おおさかふ》、京都《きょうと》府

③ウ

④イ

## 解説

**1** (1)①地域《ちいき》で過去《かこ》に起こった災害《さいがい》とそのひ害を調べて、どこでどのような災害が起こるかを予測《よそく》したものを「ハザードマップ」という。ハザードとは、「危険《きけん》」という意味の英語《えいご》。海に近い地域では、過去に起きた津波《つなみ》の高さを調べて、安全と見こまれる場所にある高いビルなどを津波ひなん所として指定している。

②もしも災害が起こったら、どのように対応《たいおう》するのかを国や市町村があらかじめ決めているものを「防災計画」という。防災計画には、どこに・どのようにひなんするのかや、きん急時の食料《しょくりょう》のたくわえ、消防や警察《けいさつ》とどのように協力《きょうりょく》するかが定められている。市町村では、ひなん訓練《くんれん》を行ったり、パンフレットをつくったりして、防災計画の内容《ないよう》を地域の人に広める取り組みをしている。家庭でも、きん急のときの家族どうしの連《れん》らくの取り方や集合場所、だれが何を持ち出すのか、火のしまつはだれがするのか、といったことをあらかじめ話し合って決めておくとよい。

(2)①水道局によっては、地域のイベントで高度に処理《しょり》された水道水をペットボトルに入れて配布《はいふ》したり、駅ではん売したりするなどして、おいしくて安全な水道水をアピールする努力《どりょく》をしている。また、アンケートをとるなどして、市民の要望《ようぼう》やひょうかをつかんで満足度《まんぞくど》をより高めるよう努《つと》めている。

②水もまた限《かぎ》りあるたいせつな資源《しげん》である。日本では当たり前のようにじゃ口をひねるときれいな水道水が出てくるが、世界には飲み水がかくほできない国や地域が少なくない。外国での水不足《ぶそく》は一見日本には関係《かんけい》がないように思えるが、農作物の多くを輸入《ゆにゅう》にたよっている日本は、輸入相手国が水不足になると、農作物が輸入できなくなり、食料不足におちいってしまう可能性《かのうせい》がある。

(3)ア．大量《たいりょう》のごみを処理した結果《けっか》でた熱《ねつ》は、イやウのように再利用《さいりよう》する努力はしているが、すべてをむだなく利用しきるには、まだまだ課題《かだい》が残《のこ》されている。

(4)①イ．埼玉《さいたま》県は海に面さない内陸県《ないりくけん》なので、写真のように海に面する貿易港《ぼうえきこう》はない。アの神奈川《かながわ》県には横浜《よこはま》港、ウの愛知《あいち》県には名古屋《なごや》港、エの兵庫《ひょうご》県には神戸《こうべ》港がある。いずれも日本を代表する貿易港である。横浜港と名古屋港からは、日本の工業の中心である自動車や自動車部品がおもに輸出されている。貿易港には、海の港だけでなく、空の港、つまり空港もあるので、わすれてはいけない。日本最大《さいだい》の貿易港は成田国際《なりたこくさい》空港（千葉《ちば》県）で、輸出額《がく》も輸入額も日本最大である。

③ア．ピーマン、トマト、なすのような実のなる野菜《やさい》は、太陽の光と高い気温にめぐまれる夏によく育つ。そこで、宮崎《みやざき》平野や高知《こうち》平野など冬でも比《ひ》かく的温暖《てきおんだん》な地域では、季節《きせつ》をずらして他の地域ではよく育たない冬～春にさいばいしている。夏より早くつくるので、早作りという。

イ．一方、レタス、はくさい、キャベツなどの葉物《はもの》野菜は、ふつうは冬のすずしい気候《きこう》を好《この》む。そこで、夏でもすずしい群馬《ぐんま》県の浅間山《あさまやま》山ろくの嬬恋村《つまごいむら》、長野《ながの》県の八ヶ岳《やつがたけ》山ろくの野辺山原《のべやまはら》などの高原では、夏にさいばいし、高原野菜として出荷《しゅっか》している。

ウ．兵庫《ひょうご》県の淡路島《あわじしま》は、一年を通してあたたかくて日照《にっしょう》時間が長く、雨も少ないため、たまねぎのさいばいに適《てき》している。

エ．一年を通して降水量《こうすいりょう》は多いが、大きな山や川がなく水不足になりやすいため、沖縄《おきなわ》県は米の生産《せいさん》が少ない。しかし、あたたかい気候を生かして１年に２回同じ農地で同じ農作物をさいばいする二期作《にきさく》により、米の生産が行われている。

④日光東照宮《にっこうとうしょうぐう》は栃木《とちぎ》県にある世界遺産《いさん》。島根《しまね》県では石見《いわみ》銀山遺跡《ぎんざんいせき》が世界遺産に登録《とうろく》されている。

### ポイント

じゅんかん型《がた》社会をめざしてさまざまなリサイクル法《ほう》が整備《せいび》されたり、人びとの意識《いしき》を高める工夫《くふう》がされたりしている。おもなリサイクル法をかくにんしよう。

- 容器包装《ようきほうそう》リサイクル法…家庭から出るごみの約《やく》6割《わり》をしめる容器包装を、資源として有効《ゆうこう》利用し、ごみをへらすことをめざした法律《ほうりつ》である。びん、かん、ペットボトル、プラスチック製《せい》の包装容器（「プラ」の印《しるし》のついたふくろ、容器）などが対象《たいしょう》となっている。
- 家電リサイクル法…エアコン、テレビ、冷蔵庫《れいぞうこ》（冷とう庫をふくむ）、せんたく機《き》（衣類《いるい》かんそう機をふくむ）の家電４品目について、製造《せいぞう》業者にリサイクルすることをぎむづけた。リサイクルにかかる費用《ひよう》は、消費者《しょうひしゃ》が負担《ふたん》しなくてはならない。
- 食品リサイクル法…食品の食べ残しや売れ残り、製造、加工《かこう》、調理のと中で生じる食料はいき物をなるべくへらすことと再利用を目的《もくてき》に定められた法律で、食品関連《かんれん》業者には、はいき物を肥《ひ》料《りょう》や飼料《しりょう》（家ちくのえさ）として再利用することをぎむづけた。

※このほかに、パソコンリサイクル法、自動車リサイクル法、小型家電リサイクル法、建設《けんせつ》リサイクル法などが定められている。

## 標準レベル 71 アルファベットの練習 (1)(大文字)
英語①

**解答**

❶ なぞり練習なので省略《しょうりゃく》

❷

**解説**

❷ アルファベットはその文字ではじまる単語《たんご》の絵のところにかくれていたよ。S は SUN「太陽」、H は HELICOPTER「ヘリコプター」、R は RESTAURANT「レストラン」、F は FLOWER「花」、Q は QUEEN「女王」、C は CAR「車」、A は APPLE「りんご」、D は DOG「犬」、B は BICYCLE[BIKE]「自転車」、O は ORANGE「オレンジ」、T は TABLE「テーブル」、J は JUICE「ジュース」。

## 上級レベル 72 アルファベットの練習 (1)(大文字)
英語②

**解答**

❶

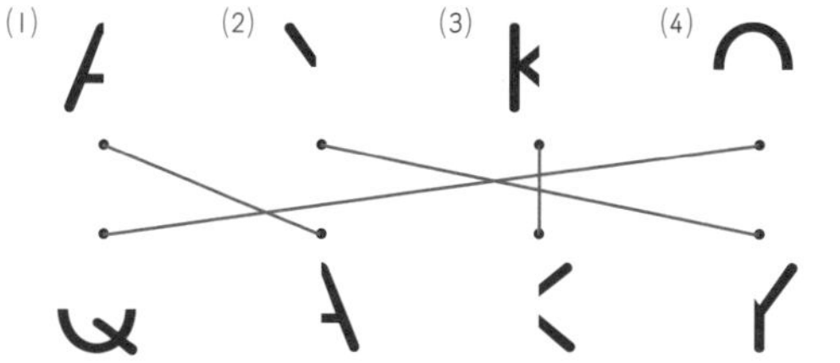

(1) A　(2) Y　(3) K　(4) Q

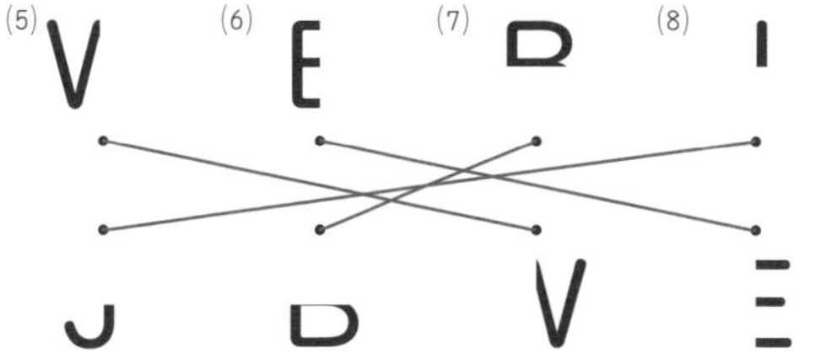

(5) W　(6) E　(7) B　(8) J

❷

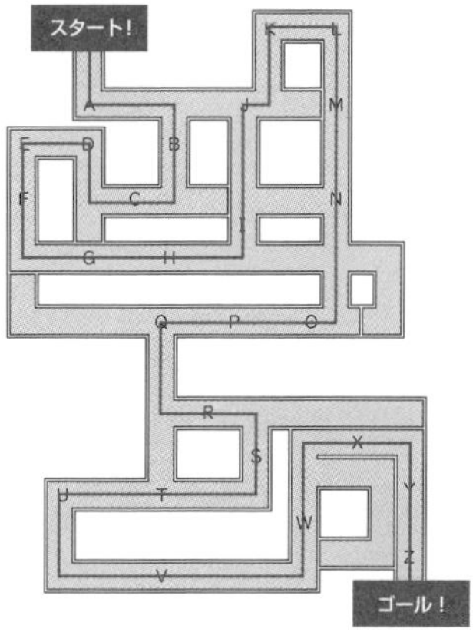


**解説**

**ポイント**

アルファベットは、形と音をセットで覚《おぼ》えていこう。めいろをもう一度たどりながら、正しく読めるかもチェックしておくといいよ。

## 標準レベル 73 アルファベットの練習 (2)(小文字)
英語③

**解答**

❶ なぞり練習なので省略《しょうりゃく》

❷ (1)

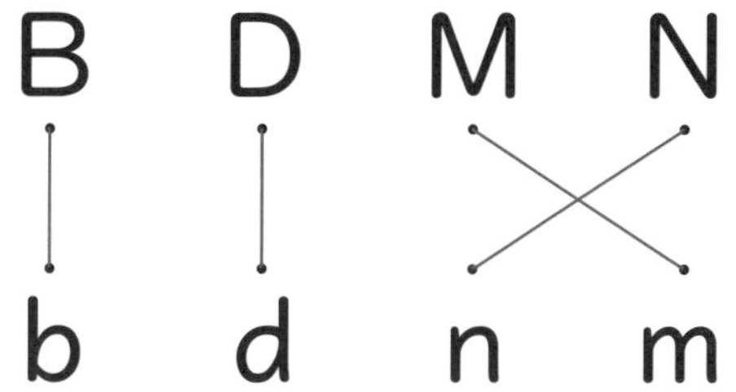


(2)

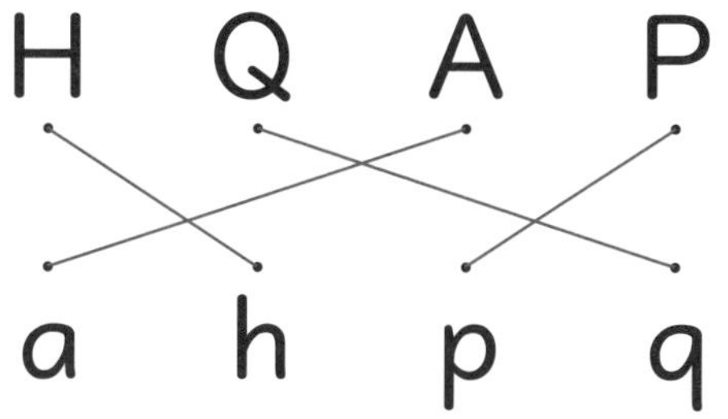


**解説**

❷ (1) B と D の小文字はそれぞれ、B が b、D が d だよ。小文字がにていてまちがえやすいから注意しよう。M と N の小文字はそれぞれ、M が m、N が n だよ。

(2) P と Q の小文字はそれぞれ、P が p、Q が q だよ。

**ポイント**

英語の文を書くときは、文頭など一部にしか大文字は使わず、ほとんどの部分を小文字で書くよ。小文字は大文字よりもにている文字が多いから、注意してしっかりおぼえよう。

## 上級レベル 74 アルファベットの練習（2）（小文字）
英語④

### 解答

**1** (1) s un　(2) o ne

(3) e yes　(4) c at

(5) l emon

**2** (1)なぞり練習なので省略《しょうりゃく》

(2) What's this?

It's a tomato.

(3) What's this?

It's a banana.

### 解説

**1** (1)太陽は英語で sun。

(2)数字の「1」は英語で one。

(3)目は英語で eye で、2つあるから複数形で eyes とするよ。

(4)ねこは英語で cat。

(5)レモンは英語で lemon。

**2** (2)「それはトマトです」という日本語に合う英文にするよ。「それは～です」は It's ～. で表すよ。トマトは a tomato だから、It's a tomato. とすればいいね。文の最後にピリオド「.」をわすれないようにしよう。

(3)「これは何ですか」は What's this?、「それは～です」は It's ～. で表すよ。「それは～です」を使って、It's a banana. とすればいいね。

## 標準レベル 75 単語の練習（1）
英語⑤

### 解答

**1** 1 one　2 two　3 three　4 four　5 five

6 six　7 seven　8 eight　9 nine　10 ten

**2** (1) 12　(2) 15　(3) 20

(4) 27　(5) 30

**3** (1) green　black　red　white

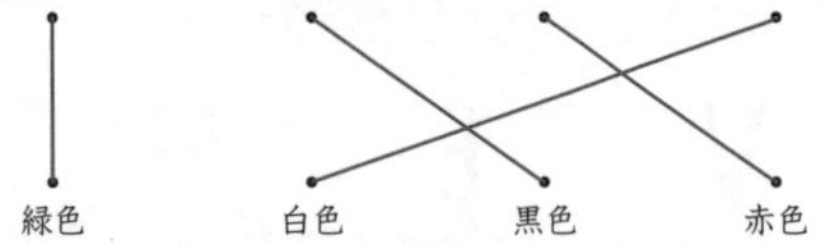


(2) Sunday　Thursday　Saturday　Friday

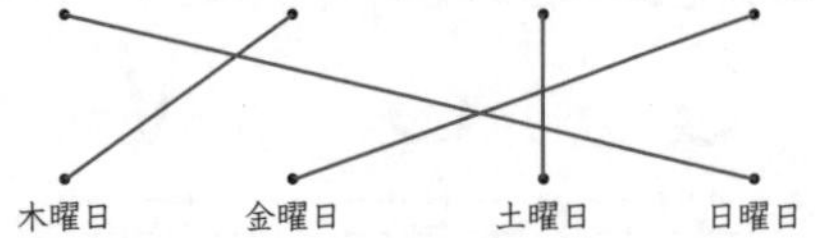


### 解説

**1**

**ポイント**

まちがえやすいものは注意しておこう。

「4」four の u をわすれないように！

「8」eight の gh をまちがえないように！

**2** (1)「12」は twelve。

(2)「5」は five で「15」は fifteen となるよ。five に teen をつけないように気をつけよう。

(3)「20」は twenty。「12」の twelve とまちがえやすいから気をつけよう。

(4)「27」は twenty-seven。「20」の twenty と「7」の seven の間に「-」（ハイフン）をいれるよ。

(5)「30」は thirty。「13」の thirteen とまちがえないように注意しよう。読み方もまちがえやすいので、リスニング問題でねらわれやすいよ。

**3** (2)「月曜日」Monday、「火曜日」Tuesday、「水曜日」Wednesday、「木曜日」Thursday、「金曜日」Friday、「土曜日」Saturday、「日曜日」Sunday。曜日の最初の文字は大文字になるよ。

## 上級レベル 76 英語⑥ 単語の練習（1）

解答

**1**

(1)

黄色 yellow

青色 blue

むらさき色 purple

グレー gray

ピンク pink

(2)

火曜日 Tuesday

水曜日 Wednesday

木曜日 Thursday

金曜日 Friday

土曜日 Saturday

**2**

(1) It's Monday.

(2) It's Sunday.

**3**

(1) It's sunny.

(2) It's rainy.

(3) It's snowy.

(4) It's cloudy.

解説

**2** 「今日は何曜日ですか」という質問《しつもん》に、「月〔日〕曜日です」と答えるよ。It's ～.「それは～です」を使って、It's Monday[Sunday]. とすればいいね。曜日は最初の文字を大文字にするのをわすれないようにしよう。

**3** (1)絵を見ると太陽が照《て》っているから、sunny「晴れている」。

(2)雨がふっているから、rainy「雨がふっている」。

(3)雪がふっているから、snowy「雪がふっている」。

(4)くもが多くどんよりしているから、cloudy「くもっている」。

## 標準レベル 77 英語⑦ 単語の練習（2）

解答

**1**

(1)
I want grapes.
I want watermelons.
I want strawberries.
(2)
I like giraffes.
I like elephants.
I like bears.

**2**

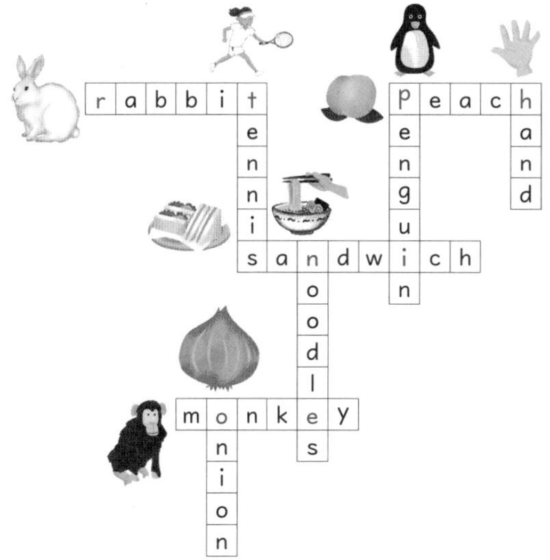

rabbit
tennis
peach
penguin
hand
sandwich
noodles
monkey
onion

解説

**1** (1) I want ～. で「わたしは～がほしい」。

みんながほしいと言っている下のフルーツと上の絵を線でむすぶよ。

(2) I like ～. で「わたしは～が好きです」。

みんなが好きだと言っている下の動物と上の絵を線でむすぶよ。

## 上級レベル 78 英語⑧ 単語の練習（2）

解答

**1**

(1) I want a carrot, please.

(2) Let's play soccer.

(3) Do you like baseball?

**2**

(1) banana

(2) rabbit

(3) elephant

(4) snake

解説

**1** (1)「～をおねがいします」の「～」の部分の英語がぬけているね。「にんじん」は carrot。

(2)「～をしよう」の「～」の部分の英語がぬけているね。「サッカー」は soccer。

(3)「～は好きですか」の「～」の部分の英語がぬけているね。「野球」は baseball。

**2** (1)英文の意味は「それは黄色い。それはくだものです」絵の中であてはまるものはバナナだね。

(2)英文の意味は「それは動物です。耳が長いです」絵の中であてはまるものはウサギだね。

(3)英文の意味は「それは動物です。鼻が長いです」絵の中であてはまるものはゾウだね。

(4)英文の意味は「それは動物です。体が長いです」絵の中であてはまるものはヘビだね。

## 標準レベル 79 あいさつ、時間を言ってみよう！

英語⑨

### 解答

❶

Good night.　Good morning.　Good afternoon.

❷ How are you?

I'm fine, thank you.

❸ (1)ウ　(2)ア　(3)エ　(4)オ

❹ What time is it now?

It's three o'clock.

### 解説

❶ Good night.「おやすみなさい」

Good morning.「おはようございます」

Good afternoon.「こんにちは」

❸ (1)英文の意味は「8 時です」。8 時の時計を選《えら》ぼう。

(2)英文の意味は「2 時です」

(3)英文の意味は「1 時 30 分です」

(4)英文の意味は「8 時 20 分です」

❹ 「今何時ですか」は What time is it now? とするよ。時間の答え方は It's ～. を使えばいいね。

## 上級レベル 80 あいさつ、時間を言ってみよう！

英語⑩

### 解答

❶

I go to bed.　I wake up.　I have breakfast.　I go to school.

❷ I wake up at six.

❸ (1)×　(2)○　(3)×　(4)×　(5)○

### 解説

❶ 英文の意味は、つぎのとおり。

I go to bed.「ぼくはねます」

I wake up.「ぼくは起きます」

I have breakfast.「ぼくは朝食を食べます」

I go to school.「ぼくは学校へ行きます」

それぞれの意味に合った絵を線でむすぼう。

❷ 「6 時に」を表す英語を書けばいいね。「～時に」は at を使って、at six「6 時に」と表すよ。

❸ (1)英文の意味は「ぼくは 5 時に起きます」

表を見ると、男の子が起きるのは「6 時」となっているから×だね。

(2)英文の意味は「ぼくは 7 時に朝食を食べます」

(3)英文の意味は「ぼくは 9 時に学校へ行きます」

表を見ると、学校へ行くのは「8 時」となっているから×だね。

(4)英文の意味は「ぼくは 12 時に家に帰ります」

表を見ると、12 時にしていることは「昼食を食べる」だから×だね。

(5)英文の意味は「ぼくは 10 時にねます」

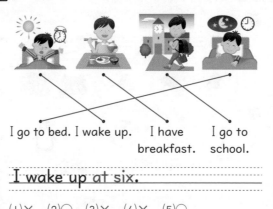

## 標準レベル 81 漢字の読み

国語①

**解答**

❶ ①ぶんりょう　②くうせき　③がいしゅう　④てんとう　⑤はいち　⑥いるい　⑦はっきゅう　⑧きょうそう　⑨じゅんい　⑩じょうし　⑪しょうひ　⑫させつ　⑬えいさい　⑭ふちじ　⑮ろくが

❷ ①×　②×　③○　④○　⑤○　⑥×　⑦○　⑧×　⑨×　⑩○

❸ ①ウ　②イ　③エ　④ア　⑤ア

**解説**

❷ ①「かしん」「だいじん」と読む。
②「ともだち」「そくたつ」と読む。
③「じょうりく」「りくろ」と読む。
④「たいせき」「せきせつ」と読む。
⑤「れんぞく」「ぞくしゅつ」と読む。
⑥「しおかげん」「しょくえん」と読む。
⑦「しょうこう」「けんこう」と読む。
⑧「なふだ」「にゅうさつ」と読む。
⑨「すえっこ」「しゅうまつ」と読む。
⑩「かもつ」「がいか」と読む。

❸ ①ア「しぜん」、イ「とうぜん」、ウ「てんねん」、エ「ぜんぜん」と読む。
②ア「ほうべん」、イ「びんじょう」、ウ「べんり」、エ「べんじょ」と読む。
③ア「はいぼく」、イ「はいしゃ」、ウ「しょうはい」、エ「しっぱい」と読む。
④ア「ぶきみ」、イ「ふあんてい」、ウ「ふかんぜん」、エ「ふけいき」と読む。
⑤ア「なたね」、イ「さいしょく」、ウ「やさい」、エ「さんさい」と読む。

## 上級レベル 82 漢字の読み

国語②

**解答**

❶ ①こうりん　②たいれつ　③かくん　④はんけい　⑤はつれい　⑥はくがく　⑦みまん　⑧しょうけい　⑨かんばい　⑩はつが

❷ ①イ　②ア　③ア　④イ　⑤イ　⑥ア　⑦ア　⑧ア　⑨イ　⑩ア

❸ ①ア　②ウ　③○　④×　⑤ア　⑥ア　⑦○　⑧イ　⑨イ　⑩○

**解説**

❷ ⑧「千差万別」とは、「さまざまなちがいがあること」という意味。

**注意**　③「億」はつくりが「意」であるが、「い」とは読まない。⑥「例」は「列」をふくんでいるが、「れつ」とは読まない。

❸ ①ア「そこぢから」、イ「ていへん」、ウ「かいてい」。
②ア「けっそく」、イ「やくそく」、ウ「はなたば」。
③ア「さんこう」、イ「さんかん」、ウ「にっさん」。「日参」とは、「神社などに毎日お参《まい》りすること」「毎日同じ場所に出向くこと」という意味。
④ア「こなゆき」、イ「かふん」、ウ「こむぎこ」。
⑤ア「せきしょ」、イ「かんけい」、ウ「かんせつ」。
⑥ア「せいじ」、イ「ちあん」、ウ「ちせい」。
⑦ア「たいけん」、イ「しけん」、ウ「じゅけん」。
⑧ア「ぎょぎょう」、イ「ふりょう」、ウ「ぎょそん」。
⑨ア「はくさい」、イ「あおな」、ウ「さいえん」。
⑩ア「こうぜん」、イ「どうぜん」、ウ「へいぜん」。

## 標準レベル 83 漢字の書き

国語③

**解答**

❶ ①気候　②集約　③成果　④各自　⑤賞金　⑥倉庫　⑦氏名　⑧手鏡　⑨夕飯　⑩祝辞

❷ ①変わる　②帯びて　③改める　④包む　⑤伝える　⑥戦う　⑦借りる　⑧養う　⑨勇ましい　⑩必ず

❸ ①上官　②好投　③士気　④特売　⑤遠浅

**解説**

❶ ②「集約」とは、「いくつかのものを整理して一つにまとめること」という意味である。
⑩「祝辞」とは、「お祝《いわ》いの言葉」という意味である。

❸ ①□の中で、「じょう」と読む漢字は「場」「上」、「かん」と読む漢字は「管」「官」がある。「命令《めいれい》にしたがう」とあるので、上級の役職《やくしょく》を指していることがわかる。
②□の中で、「こう」と読む漢字は「好」「高」、「とう」と読む漢字は「等」「投」がある。「これまでの……をたたえる」のであるから、みごとな投球《とうきゅう》という意味であることがわかる。
③□の中で、「し」と読む漢字は「士」「四」、「き」と読む漢字は「希」「気」「季」がある。「隊長《たいちょう》の一言」で「高まる」のであるから、戦《たたか》うときの意気ごみのことであるとわかる。
④□の中で、「とく」と読む漢字は「得」「特」、「ばい」と読む漢字には「買」「売」がある。「タマゴのとくばい」であるから、特別《とくべつ》なねだんで売るという意味の「特売」であるとわかる。
⑤□の中で、「とお」と読む漢字は「十」「遠」、「あさ」と読む漢字は「朝」「浅」がある。「海岸を歩く」とあることから、海岸から遠いところまで浅いという意味の「遠浅」であることがわかる。

## 上級レベル 84 国語④ 漢字の書き

**解答**

**1** ①熱望　②以前　③山脈　④欠点　⑤救急車　⑥季節　⑦子孫　⑧挙兵　⑨消毒　⑩欠航

**2** ①浴びる　②告げる　③栄える　④連なる　⑤焼ける　⑥試みる　⑦察する　⑧説く　⑨努める　⑩冷やす

**3** ①同→堂　②動→働　③府→付　④底→低　⑤強→協

**解説**

**3** ①「一同」は、「そこにいる人全員」という意味。「いちどうに会する」とは、同じ建物《たてもの》や場所に集まるという意味であるから、「一堂」が正しい。

②「動」は「うごく」こと、「働」は「はたらく」ことを表す。「ろうどう」とは、体を使って働くことを表すので、「労働」が正しい。

③「府」は「京都府」のように自治体を表したり、「政《せい》府《ふ》」のように役所を表したりする。「ふちゃく」とは、物がほかの物にくっつくことを表すので、「付着」が正しい。

④「底」は、一番下の部分を表す。「ていおん」とは「低い音」のことであるから、「低音」が正しい。

⑤「強調」とは、特に強く主張《しゅちょう》したり、目立つようにすることをいう。「別《べつ》の自治体」と「きょうちょう」するのであるから、「協力し合う」という意味の「協調」が正しい。

**ポイント**

**2** ④「連」には「レン」「つ(れる)」「つら(なる)」など、いくつも読み方がある。

⑩「冷」には「レイ」「ひ(やす)」「さ(める)(ます)」「つめ(たい)」など、いくつも読み方がある。特に訓《くん》読みは、送りがなをふくめて正しく覚《おぼ》えよう。

## 標準レベル 85 国語⑤ 漢字の音訓・熟語の構成

**解答**

**1** ①そく・ア　②がわ・イ　③す・イ　④まつ・イ　⑤ふく・ア

**2** ①ふうしゃ・かざぐるま　②ねんげつ・としつき　③そうげん・くさはら　④しきし・いろがみ　⑤しじょう・いちば　⑥けんぶつ・みもの　⑦しょにち・はつひ　⑧とうすう・あたまかず　⑨せいぶつ・なまもの　⑩だいじ・おおごと

**3** ①ア　②ア　③エ　④ウ　⑤エ　⑥ア　⑦イ　⑧ア　⑨ウ　⑩イ

**解説**

**1** ①②「側」には「ソク」という音読みと、「がわ」という訓《くん》読みがある。

④「松」には「ショウ」という音読みと、「まつ」という訓読みがある。

**2** ②「年月」、③「草原」などは、音読みでも訓読みでも表す意味は同じである。

④「色紙」は、「しきし」と音読みした場合は分厚《ぶあつ》い紙のことを表し、「いろがみ」と訓読みした場合は色のついた紙のことを表す。

⑤「市場」は「しじょう」と音読みした場合も「いちば」と訓読みした場合も、同じ意味を表す場合もある。ただし「しじょう」はお金がやりとりされる場所全体を表すことがあり、「いちば」よりも表す意味が広い。

⑥「見物」は、「けんぶつ」と音読みした場合は「見て楽しむこと」、「みもの」と訓読みした場合は見るだけの値打《ねう》ちのあるもののことを表す。

⑩「大事」を「だいじ」と音読みした場合は、「たいへんなできごと」という意味のほかに「大がかり」「大切」といった意味があるが、「おおごと」と訓読みした場合は「たいへんなできごと」のみを表す。

## 上級レベル 86 国語⑥ 漢字の音訓・熟語の構成

**解答**

**1** ①じ・ア　②とく・ア　③なか・イ　④たん・ア　⑤ふし・イ

**2** ①エ　②イ　③イ　④ア　⑤ア　⑥イ　⑦ウ　⑧ア　⑨ウ　⑩ウ

**3** ①希　②改　③関　④材　⑤清

**4** ①加　②課　③果　④料　⑤良

**解説**

**1** ②「得」の音読みは「トク」、訓《くん》読みは「え(る)」である。

⑤「節」の音読みは「セツ」、訓読みは「ふし」である。

**3** ①「希望(きぼう)」「希少(きしょう)」「希求(ききゅう)」「希代(きたい・きだい)」という熟語《じゅくご》ができる。

②「改良(かいりょう)」「改行(かいぎょう)」「改正(かいせい)」「改札(かいさつ)」という熟語ができる。

③「関係(かんけい)」「関所(せきしょ)」「関心(かんしん)」「相関(そうかん)」という熟語ができる。「関所」とは、街道《かいどう》の要所や国境《こっきょう》につくられ、物や人のけんさをする場所のこと。「相関」とは、二つのものが深く関《かか》わっていること。

④「木材(もくざい)」もしくは「材木(ざいもく)」、「取材(しゅざい)」「題材(だいざい)」「人材(じんざい)」という熟語ができる。

⑤「清水(しみず)」「清流(せいりゅう)」「清算(せいさん)」「血清(けっせい)」という熟語ができる。

**注意** ⑤「清算」とは、物事を終わらせるに当たり、後始末《しまつ》をすること。代金をはらう場合の「精算(せいさん)」とのちがいに注意。

## 標準レベル 87 対義語、類義語、三字・四字熟語

国語⑦

### 解答

❶ ①下　②黒　③客　④和　⑤積
⑥案　⑦必　⑧意　⑨標　⑩願

❷ ①ア・せつげっか　②イ・じゅうろうどう
③ウ・いちょうやく　④ウ・さいていてん
⑤ア・てんちじん　⑥ウ・うんどうかい
⑦イ・たかびしゃ　⑧ア・いしょくじゅう
⑨ア・しちょうそん　⑩ウ・やじうま

❸ ①オ・タ　②カ・ツ　③ケ・ト　④コ・シ
⑤ア・サ　⑥ウ・セ　⑦エ・ソ　⑧キ・テ
⑨イ・ス　⑩ク・チ

### 解説

❶ それぞれの熟語《じゅくご》の読みは次のとおり。①「じょうひん」↔「げひん」、②「あかじ」↔「くろじ」、③「しゅかん」↔「きゃっかん」、④「ようふう」↔「わふう」、⑤「しょうきょくてき」↔「せっきょくてき」、⑥「いがい」=「あんがい」、⑦「とうぜん」=「ひつぜん」、⑧「えて」=「とくい」、⑨「もくてき」=「もくひょう」、⑩「きぼう」=「がんぼう」。

❷ ①「雪月花」は「せつげっか」(「せつげつか」とも)と読む。四季《しき》の自然美《しぜんび》の代表的《だいひょうてき》なもののこと。⑤「天地人」は「てんちじん」と読み、世の中を形づくるものすべてを表したり、ものごとの順位《じゅんい》を表したりする。⑦「高飛車」は「たかびしゃ」と読み、相手に対して高圧的《こうあつてき》な態度《たいど》をとることをいう。

❸ それぞれの四字熟語の読みは次のとおり。①「いしんでんしん」、②「にっしんげっぽ」、③「しくはっく」、④「かんぜんむけつ」、⑤「いっしんいったい」、⑥「いっせきにちょう」、⑦「たんとうちょくにゅう」、⑧「いちぶしじゅう」、⑨「ゆうめいむじつ」、⑩「はっぽうびじん」。

## 上級レベル 88 対義語、類義語、三字・四字熟語

国語⑧

### 解答

❶ ①差別　②部分　③人工　④消費　⑤不運
⑥美点　⑦材料　⑧無事　⑨発達　⑩死去

❷ ①ア　②ウ　③ア　④イ　⑤イ
⑥ウ　⑦ア　⑧イ　⑨ア　⑩ウ

❸ ①馬耳東風　②電光石火　③古今東西
④一日千秋　⑤起死回生　⑥後生大事
⑦問答無用　⑧意気投合　⑨心機一転
⑩門外不出

### 解説

❶ ①「平等」は「びょうどう」と読む。
④「生産」は作ること、「消費」は使うこと。

**ポイント**

対義語には、⑤「幸運」「不運」のように熟語《じゅくご》の一部に同じ字を使うものと、③「自然」「人工」のようにまったく別《べつ》の字を使うものがある。まったく別の字を使うものについては、熟語の意味と読み方をきちんと覚えておこう。

❸ ①「馬耳東風」は、人の言うことを聞いてもまったく心にとめない様子。
②「電光石火」は、きわめて短い時間のこと。
③「古今東西」は、いつの時代でも・世界のどこでも、という意味。
④「一日千秋」は、一日がとても長く感じられること。
⑤「起死回生」は、ひどい状態《じょうたい》のものを立ち直らせること。
⑥「後生大事」は、大切にすること。
⑦「問答無用」は、話し合う必要《ひつよう》がないこと。
⑧「意気投合」は、おたがいの気持ちがぴったり合うこと。
⑨「心機一転」は、気持ちを切りかえること。
⑩「門外不出」は、めったに人に見せない大切なもの。

## 標準レベル 89 詩

国語⑨

### 解答

❶ (1)イ　(2)エ　(3)ア

❷ (1)例《れい》牡丹と見まちがえるほどの、まぶしいこどものえがお。　(2)ア

### 解説

❶ (1)第《だい》一連《れん》は、本来は「どこかで／誰《だれ》かが　ポンと／スイッチを入れたみたいに」「春になったら／花が／いっせいにひらく」という語の順番《じゅんばん》になる。したがって**イ**が正しい。**ア**は、——①は花たちの風になびく様子《ようす》を表現《ひょうげん》しているのではないため、ふさわしくない。**ウ**は、——①は人間たちのことを表現しているのではないため、ふさわしくない。**エ**は、——①は草たちの生長する様子を表現しているのではないため、ふさわしくない。
(2)——②の「こんなスイッチ」とは、第一連の“春に花をいっせいにひらかせるスイッチ”のように、ぼくの中の何かをいっせいに(=全部そろって同時に)ひらくようなスイッチのこと。「ぼく」の中の何が「ひらく」のかを考える。
(3)春に、花が何かにスイッチをおされたように同時にさきほこる様子を見て心を動かされた「ぼく」が、“いつかぼくの可能性《かのうせい》などが一度にひらいて、ぼく自身がさきほこる日が来るのだろうか”と未来《みらい》に思いをはせている詩である。未来の「ぼく」への期待を読みとることができるので、**ア**がふさわしい。

❷ (1)こどものえがおが「牡丹《ぼたん》」のように見えたのだから、とてもまぶしい、かわいらしいえがおだったことがわかる。
(2)「……だよう」という言い方に着目。作者のおどろきが表れている。

## 上級レベル 90 詩

国語⑩

**解答**

1 (1)例とても寒い様子。　(2)イ　(3)エ

2 (1)例自分の周りに草が少なくなってくるということ。　(2)エ

**解説**

1 (1)「きりきり」は、ものが強くすれ合う音を表したり、するどくいたむ様子を表したりする言葉である。また、「もみこむ」は、もんで中へと入れることを表す。よって、「きりきりともみこむような冬」とは、強くすりこまれて入ってくる様子であるから、冬のするどい寒さを表していることがわかる。

(2)⑪行目に「火事を出せ、雪でうめろ」とあるように、冬に大きな力があると「ぼく」は感じている。「ぼく」がその「力」であり、「えじき」にすると言っているのだから、冬に負けない力を自分は持っていると感じていることがわかる。

(3)⑫行目「刃物《はもの》のような冬」は、「のような」というたとえを表す言葉を使ってたとえた表現《ひょうげん》である。④行目の「きりきりと」や、⑩行目の「つきぬけ」に見られるような、するどい冬の寒さを、「刃物」にたとえていると考えられる。

2 (1)詩に独特《どくとく》の、くわしい説明をはぶいた表現《ひょうげん》といえる。この場面では「わたし」は草むしりをしているのだから、その結果《けっか》「あたりが　かるくなってくる」とすれば、むしった分の草がなくなっていくためと考えられる。

(2)「わたしが／草をむしっているだけになってくる」とは、どういうことかを考える。ほかのことは何もせず、「わたし」がただもくもくと草をむしっているすがたを想像《そうぞう》することが大切である。

## 標準レベル 91 主語・述語・修飾語

国語⑪

**解答**

1 ①今日は・日だった・ウ
②鳥も・いる・ア
③ぼくだって・行くよ・ア
④点は・悪かった・イ
⑤サイレンが・なりひびいた・ア
⑥中指が・長いです・イ
⑦国は・インドだ・ウ
⑧たからものは・これだ・ウ
⑨人は・だれですか・ウ
⑩遠足は・楽しかったね・イ

2 ①ア→イ　②イ→ウ　③ア→ウ
④ア→イ・イ→エ　⑤ア→イ・ウ→エ
⑥ア→イ・ウ→オ・エ→オ

**解説**

1 ②「動物園には」のような「〜には」や「〜では」は場所を表す言葉であり、主語にはならない。

⑩言葉の順番《じゅんばん》が入れかわっている文。本来の言葉の順番は「昨日《きのう》の遠足は本当に楽しかったね」である。よって、主語は「遠足は」、述語《じゅつご》は「楽しかったね」である。

**注意**　④「悪かった」という述語に合う主語は「点は」である。「ぼくが」ではないことに注意。
⑦「インドだ」という述語に合う主語は「国は」である。「わたしが」ではないことに注意。
⑧「これだ」という述語に合う主語は「たからものは」である。「わたしが」ではないことに注意。

2 ⑥「海の」何？→「中は」、「思っていたより」→どうであるか？→「美しかった」、「ずっと」→どうであるか？→「美しかった」のように、修飾《しゅうしょく》される語を見つける。

## 上級レベル 92 主語・述語・修飾語

国語⑫

**解答**

1 ア・ウ・エ・ケ・コ

2 ①ゆかが
かがやいた
②アナウンスが
流れた
③母は
美人です
④とうちゃくが
おくれた
⑤ひけつは
食べることです
⑥おばあちゃんは
元気だった
⑦わたし
信じていたの
⑧金魚は
成長した
⑨声も
聞こえる
⑩ものなど
ないのだ

3 ①

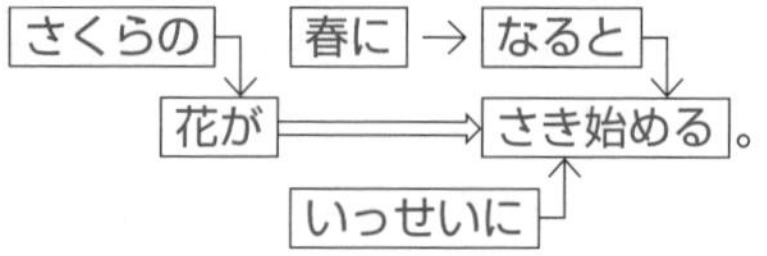


②

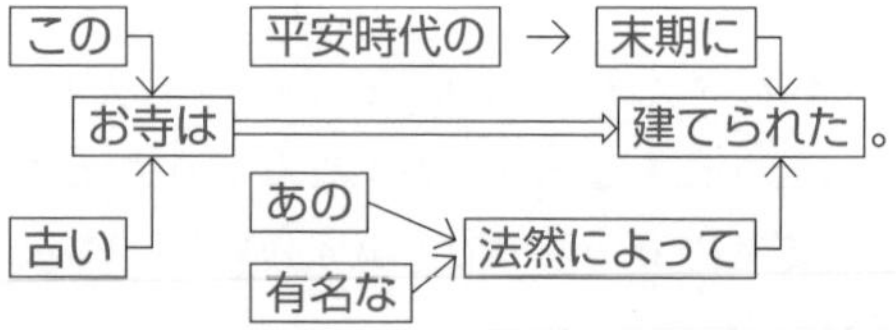

解説

**1** ア…述語《じゅつご》「聞いた」に対し、「だれが」に当たる主語がない。
ウ…述語「着きなさい」に対し、「だれが」に当たる主語がない。
エ…述語「飲みます」に対し、「だれが」に当たる主語がない。
ケ…述語「ふりむいた」に対し、「だれが」に当たる主語がない。
コ…述語「ついて行った」に対し、「だれが」に当たる主語がない。
主語と述語は、次のようになっている。
イ…ミミズが → 出てきた
オ…どちらが → 向いているでしょうか
カ…夜も → ある
キ…文字も → なるのです
ク…だれも → いない

> 注意 **2** ③「なんですが」はつなぎ言葉であり、主語ではない。「が」が付く言葉でも主語にならない場合があることに注意。
> ⑥「元気だった」という述語に合う主語は「おばあちゃんは」である。「ぼくが」ではない。
> ⑩「世には」は場所を表す言葉であり、主語にはならない。

**3** まず、文末《ぶんまつ》にある述語から主語をさがす。それをおさえて、残《のこ》りの修飾語がそれぞれ主語・述語どちらを修飾しているかと考える。
①文末の述語「さき始める」から、何が「さき始める」のかと考える。そこから残りの修飾語「さくらの」、「春に」「なると」「いっせいに」がそれぞれ主語・述語どちらを修飾しているのか考える。

## 標準レベル 93 指示語・つなぎ言葉

国語⑬

### 解答

**1** ①集会所 ②十八日
③(学校で)友達を泣かしてしまった(こと)
④マフラー
⑤(友人に)マフラーをもらった(こと)

**2** ①エ ②イ ③ケ ④ク ⑤カ
⑥ア ⑦コ ⑧オ ⑨シ ⑩キ

**3** ①カ・シ ②キ・コ ③エ・サ
④ウ・オ ⑤ア・ケ〈各順不同〉

解説

> ポイント
> ❶指示語《しじご》が指ししめす内容《ないよう》を考える場合、指ししめす言葉を指示語の部分に当てはめて、文の意味が通じることをたしかめよう。

**2** ②すぐ前にある「すぐに歯みがきをしなさい」を指す「そう」が当てはまる。
③「歩いて来ました」とあるので、今いる場所のことを表す「ここ」が当てはまる。
⑧「写真」を見せている場面だとわかるので、手元にある写真を指す「この」が当てはまる。
⑩「にじの向こうには」とあるので、遠くに出ているにじを指す「あの」が当てはまる。

**3** ③「ふでばこをわすれた」は、「友達にえんぴつを借《か》りた」ことの理由である。よって、前の内容が原因《げんいん》や理由であることをしめす「そこで」「だから」が当てはまる。
⑤「二百円以内《いない》です」は、前にある「おやつを持って行ってもいいです」がいくらでも持って行っていいという意味ではないことを付《つ》け加《くわ》えている。よって、条件《じょうけん》を表す「ただし」または付け加えを表す「なお」が当てはまる。

## 上級レベル 94 指示語・つなぎ言葉

国語⑭

### 解答

| | | | | | |
|---|---|---|---|---|---|
| **1** | ①× | ②ア | ③イ | ④× | ⑤ア |
| | ⑥イ | ⑦× | ⑧ア | ⑨イ | ⑩× |
| | ⑪ア | ⑫× | ⑬ア | ⑭イ | ⑮× |
| **2** | ①ウ | ②イ | ③オ | ④ア | ⑤エ |
| | ⑥ウ | ⑦オ | ⑧ア | ⑨イ | ⑩エ |

解説

**1** ①「ああ」は気持ちを表す言葉であり、指示語《しじご》ではない。
④この「さらに」は「おさらに」の一部で、つなぎ言葉の「さらに」ではない。
⑦「それ」は、かけ声である。よって、指示語の「それ」ではない。
⑧「そのうえ」は「ベンチ」を指ししめす「その」に「うえ(上)」が付《つ》いたもの。つなぎ言葉の「そのうえ」ではない。
⑫この「そこ」は「底《そこ》」という意味で使われているため、指示語ではない。
⑮「これ」はかけ声である。指示語ではない。

> 注意 同じ言葉のようでも、働《はたら》きによって指示語の場合とつなぎ言葉の場合があることに注意。
> ⑤の「それに」は、すぐ前の「かわいい服」を指す「それ」+「に」。よって、指示語をふくんでいる。
> ⑥の「それに」は、もらったものが「服」だけでなく「くつ」もあったことを表すつなぎ言葉である。
> ⑬の「それで」は、「小麦粉」を指ししめす「それ」に「で」が付いたもの。よって、指示語「それ」をふくんでいる。
> ⑭の「それで」は、「小麦粉を買ってきた」ことが「お金がなくなった」原因《げんいん》であることを表すつなぎ言葉である。

## 標準レベル 95 言葉の意味

国語⑮

**解答**

❶ ①カ ②エ ③ク ④オ ⑤イ
⑥キ ⑦コ ⑧ア ⑨ウ ⑩ケ

❷ ①イ ②ア ③ア ④ウ ⑤イ

❸ ①試験 ②配給 ③救急 ④要求 ⑤関節
⑥完成 ⑦気管 ⑧器官 ⑨参観 ⑩健全

**解説**

❶ ②「あどけない」とは、むじゃきでかわいい様子のこと。
④「おぼつかない」とは、たよりないこと。
⑤「うやうやしい」とは、ていねいで礼儀《れいぎ》正しいこと。
⑥「いぶかしい」とは、うたがわしいこと。
⑦「いかめしい」とは、近よりにくいほど立派《りっぱ》である様子。
⑧「やるせない」とは、どうしようもなくつらい気持ちのこと。
⑨「つつましい」とは、ぜいたくでなくひかえ目であること。
⑩「つたない」とは、上手《じょうず》ではないこと。

❷ ①イの「あつい」は、ぶあつさのこと。アとウは「熱《あつ》い」。
②アの「とまる」は、宿泊《しゅくはく》すること。イとウは「止まる」。
③アの「はなす」は「放す」で、持っているじょうたいをやめること。イとウは「話す」。
④ウの「のった」は「乗った」。アとイは、けいさいされたという意味の「のった」。
⑤イの「あける」は「開ける」。アとウは「空ける」。

**ポイント**

漢字の意味をきちんと覚えるようにしよう。他にも①は「暑い」、⑤は「明ける」がある。

## 上級レベル 96 言葉の意味

国語⑯

**解答**

**1** ①温良 ②最良 ③良好 ④良家 ⑤改良

**2** ①アー当初 イー投書
②アー起工 イー気候 ウー紀行
③アー公開 イー航海
④アー青果 イー生家 ウー成果

**3** ①オ ②カ ③コ ④キ ⑤ア
⑥ウ ⑦ク ⑧エ ⑨イ ⑩ケ

**解説**

**3** ④他に、「筆一本でたつ」（＝ものを書くことだけでお金をかせいでくらしていく）という場合の「たつ」も同じ意味で使われている。
⑨他に、「ひょうばんがたつ」という場合の「たつ」も同じ意味で使われている。
⑩他に、「風がたつ」という場合の「たつ」も同じ意味で使われている。

**ポイント**

漢字一字ずつの意味を確認《かくにん》すると同時に、例文を使って覚えるとよい。
**3**の「たつ」には、「立つ」「発《た》つ」「経《た》つ」「断《た》つ」「建《た》つ」といった漢字がある。
ア「八時に京都をたつ」のように、「出発する」という意味の場合、漢字では「発つ」と書く。
ウ「十年がたつ」のように「時間がけいかする」という意味の場合、漢字では「経つ」と書く。
エ「酒をたつ」のように「やめる」という意味の場合、漢字では「断つ」と書く。
ク「くさりをたつ」のように「切りはなす」という意味の場合、漢字では「断つ」と書く。
これらとカ「家が建つ」以外は「立つ」と書く。

## 標準レベル 97 慣用句・敬語

国語⑰

**解答**

❶ ①頭 ②顔 ③手 ④目 ⑤鼻
⑥首 ⑦足 ⑧耳 ⑨指 ⑩歯

❷ ①オ ②エ ③イ ④コ ⑤ク
⑥カ ⑦ア ⑧ケ ⑨ウ ⑩キ

❸ ①食べられる ②される ③待たれる
④言われる ⑤お食べになる
⑥お待ちになる ⑦なさる ⑧おっしゃる
⑨ごらんになる ⑩いらっしゃる

**解説**

❶ ①「頭がいたい」は、心配事などでなやみ、苦しむ様子。
②「顔から火が出る」は、はずかしさのために顔が真《ま》っ赤《か》になること。
③「手がかかる」は、手間がかかること。または、世話がやけること。
④「目をこらす」は、じっと見つめること。
⑤「鼻につく」は、人のふるまいなどがうっとうしく感じられること。
⑥「首をつっこむ」は、関心《かんしん》を持って関係すること。また、深入りすること。
⑦「足が遠のく」、今までよく行っていた場所に行かなくなること。
⑧「耳に入れる」は、情報《じょうほう》などを知らせること。また、聞いて知ること。
⑨「指をくわえる」は、うらやましがりながら、手を出せない様子。また、はずかしそうにする様子。
⑩「歯が立たない」は、自分の力をはるかにこえていて、取り組むことができない様子。

## 上級レベル 98 慣用句・敬語
国語⑱

### 解答

**1** ①お　②ご　③ご　④ご　⑤お
⑥お　⑦ご　⑧×　⑨お　⑩×

**2** ①オ　②ク　③シ　④ウ　⑤コ
⑥カ　⑦ケ　⑧ス　⑨ア　⑩イ

**3** ①イ　②ア　③イ　④ア　⑤ア　⑥イ　⑦イ
⑧イ　⑨ア　⑩イ　⑪イ　⑫イ　⑬イ　⑭ア
⑮イ　⑯イ　⑰イ　⑱イ　⑲イ　⑳ア

### 解説

**ポイント**

**1** 漢字で書いたときに訓《くん》読みの言葉(和語)には「お」、音読みの言葉(漢語)には「ご」が付くことが多い(例：訓読みのもの…「お花」「お手紙」、音読みのもの…「ご説明」「ご住所」など)。

**2** 口を使った慣用句《かんようく》は、まだたくさんある。

口がうるさい＝(1)何かとやかましく言う。(2)あれこれとうわさをする。

口がほぐれる＝やっと話すようになる。

口をぬぐって＝何も知らないふりをして。

口をきわめて＝これ以上《いじょう》の言い方はないと思うほどの言葉で。

**3** 会話の相手は自分の父親をたずねて来た人物なので、相手は自分や自分の父親をうやまう言い方にする。反対に、自分の父親など家族のことを言う場合には、うやまう言い方は使わない。

①たずねた家の人の名まえは「さん」または「様」を付《つ》けてよぶ。

②「家」のていねいな言い方は「お宅《たく》」である。

③たずねて来た相手が、たずねた家の家族のことをよぶ場合、「お父様」のように「お～様」とする。

④「いらっしゃる」は相手をうやまう言い方。「おる」は自分のことをへりくだって言う言い方。

⑤自分の家族のことであるから、「お」や「様」は付けず「父」と言う。

⑥自分の家族のことであるから、へりくだった言い方の「おる」が正しい。

⑦たずねて来た相手のことをたずねているので、「だれ」ではなく「どちら様」が正しい。

⑧名乗るのがおくれたことをわびる言い方であるから、「失礼《しつれい》しました」が正しい。

⑨親しい仲《なか》ではない相手と話す場合、自分のことは「わたし」または「わたくし」と言うのが正しい。

⑩相手の父親のことを言う場合、「お父様」とうやまってよぶのが正しい。

⑪自分のことを言う場合に「ご」や「お」は付けない。単《たん》に「友人」と言うのが正しい。

⑫自分の名まえを伝《つた》える場合、へりくだって言う「申します」が正しい。

⑭自分が相手の家の「近く」まで「来た」のであるから、へりくだった言い方の「参《まい》った」が正しい。

⑮自分が相手にあいさつをする場合、ていねいな言い方の「ごあいさつ」を使うのが正しい。

⑯目上の相手の名まえをよぶ場合、「様」を付《つ》けるのが正しい。

⑰「ちょっと」は親しい相手に使う。目上の人や初対面《しょたいめん》の相手には「少々」を使う。

⑱相手を待たせるのであるから、相手をうやまう言い方である「お待ちください」が正しい。

⑲自分が父親をよぶのであるから、自分の動作に「ご」や「お」は付けない。

⑳自分の動作であるから、へりくだった言い方の「参る」が正しい。

## 標準レベル 99 送りがな・かなづかい・常体と敬体
国語⑲

### 解答

**1** ①敗れる　②救う　③冷めて　④老いて
⑤満たす　⑥働き　⑦喜んだ　⑧挙げる
⑨好んで　⑩願う

**2** ①ぢ　②じ　③ぢ　④じ　⑤じ　⑥じ　⑦じ
⑧じ　⑨ぢ　⑩ぢ　⑪づ　⑫づ　⑬ず　⑭ず
⑮づ　⑯ず　⑰づ　⑱づ　⑲ず　⑳ず

**3** ①イ　②イ　③ア　④ア　⑤ア
⑥イ　⑦ア　⑧ア　⑨イ　⑩ア

### 解説

**1** ①「負ける」という意味の「やぶれる」は「敗れる」を使う。同じ読み方の「破れる」は、紙などうすいものがさけてこわれることを表す場合に使う。

③「冷える」という意味の「さめる」は「冷める」を使う。同じ読み方の「覚める」は目をさましたり、思いこみに気づいたりする場合に使う。

⑧「挙げる」は「手を挙げる」のように上にのばして高くしめす場合や、「例《れい》を挙げる」のように具体的《ぐたいてき》にしめす場合に使う。同じ読み方の「上げる」は、位置《いち》を高くすることを表す場合に使う。

**注意** **1**⑥「働く」や⑦「喜ぶ」のように、〈二音以上の読み＋送りがな〉の漢字は、特に注意して送りがなを正しく覚えよう。
まちがいやすい送りがなをいくつか挙げる。
・ゆた(豊)かに　・あき(明)らかに
・つら(連)なる　・こころ(試)みる
・あつ(集)まる　・いさ(勇)ましい
**2**⑤「年中」は「年」＋「中(ちゅう)」という成り立ちの言葉であるが、「ねんぢゅう」ではなく「ねんじゅう」と表す。

⑥「無地」(むじ)の「地」は「ち」と読むので、本来なら「むぢ」と表すはずであるが、「むじ」と書き表す。
⑦「地面」(じめん)の「地」は「ち」と読むので、本来なら「ぢめん」と表すはずだが、「じめん」と書き表す。
⑬「いずれ」は、古くは「いづれ」と書き表していたが、今は「いずれ」と書き表すのがふつうである。
⑭「いなずま」は「稲(いね)」+「妻(つま)」という成り立ちの言葉なので、本来であれば「いなづま」と書き表すはずであるが、今では「いなずま」と表すのがふつうである。
⑲「ずつ」は「づつ」と書き表していた時代もあったが、今は「ずつ」と表すのがふつうである。
⑳「つまずく」は、もともと「爪(つめ)」+「突く(つく)」という成り立ちの言葉なので、本来であれば「つまづく」と書き表すはずであるが、「つまずく」と表されるようになった。

❷ ①「身近」は「身」+「近い(ちかい)」という成《な》り立ちの言葉であることから、「みじか」ではなく「みぢか」と表す。
③「底力」は「底」+「力(ちから)」という成り立ちの言葉であることから、「そこじから」ではなく「そこぢから」と表す。
④「手短」は「手」+「短い(みじかい)」という成り立ちの言葉であることから、「てみぢか」ではなく「てみじか」と表す。
⑨「鼻血」は「鼻」+「血(ち)」という成り立ちの言葉であることから、「はなじ」ではなく「はなぢ」と表す。
⑪「かた付ける」は「かた」+「付ける(つける)」という成り立ちの言葉であることから、「かたずける」ではなく「かたづける」と表す。
⑫「(お)小遣《こづか》い」は「小」+「遣い(つかい)」という成り立ちの言葉であることから、「(お)こずかい」ではなく「(お)こづかい」と表す。
⑮「手作り」は「手」+「作り(つくり)」という成り立ちの言葉であることから、「てずくり」ではなく「てづくり」と表す。

❸ 常体《じょうたい》とは「だ」「である」で終わる文、敬体《けいたい》とは「です」「ます」「ございます」で終わる文のことである。
①「レモンの木です」のように「です」で終わる文は敬体。常体であれば「木だ」「木である」となる。
②「暑いです」のように「です」で終わる文は敬体。常体であれば「暑い」となる。
③「出かけた」で終わる文は常体。敬体であれば「出かけました」などになる。
④「食べたい」で終わる文は常体。敬体であれば「食べたいです」などになる。
⑤「走ろう」で終わる文は常体。敬体であれば「走りましょう」などになる。
⑥「泣《な》いたのです」のように「です」で終わる文は敬体。常体であれば「泣いた」となる。
⑦「わかるか」で終わる文は常体。敬体であれば「わかりますか」などになる。
⑨「行きませんか」で終わる文は敬体。常体であれば「行かないか」となる。
⑩「だろう」で終わる文は常体。敬体であれば「でしょう」などになる。

**注意** ❸⑧「いらっしゃった」は相手をうやまう言い方なので、文全体も敬体と考えがちである。しかし、敬体であれば文の終わりは「いらっしゃいました」となるはずである。常体か敬体かの区《く》別《べつ》は、どのような言葉が文中で使われているかではなく、文の終わり方で見分ける。

## 上級レベル100 国語⑳ 送りがな・かなづかい・常体と敬体

### 解答

**1** ①アーせ　イーい
②アーち　イーとし
③アーがり　イーげる
④アーえ　イーし
⑤アーわす　イーわる　ウーじる(ざる)
⑥アーかす　イーくる　ウーるい　エーらか
⑦アーらす　イーる　ウーれる
⑧アーき　イーみ

**2** ①ぢ→じ　②お→を
③○　④○　⑤ゆ→い
⑥○　⑦お→う　⑧わ→は
⑨お→う　⑩○

**3** ①ウ・百点でした
②イ・わかりませんので　エ・代わります
③イ・いるのですが　エ・できません

### 解説

**1** ①アは「しあわ(せ)」、イは「さいわ(い)」と読む。
②アは「お(ち)つ(き)」、イは「お(とし)もの」と読む。
③アは「ま(がり)かど」、イは「ま(げる)」と読む。
④アは「き(えた)」、イは「け(した)」と読む。
⑤アは「か(わす)」、イは「まじ(わる)」、ウは「ま(じる/ざる)」と読む。
それぞれの意味は、ア「やりとりをする」、イ「線の形をしたものが交《こう》差《さ》する」、ウ「ある物が他の物に入って区《く》別《べつ》がつかなくなる」である。
⑥アは「あ(かす)」、イは「あ(くる)」、ウは「あか(るい)」、エは「あき(らか)」と読む。
⑦アは「て(らす)」、イは「て(る)」、ウは「て(れる)」と読む。
⑧アは「ある(き)」、イは「あゆ(み)」と読む。

**2** ①「地しん」は「地(ち)」＋「震(しん)」という成り立ちの言葉なので、本来であれば「ぢしん」と書き表すが、今は「じしん」と表すのがふつうである。
②「やむをえない」は、「やむを得ない」と書く。「負えない」「追えない」などとまちがえないこと。
③「おねえさん」で正しい。「おねいさん」とまちがえないこと。
④「むずかしい」で正しい。「むづかしい」とまちがえないこと。
⑤「そうゆう」はまちがい。「言う」が元になっている言葉であるから、「そういう」と表す。
⑥「いきどおり」で正しい。「いきどうり」とまちがえないこと。
⑦「こおむる」はまちがい。「こうむる」が正しい。
⑧「こんにちわ」はまちがい。「こんにちは」が正しい。同様に「こんばんわ」ではなく「こんばんは」である。
⑨「おおむ」ではなく「おうむ」が正しい。
⑩「ゆのみぢゃわん」は、「茶(ちゃ)わん」が元になっている言葉なので、「ぢゃわん」で正しい。「じゃわん」とまちがえないこと。

**3** ①文末《ぶんまつ》の「だった」を「でした」にかえる。
②「わたしにはわからない」と「わかる者に代わる」という二つの文が、つなぎ言葉「ので」でつながった文である。よって、「わからない」は「わかりません」、「代わる」は「代わります」にかえる。
③「わかってはいる」と「どうしてもできない」という二つの文が、つなぎ言葉「だが」でつながった文である。よって、「わかってはいるのだが」は「わかってはいるのですが」、「できない」は「できません」にかえる。

**注意** ③「わかっていますが」とすると、元の文の意味が変わってしまうので注意。

## 標準レベル 101 物語(1)

国語㉑

### 解答

**1** (1)遠泳を完泳できるようになる(ため。)
(2)エ
(3)満ち足りた世界
(4)[例]何も考えない、ゆったりとした気持ち。
(5)ウ

### 解説

**1** (1)第三段落《だんらく》に「こんな練習で、遠泳を完泳できるようになるのだろうか」とある。太《ふとし》は、遠泳を完泳したくて海で泳ぎを習っていることがわかる。
(2)米田老人《よねだろうじん》は「よけいなことは考えるな」と言っている。また、後の発言で「海になるのだ」「全部、力をぬけ」とも言っている。何も考えず、海に身をまかせるように言っていることがわかる。
(3)海にうかんでゆられている太が、どのように感じているのかが書かれた部分をさがす。最終《さいしゅう》段落に「ゆったりと、満ち足りた世界だった」とある。太は海をこわがったり、おぼれたらどうしようかなどとは考えず、米田老人が言うように海と一体になることができていることがわかる。
(4)「自分の呼吸《こきゅう》」がゆっくりであることや、「心臓《しんぞう》の鼓《こ》動《どう》」が安定していることから、太がとても落ち着いた気持ちになっていることが読み取れる。米田老人に言われた「よけいなことは考えるな」ということを実行でき、ゆったりとした気持ちで海にういていることがわかる。
(5)「全部、力をぬけ」と米田老人に言われた太は、そのとおりに「体中の力をぬいてみた」ところ、海にうくことができた。つまり、米田老人に言われたとおりにしたことで、うくことができたのである。

## 上級レベル 102 物語(1)

国語㉒

### 解答

**1** (1)[例《れい》]象が森へにげると、働かせることができなくなるから。
(2)[例]象があばれ出したら、力ではかなわないと思ったから。
(3)[例]えさをへらしているのに、仕事をつぎつぎとさせている。(26字)
(4)ウ　(5)イ

### 解説

**1** (1)オツベルは象《ぞう》にたきぎを運ばせたり、炭火をふかせたりするなど、たくさんの仕事をさせている。ところが、象が「森へ行くのは大すきなんだ」と言うのを聞いて「少しぎょっと」している。象が森へ帰ってしまえば、もう働《はたら》かせることができなくなる。象を自分のもとで働かせたいオツベルの思惑《おもわく》が読み取れる。
(2)すぐ前で、象は「息で、石もなげとばせるよ」と言っている。象はオツベルにらんぼうなことはしていないが、その気になればものすごい力を出せることがわかる。「気を落ちつけてわらっていた」とあるように、オツベルは本当は象があばれ出したらかなわないと思っているのである。
(3)十把《じっぱ》だったえさが八把になっているので、えさはへっている。しかし、オツベルは「税金《ぜいきん》」が上がったと言って、ますます象に仕事をさせていることがわかる。
(4)ほんの数日の間に、税金がみるみる上がったとオツベルは言っている。このようなことはふつうあり得《え》ないので、象を働かせるためのでまかせであることがわかる。
(5)象はオツベルが命じる仕事をいやがるそぶりを見せていない。オツベルの言うままを信《しん》じている。

## 標準レベル 103 物 語 (2)

国語㉓

### 解答

❶ (1)エ

(2)例《れい》おじいちゃんが泣いているすがたを(初めて)見たから。

(3)ア (4)イ

(5)例おじいちゃんが泣いていたのでおどろいたが、なぜ泣いていたのか気になり始めた。(38字)

### 解説

❶ (1)「おじいちゃん、すいかだよ」というタケオの言葉に着目。タケオは、おじいちゃんにすいかをとどけに来たのである。

(2)「おじいちゃんが泣《な》いている……」からの段落《だんらく》で、おじいちゃんが泣いていることにタケオが気づいたこと、そのようなおじいちゃんのすがたを初《はじ》めて見て、とてもおどろいていることが書かれている。

(3)すぐ前に「自分の顔をかくすように」とある。泣いている顔を見られたくないことがわかる。

(4)泣いているのに、泣いていないと言いはるところから、がんこさや強がっている気持ちがうかがえる。

注意　登場人物の気持ちや性格《せいかく》は会話に表れていることが多いが、話していることが必《かなら》ずしも本心とはかぎらない。本当はどう思っているのかを読み取ることが大切である。

(5)「そのまま、すいかを置いて、階段《かいだん》を下りてもよかったのに、タケオはなぜか部屋《へや》に入り」とある。初め、おじいちゃんに何と声をかけたらいいかわからなかったタケオだが、おじいちゃんが何を読んでいるのか気になり、部屋に入ってみようと思ったことがわかる。

## 上級レベル 104 物 語 (2)

国語㉔

### 解答

❶ (1)例《れい》トロッコに乗ることを楽しみにする気持ち。(20字)

(2)例めったに人が来ない場所だということ。

(3)例ふだんは目にすることのない海が見えたから。

(4)例早く帰りたい気持ち。 (5)イ

### 解説

❶ (1)トロッコを押《お》せば押すほど遠くまで行くことになるが、ここではまだ良平《りょうへい》はトロッコに「乗る」ことだけを考えていることに着目したい。

(2)線路の上に落葉がたまっているのだから、ひんぱんにトロッコなどが走っていないことがわかる。

(3)「うすら寒い海が開けた」のを見たことで、良平の気持ちが「急に」「はっきりと」変《か》わっていることに着目する。良平にとって、そのような開けた海はふだん目にすることのない風景《ふうけい》だったことがうかがえる。

(4)良平は、初《はじ》めトロッコに乗ることを楽しみにするばかりだったのが、海が見えたことで遠くに来すぎていることに気づき、「もう帰ってくれればいい」と思うようになっている。

(5)「行くところまで行きつかなければ、トロッコも彼《かれ》らも帰れない」という部分に着目。「行きに押すところが多ければ、帰りにまた乗るところが多い」と考え、トロッコに乗ることを楽しみにしていたときとくらべて、大きく気持ちが変化《へんか》していることがわかる。「楽しみ」が「不安《ふあん》」に変わっていることをとらえることが大切である。

注意　気持ちの変化をとらえるには、何がきっかけで変化したのかを見つけること。

## 標準レベル 105 物 語 (3)

国語㉕

### 解答

❶ (1)例《れい》おもしろい形をした石を集めるため。(17字) (2)エ (3)ホクホクした顔 (4)ア

### 解説

❶ (1)第二段落《だんらく》から、次郎《じろう》さんは石を集めるために河原《かわら》に通っていることがわかる。また、後の部分にあるみずえさんとの会話から、次郎さんはおもしろい形をした石を集めていることが読み取れる。

(2)「あきれた表情《ひょうじょう》や、ばかにした思いをにじませて」という部分に注意。「石屋」と呼《よ》ばれているものの、次郎さんは本当に石を売ってくらしているわけではない。次郎さんの庭や家の中が、ひろってきた石であふれているので、ひにくをこめてこう呼んでいるのである。

(3)次郎さんの様子を見ていたみずえさんが、「いいものがあったかよ」と声をかけたのだから、次郎さんの表情や行動から、「いいものがあった」のだと感じたのである。「ホクホクした顔」とは、楽しみなことやうれしいことが表情に出ている様子。

注意　登場人物の気持ちは、会話だけでなく表情や行動からもわかることに注意。

(4)「なんぼ見だってわがらねちゃ」(どんなに見たってわからない)というみずえさんの言葉に着目。次郎さんは、だれがどう見ても何の形をしている石なのかわかると思っているが、じっさいは次郎さん本人にしかわからないことが読み取れる。

注意　文章中から読み取れないことを、想像《そうぞう》で決めてしまわないように注意。エ「みずえさんも……石を集めてみたい」かどうかは、文章中からは知ることができない。

## 上級レベル 106 物　語 (3)
国語㉖

**解答**

1 (1)例《れい》これまで、電気の光を見たことがなかったから。
(2)例(巳之助に)電気がどんなに明るいものかを見せるため。(20字)
(3)例ランプが太刀うちできないと言われ、はらを立てる気持ち。
(4)例ランプを売る商売が成り立たなくなるかもしれないと思ったから。(30字)
(5)イ

**解説**

1 (1)「巳之《みの》さん、これが電気だよ」という言葉に着目。巳之助《みのすけ》は、初《はじ》めて見る電気の光の明るさにおどろいたのである。

**注意** 「とつぜんあたりが昼のように明るくなったから」では、答えとして不足。電気の光を見たことがある人でも、とつぜん明るくなっておどろくことはありえる。

(2)「とてもランプで太刀《たち》うちはできないよ」という言葉に着目する。ランプの光よりも電気の光のほうが明るいことを、巳之助にわからせたかったのである。
(4)リード文にある「ランプを売って生計を立てていた」や、「てごわいかたきが出てきた」といった言葉に着目。電気で明かりを取ることがあたり前になれば、ランプが売れなくなり、巳之助の商売は成《な》り立たなくなる。
(5)「てごわいかたきが出てきたわい」という巳之助の言葉にこめられた思いを読み取る。「かたき」と言っているので、ランプが負けたとはみとめていない。しかし、電気が「てごわい」ことはみとめているのである。

## 標準レベル 107 物　語 (4)
国語㉗

**解答**

1 (1)例《れい》代わりに大ちゃんに試合に出てほしい。(18字)
(2)イ　(3)ウ
(4)ゆっくりと　(5)エ

**解説**

1 (1)「——」の部分には、藤田《ふじた》くんが大ちゃんに言おうとしていることがかくれている。しかしこの直後、亜矢《あや》ちゃんが藤田くんの代わりに言いたいことを大ちゃんに伝《つた》えている。よって、亜矢ちゃんの言葉に着目して考えればよい。
(2)すぐ後に書かれている大ちゃんの気持ちを読み取る。「個人《こじん》的な恨《うら》みとかカタキ」で出場するべきではないと、大ちゃんは考えているのである。
(3)「わざととぼけた声で」「のんびりと」言った大ちゃんの気持ちを考える。出場するのが当然《とうぜん》だと考えていること、その決意がすでに固《かた》まったことを、亜矢ちゃんや藤田くんに伝えようとしているのである。

**注意** 登場人物の話し方やたいどは、必《かなら》ずしもその人物の本心を表しているわけではないことに注意。大ちゃんは、決して「のんびりと」相撲《すもう》を取ろうとしているのではない。

(4)亜矢ちゃんのお願《ねが》いに不満《ふまん》を持ちながらも、大ちゃんは出場するかくごを固《かた》めている。ゆっくりと息を吸《す》って吐《は》くことで、気持ちを切りかえたと考えられる。
(5)大ちゃんは、藤田くんがケガを負ったことや、高見《たかみ》という少年をたおしてカタキを取ることを目的《もくてき》に、相撲《すもう》を取るのはよくないと考えている。じゅんすいな勝負として相撲をとらえているからである。大ちゃんの、相撲に対するまっすぐな思いが読み取れる。

## 上級レベル 108 物　語 (4)
国語㉘

**解答**

1 (1)例《れい》校長先生の話に強いきょうみを持ち、もっと聞きたいと思う気持ち。
(2)例子どもたちの仲間のような目線から、先生としての立場にもどったから。
(3)例校長先生にも、秘密基地の楽しさがわかることを知ったから。(28字)
(4)例校長先生が、自分たちの気持ちをきちんと理解してくれていることがわかったから。
(5)ウ

**解説**

1 (1)「身を乗り出す」というしぐさには、相手の言うことに強いきょうみを持ち、もっとよく聞きたいという気持ちが表れている。
(2)——線②の前後で、校長先生の話し方が変化《へんか》していることに着目する。これより前の部分では、ハァちゃんたちと同じ目線で秘密基地のことを話しているが、これより後の部分では先生としてハァちゃんたちに接《せっ》している。
(3)ハァちゃんたちは、校長先生が子どものころ秘密基地で遊んだ話に強いきょうみを持ち、むちゅうで聞いていた。ハァちゃんたちは、校長先生が秘密基地の楽しさをわかってくれることにおどろき、興奮《こうふん》したのである。
(4)子どもたちは、校長先生が自分たちの気持ちを理解してくれていると感じ、この先生の言うことにしたがおうと心から思ったのである。
(5)「秘密基地は危険《きけん》だからやめなさい」とだけ言われたときとのちがいを考える。校長先生の話は、ハァちゃんたちの心を打つものだった。それだけ、秘密基地の楽しさをきちんとわかった上での話だったのである。

## 標準レベル 109 伝記・脚本・意見文

国語㉙

### 解答

❶ (1)のぞく

(2)エ

(3)ア

(4)例《れい》布が織り上がること。(10字)

(5)イ

### 解説

❶ (1)せりふ以外《いがい》の部分とは、登場人物のしぐさや表情《ひょうじょう》について説明《せつめい》した部分のこと。これを「ト書き」という。

(2)惣《そう》どのせりふであるから、惣どがどのような人物なのかを考える必要《ひつよう》がある。惣どはつうが織《お》る布《ぬの》を売って金もうけをしようとしているのである。よって、「間違《まちが》いなし」とは、「(金もうけができることが)間違いなし」という意味でとらえることができる。

(3)部屋の中をのぞいているのは惣どと運《うん》ずで、与《よ》ひょうは鶴《つる》のすがたを見ていない。よって、惣どと運ずが何の話をしているのか、与ひょうにはわからなかったのである。

(4)すぐ前の「もうあしたの朝は布が手に入る」という言葉に着目。惣どは金もうけに使う布さえ手に入ればいいと考えているので、鶴が布を織っていることさえわかれば、後は織り上がるのを待っていればいいと言っているのである。

(5)運ずのせりふの最後に「……」が付いていることに着目する。金もうけさえできればいいと考える惣どは、つうや与ひょうに何もえんりょすることなく、布を手に入れることだけを考えている。しかし、運ずは「おい惣ど、織っとる時は見ちゃならんちゅうて」とあるように、つうや与ひょうに言われたことをやぶってはいけないと考えているところがある。惣どとはちがい、布を織っているつうに対してもえんりょがあることがわかる。

## 上級レベル 110 伝記・脚本・意見文

国語㉚

### 解答

❶ (1)作曲したり、ピアノをひいたりすること(18字)(が、とてもむずかしくなるから。)

(2)例《れい》こころの耳できくことに決めたから。

❷ (1)例人間にとって快適な(9字)(公園)

(2)例エサがなくなり、川面が直射日光にさらされ(水温が上が)るから。

(3)例公園化された川から失われる自然の仕組み。(20字)

### 解説

❶ (1)「とくに、音楽家にとっては」の部分に注意。後の部分に「耳がわるくなったからといって、作曲したり、ピアノをひいたりすることは、やめませんでした」とある。耳がきこえないと、作曲やピアノのえんそうがむずかしくなるので、「つらい」のである。

(2)(　)の中に書かれている、ベートーベンの考えに着目する。「こころにひびいてくる音」をもとに作曲を続《つづ》けようと決めたことで、「あたらしいゆうきがわきおこっ」たことがわかる。

❷ (1)「桜《さくら》やツツジなどが植えられ、芝《しば》がはられて」いる公園は、第一段落《だんらく》の初《はじ》めにあるとおり「人間が住みやすく快適《かいてき》な景観《けいかん》」といえる。

(2)第二段落の内容《ないよう》をまとめる。魚たちにとってすみにくくなるのは、「虫は魚たちの大切なエサだったのに、それがいなくなってしまう」ことと、川面《かわも》が「直射《ちょくしゃ》日光にさらされることになるので、水温が上が」ってしまうことが原因《げんいん》である。

(3)最終《さいしゅう》段落がこの文章のまとめとなっているため、この段落の内容を二十字以内《いない》にまとめる。「公園化」「自然の仕組み」というキーワードを使うとよい。

## 標準レベル 111 説明文(1)

国語㉛

### 解答

❶ (1)すばらしい道具

(2)㋐イ　㋑ア

(3)エ

(4)心と心の通じ合い

(5)ことばが完全な道具ではないこと

### 解説

❶ (2)㋐：[㋐]の前では、ことばで表現《ひょうげん》するということを穴《あな》のあいたバケツで水をすくうことにたとえている。[㋐]の後では、このたとえをことばで表現することにおきかえて説明《せつめい》している。前の文の内容《ないよう》を後の文が説明しているので、説明や言いかえを表す「つまり」が当てはまる。

㋑：[㋑]の前では、ことばが完全な道具ではないと述《の》べている。[㋑]の後では、ことばで心の通じ合いをすることは不可能《ふかのう》かどうかを考えている。よって、前までで述べたことをもとに、新たな問題を考えていることから、「では」が当てはまる。

(3)「こぼれ落ちてしまう」の意味を正しくとらえる必要《ひつよう》がある。穴のあいたバケツは、水がすくえないわけではないが、水の一部がこぼれてしまうため、すくった水をすべて運ぶことはできない。これと同じことがことばにも当てはまるというのであるから、言おうとすることのすべてが伝わるわけではない、と述べていることになる。

(4)人間がことばによって実現《じつげん》しようとしているのは、第二段落《だんらく》にあるとおり「心と心の通じ合い、つまりコミュニケーション」である。

(5)最終《さいしゅう》段落に「ことばが完全な道具ではないことを知っていてことばのキャッチボールをするのと知らないでするのとでは、大きな開きがあります」とある。このことを理解《りかい》しておくべきだと、筆者は述べているのである。

## 上級レベル 112 説明文(1)
国語㉜

### 解答

1 (1)例《れい》音がはねかえってくること。
(2)①例エコーを聞きわける能力。(12字)
②自分のいるところや、あいてのようすを知ることができる(26字)
(3)例音だけでものを見わけられるかたしかめるため。
(4)イ

### 解説

1 (1)「こだまのことをエコーといいます」とある。また、「エコーとしてはねかえってくる音」とも述《の》べられているので、こだまとは「音がはねかえってくること」であるとわかる。
(2)①すぐ前に「イルカは、発信《はっしん》した超音波《ちょうおんぱ》が、何かにぶつかってエコーとしてはねかえってくる音を、聞きわける能力をもっているのです」とある。
②第四段落《だんらく》に、「こだまになってかえってくる音のひびきで……知ることができるのです」とある。
(3)目かくしをしないでエコロケーションの能力をためす実験《じっけん》をした場合、イルカがクイをさけて泳いだりプールの底《そこ》においたコインを見つけたりしたのが、目で見ているからかもしれないことになる。超音波だけをたよりにそれらを見わけているかどうかをたしかめるために、目かくしをするのである。
(4)**ア**は「山びこによって」がまちがい。山びこは、エコーの働《はたら》きを説明《せつめい》するための例《れい》である。**ウ**は「様子は知ることができない」がまちがい。イルカは目かくしをしても、あいての位置《いち》も様子も知ることができる。**エ**は「光がとどく深さの海であれば」がまちがい。光がとどかない深い海の底でも、イルカはエサの場所を知ることができる。

## 標準レベル 113 説明文(2)
国語㉝

### 解答

1 (1)例《れい》異物を外にかき出す(9字)(働き。)
(2)ウ
(3)エ
(4)空気のロケット
(5)ア

### 解説

1 (1)「線毛《せんもう》はたえず外の方へ外の方へと、波打つように動いて、ほこりや花粉《かふん》などの異物を外にかき出してしまいます」とある。このうち、線毛の働《はたら》きは「異物を外にかき出す」ことである。
(2)すぐ後にある「びっしりと」という表現《ひょうげん》に着目。気管《きかん》の壁《かべ》にすき間なく生えている様子を、「じゅうたんのように」と表現していることがわかる。
(3)「緊急連絡《きんきゅうれんらく》」を出した結果《けっか》、「肺《はい》は、ちょっと空気をためたあと、いきおいよく空気をはき出してほこりを吹《ふ》き飛ば」す、と述《の》べられている。つまり、「ほこりを吹き飛ばしなさい」という「連絡」が出たのである。
(4)くしゃみやせきは、いきおいよく空気をはき出すことでほこりを吹き飛ばすために出る。このことを文章の最後《さいご》で、「のどや気管についたものを、いきおいよく吹き飛ばす、空気のロケットのようなもの」と表現している。
(5)「からだの方にも、それ(ほこりやウイルス)を防《ふせ》ぐためのさまざまなしかけがあります」とあり、くしゃみはそのしかけの一つであると述べられているので、**ア**が正しい。**イ**の「線毛は役に立たない」、**ウ**の「ウイルスやほこりは体の中にまったく入ってこない」、**エ**の「花粉は外に出すことができない」は、いずれもまちがいである。線毛の働きでは十分でないときに、せきやくしゃみが出ることを読み取ること。

## 上級レベル 114 説明文(2)
国語㉞

### 解答

1 (1)例《れい》宇宙はひろがりつづけているのだから、有限である。(24字)
(2)例はてとは世界の終わりのことだから。
(3)ウ
(4)例有限だが、中心やはしを決められないのではてがない。
(5)イ

### 解説

1 (1)同じことを別《べつ》の言い方で説明した部分に「無限《むげん》に大きいなら、それいじょうひろがることはできない」がある。かぎりがないものは、さらに広がることができないからである。
(2)〈はてとは、世界の終わりのことである〉〈さらに先があるのなら、そこははてではない〉という理屈《りくつ》をとらえる。「はて」が何を表す言葉であるのかを考えるとよい。
(3)文章のはじめに「有限」とは「かぎりがある」ことであると書かれている。すぐ前の部分で「地球の表面には、中心もなければ、はしもありません」「どこまでいっても、はてがないのです」と述《の》べられていることから、**ア**・**イ**・**エ**のような「はて」や「はし」についての説明《せつめい》は地球が有限かどうかを考える上で役に立たない。「陸《りく》や海の広さ」に「かぎりがある」のはまちがいのない事実であるから、**ウ**が正しい。
(4)——線④と同じ段落《だんらく》で、「地球の表面は、有限だけれど、はてがない」と述べている。前の段落では、これを別の言い方で「地球の表面には、中心もなければ、はしもありません」と述べている。これらの言葉を組み合わせて説明するとよい。
(5)最終《さいしゅう》段落にある「有限だけれど、はてがない世界」と同じ内容《ないよう》のものを選《えら》ぶ。

## 標準レベル 115 説明文(3)

国語㉟

### 解答

❶ (1)〈い〉 (2)イ

(3)例《れい》ダムに土砂や流木が流れこんでくるから。(19字) (4)エ

(5)林業が力を失ってしまったため(14字)

### 解説

❶ (1)ぬけている文の「そういう洪水《こうずい》や……雨が降《ふ》らない時」という部分に着目。これより前で洪水や雨が降らないことについて述《の》べているはずである。

> 注意 ぬけている文を元にもどす問題では、もどした後の文章を必《かなら》ず読んでたしかめること。前後のつながりが不自然《ふしぜん》だったり、内容《ないよう》的に成り立たないところがあれば、もどす場所がまちがっている可能性《かのうせい》が高い。

(2)——線①のすぐ後で、周囲《しゅうい》の山から少しずつ水が流れこんでくることでダムが水をためていられると述べている。

(3)前の段落《だんらく》で、森林(山)のはたらきによって、ダムに少しずつ水が流れこんでくると述べられている。——線②は、その山が荒《あ》れてしまった場合に起きることである。少しずつ流れこんでいた水が一気に流れこむようになるため、土砂《どしゃ》や流木がダムに流れこんでくるようになるのである。

(4)山が荒《あ》れ森林が消えていくことで、影響《えいきょう》を受けるのは子どもたちであり、どうにかするのが大人たちの責任《せきにん》であると筆者は述べている。よって、エの「子どもだけが力をかすべきだ」はまちがい。

(5)「林業が力を失ってしまったため、山は荒れ、森はつぎつぎと消えてゆきます」とある。山の木々をふさわしい状態《じょうたい》に保《たも》っていた林業が力を失ったことで、山が荒れてきていることがわかる。

## 上級レベル 116 説明文(3)

国語㊱

### 解答

1 (1)ア

(2)例《れい》大むかし海だったため、塩分をたくさんふくむ土地になったから。

(3)例塩水から水分がじょう発した後に残るもの。(20字)

(4)例水に(少し)とけた塩の結しょうどうしがくっつき合って、再び結しょうするから。

(5)ウ→エ→ア→イ→オ→エ

### 解説

1 (1)1 段落《だんらく》では、らくだの群《む》れが塩を運ぶ様子を述《の》べている。これに対して、3段落からはさばくで塩がとれる理由と、その方法《ほうほう》について述べている。よって、「海もないさばくに、なぜ塩があるの」かの説明《せつめい》が始まる3段落よりも前に入るはずである。

(2)直前の「ですから」に着目。これより前の3段落の内《ない》容《よう》をまとめればよい。大むかしは海だった場所であること、そのために塩分が多くふくまれていることがわかるように説明すること。

(3)4段落の内容から、塩水から水がじょう発し、後に残ったものが「塩の結《けっ》しょう」であることがわかる。

(5)キャラバンで運ぶ塩は「かたまり」になっており、ただの「結しょう」ではない。これは、再《ふたた》び結しょうさせる手順《てじゅん》をふんでいるためである。

> 注意 (4)「天日でかわかしたため。」としないように注意。4段落にあるように、塩水を天日でかわかしただけでも、塩の結しょうを作ることはできる。これが「岩のように固く」なるには、さらに結しょうを水でしめらせ、再び結しょうさせる必要《ひつよう》がある。

## 標準レベル 117 説明文(4)

国語㊲

### 解答

❶ (1)食べられる

(2)ア

(3)タマゴタケ

(4)イ

(5)まちがった毒キノコの見わけ方

### 解説

❶ (1)前の段落《だんらく》で、知らないキノコをみつけたときの考え方が述《の》べられている。「食べられるかな？ それとも毒《どく》キノコかな？」とあるが、毒キノコかどうかが気になるということは、「食べられる」かどうかが気になるということである。

(2)第五段落で、毒キノコのほとんどはくきが縦《たて》にさけるが、一方で食用キノコの中にもくきがさけないものがあると述べている。つまり、くきが縦にさけるからといって、毒キノコか食用キノコかの区別《くべつ》はまったくできないのである。

(3)食用キノコである「タマゴタケ」は色があざやかで毒どくしいと述べている。つまり、色で見わけた場合、タマゴタケは毒キノコということになってしまうが、じっさいには食用キノコなのである。

(4)「見わけ方」がまちがっているという、筆者の主張《しゅちょう》を読み取ること。イについては、文章中で述べられていない。

(5)第二段落に「まちがった毒キノコの見わけ方が、むかしから科学時代の今日《きょう》まで、多くの人びとに信《しん》じられてきました」とある。この文章は、毒キノコの見わけ方はどのようにまちがっており、まちがった見わけ方をすることでどのような危険《きけん》があるのかを説明《せつめい》している。

## 上級レベル 118 説明文(4)

国語㊳

**解答**

**1** (1)ウ

(2)①私たちの普通の時間感覚とずれているから(19字)

②歴史的に積み上げられた時間

(3)①例私たちの時間感覚について。

②例[1]段落－動物は種類ごとに違った時間感覚で生きているのかもしれない。(29字)

[2]段落－時間には日常の時間と歴史的に積み上げられた時間がある。(27字)

**解説**

**1** (1)[1]段落《だんらく》の最後《さいご》に「すると、動物は種類《しゅるい》ごとに時間の流れる速さが違《ちが》い、それぞれ違った時間感覚《かんかく》で生きているのかもしれません」とある。心臓《しんぞう》の鼓動《こどう》の数と、生きている時間の流れの速さが関係あるかもしれないと、筆者は述《の》べているのである。

(2)①「宇宙《うちゅう》は一三七億歳《おくさい》」「地球は四六億歳」といったひじょうに長い時間と比《くら》べて、「私たちの人生はたかだか一〇〇年」とあるように、「私たちの普通《ふつう》の時間感覚《かんかく》とずれている」ため、「ピンと」こないのである。

②[2]段落に「日常《にちじょう》の中で感じ取る時間」「歴史的に積み上げられた時間」という言い方がある。前者は私たちがふだん感じている時間のこと、後者は私たちの人生よりもはるかに長い時間のことである。

(3)①何について書かれた文章かを考えるときには、くり返し出てくる言葉や、結論《けつろん》を述べている段落で使われている言葉に着目する。この文章では「時間感覚」がこれに当たる。

②時間感覚について、[1]段落は動物の種類ごとにどう違うのか、[2]段落は二種類の時間感覚があることについて述べている。

## 119 最上級レベル 1

国語㊴

**解答**

**1** ①そつえん　②ろうぼく　③きょうこ　④むざん　⑤れきだい

⑥追求　⑦単位　⑧苦笑　⑨日照　⑩機械

**2** ①ア・イ　②イ・イ

③イ・ア　④ア・ア

⑤イ・イ

**3** ①だいこくばしら・ク

②せけんてい・エ

③いしょくじゅう・カ

④むふんべつ・コ

⑤たかびしゃ・オ

⑥いしんでんしん・キ

⑦いちごいちえ・ア

⑧しくはっく・イ

⑨にっしんげっぽ・ウ

⑩いっちょういっせき・ケ

**解説**

**1** ③「強固」とは、強くしっかりしていて、ゆるがないこと。

④「無残」とは、残酷《ざんこく》なこと。また、いたましいこと。

⑤「歴代」とは、その歴史が始まってから現在《げんざい》までの間ということ。

⑨「日照」とは、太陽が地上を照らすこと。

**注意** ②「ろうぎ」「ろうもく」とまちがえて読まないように注意。

⑥「追求」は、目的のものを手に入れようとして、追い求めること。「追究」は、物事の問題点や真相を調べ、はっきりさせようとすること。

⑩動力を使う大型《おおがた》のものには「機械」、手で動かす小型のものには「器械」の字を当てることが多い。

**2** ①アは「こなゆき」、イは「てっぷん」と読む。

②アは「ざんぱん」、イは「あさめし」と読む。

③アは「やさい」、イは「あおな」と読む。

④アは「たにぞこ」、イは「ていへん」と読む。

⑤アは「せつぶん」、イは「ふしめ」と読む。

**3** ①「大黒柱」は、元は土間と部屋《へや》のさかい目部分の中央にある、建物《たてもの》の中で最《もっと》も太い柱のことをいう。転じて、組織《そしき》や家の中で重要《じゅうよう》な人のことを指すようになった。

④「分別」は、「ふんべつ」と読む場合は「ものごとのわきまえ」、「ぶんべつ」と読む場合は、ものを分けることをいう。「無分別」は「わきまえがないこと」「後先を考えないこと」であるので、「むふんべつ」と読む。

**注意** ②「せけんてい」が正しい読み方。「間」を「かん」、「体」を「たい」などとまちがえて読まないように注意。

⑦「期」を「ご」、「会」を「え」と読むことに注意。「期」を「き」、「会」を「かい」とまちがえて読まないこと。

## 120 最上級レベル ②

国語 ㊵

### 解答

1 (1)例《れい》見知らぬ町にはじめて行くきんちょう感がすきだから。

(2)①例なにかすごいことがしたいという気持ち。(19字)

②例自分がなにをやりたがっているのか、よくわからなかったから。(29字)

(3)イ

(4)例いちばんやりたいこと(10字)

### 解説

1 (1)――線①のすぐ後に「見知らぬ町に、はじめて足をふみいれる、あのなんともいえぬきんちょう感がすきだった」とある。

> **注意** 「あの」は勇の立場で考えた場合の言葉なので、答えでははぶいたほうがよい。なお、ここでの「あの」は説明文の指示語《しじご》のように具体的な何かを指しているのではなく、勇《いさむ》が過去《かこ》にそのような経験《けいけん》をしてきたことを読者に伝《つた》えるために「あの」と言っていることに注意する。

(2)①〈なにかがしたい〉という気持ちについては、次の段《だん》落《らく》でややくわしく「なにかすごいことがしたい」と言いかえられている。つまり、勇は何でもいいから行動したいのではなく、「すごいこと」でなければいけないのである。

②後の部分に「しかし、いまだに勇は、自分がなにをやりたがっているのか、よくわからなかった」とある。具《ぐ》体的《たいてき》に「なにを」と決まっているのではないものの、「すごいことがしたい」という思いばかりが大きくなっている勇の気持ちを読み取ろう。

(3)「首をつっこむ」とは、ものごとにきょうみを持って関係《かんけい》するという意味の慣用句《かんようく》である。勇はピアノや書道塾《じゅく》、リトルリーグ、さらにカブスカウトといったようにさまざまな場所に顔を出している。「首をつっこむ」という言い方には、たくさんの場所に少しずつ関《かか》わっているという意味のほかに、どれも中途半端《ちゅうとはんぱ》になっていたという意味もこめられている。

(4)勇がさがしているのは、「心のなかにある、なにか」である。言いかえれば、勇はその「なにか」が見つかっていないのである。いろいろなことに首をつっこんできた勇は、そろそろいちばんやりたいことを見つけないといけないと考えているのである。

装丁デザイン　ブックデザイン研究所
本文デザイン　京田クリエーション
図版・イラスト　京田クリエーション　京都地図研究所
高橋いらすとるうむ　デザインスタジオエキス．
ユニックス

写真提供
紙製容器包装リサイクル推進協議会　公益財団法人 古紙再生促進センター　公益社団法人 食品容器環境美化協会　段ボールリサイクル協議会　日本環境協会 エコマーク事務局　ピクスタ　プラスチック容器包装リサイクル推進協議会　PETボトル協議会
〈敬称略〉